뚜벅뚜벅
이탈리아 공공의료

뚜벅뚜벅
이탈리아 공공의료

피에몬테 에밀리아로마냐
의료견문록

문정주 지음

도서출판 **또하나의문화**

여는 글

공공의료에 상상력이 필요하다

새로운 것이 저절로 생겨나지 않는다. 바람과 의지, 여기에 더해 상상력이 필요하다. 상상력을 동원해서 바라는 그림을 머릿속에 그리고 이를 다른 사람과 함께 나누면서 구체화해야 한다.

'우리나라에서 공공의료가 발전하려면 무엇보다 상상력이 필요하다.' 1983년에 의사가 된 이래, 특히 2005년부터 10년간 보건복지부 산하기관에서 공공병원을 지원하고 평가하는 일에 파묻혀 지낼 때, 문득문득 떠올리던 생각이다. 위축될 대로 위축된 공공의료의 문제가 시설과 장비와 인력과 예산을 마련한다고 속 시원히 해결될 리 없다. 그보다는 현재의 틀에서 한발 벗어나 습관처럼 굳어 버린 생각에 한 뼘 거리를 두고 무엇을 바랄지, 어떤 변화가 필요할지, 꿈꾸고 상상하는 것이 먼저다.

* * *

2014년 봄에 보건복지부 공공보건의료지원단 일을 그만뒀다. 노무현 대통령 참여정부 때 공공의료 확충 정책을 뒷받침하기 위해 설립된 지원단이다. 그러나 뒤를 이은 이명박과 박근혜 정부는 공공의료에 도무지 관심이 없었다. 점차 시간이 갈수록 '의료 영리화'의 목소리가 득세했고 국민 건강에 대한 책임보다는 눈앞에서 반짝하는 일에, 자본 세력이 좋아할 만한 일에 눈을 돌리는 공직 분위기가 역력했다. 나는 힘껏 노력한다고 했지만, 낮은 직위의 개인이 정부가 작심한 방향을 어찌할 수는 없었다. 당시에 유행하던 말 대로 자괴감이 더해 갔다.

내가 지원단을 그만둔 바로 다음 날, 세월호가 침몰했다. 몇 년 전 내 아이들처럼 수학여행을 가는 고등학생들이 타고 있었다. 나는 한동안 아침부터 밤까지 뉴스 화면에서 눈을 떼지 못하고 충격에 빠져 지냈다. 화면 속 아이들의 모습에 내 딸과 아들이 겹쳐 보였다.

아이들의 어이없는 죽음 앞에서 수많은 사람이 눈물로 애도했다. 나 또한 분향소를 찾아 추모하며 아이들의 영정 앞에서 지난 시간을 돌이켜 보았다. 그동안 무얼 했는지, 그 아이들이 누려야 했을 삶을 위해 내가 해야 했을 일이 무언지.

애도와 추모의 시간은 공동체에 대한 책임을 일깨워 주는 한편, 아직 살아 있어서 내게 허락된 것들을 돌아보게 했다. 특히 직장을 벗어난 뒤 마음대로 쓸 수 있게 주어진 시간의 특별함을 새삼 깨닫게 했다. 그동안 내가 해야 했을 일, 공공의료 연구자로서 마땅히 해야 했으나 하지 못한 일에 써야 할 시간이었다.

* * *

우리나라는 시장을 중심으로 하는 의료제도를 두고 있다. 시장이 공공의료 관점에서 적합한 환경은 아니지만, 정부가 책임지고 건강보험을 관리해서 그런대로 약점을 보완하고 부족하나마 의료의 공공성을 지켜 왔다. 그러나 의료기관이 수도권과 대도시에만 몰리고 농어촌에는 부족하다는 점, 의료기관 대부분이 사립이어서 수익성을 추구하는 경향이 강하다는 점, 건강보험이 통제하지 못하는 비급여 의료 시술이 많아 환자에게 경제적 부담이 상당하다는 점 등 고질적인 문제를 안고 있다. 또한 평균수명이 길어지고 고령 인구가 늘어 만성질환을 안고 살아가는 사람이 많아지면서 생활에 밀착한 의료, 예방과 재활에 중점을 두는 의료가 더 중요하게 되었는데 이와 같은 요구가 시장에서 충족되기는 어렵다. 그러므로 앞으로 우리나라 의료제도에는 변화가 불가피하다.

　변화가 바람직한 방향으로 이루어질 수 있도록 내가 할 일은 바로 그것, 공공의료에 관한 상상력을 북돋우는 일이다. 우선 쪼그라든 내 상상력부터 돌아보고, 나뿐 아니라 의료제도에 관심을 두고 있는 다른 이에게 도움이 되게, 또는 그런 관심이 없던 이가 의료제도에 관심을 기울일 수 있게 하는 일이다. 관심이 상상으로 이어지고 상상하는 사람이 많아지면 변화는 어느새 다가올 것이다.

＊　＊　＊

　상상에 재료가 필요하다. 재료가 다채롭고 생생할수록 상상의 내용도 모양새도 무궁무진하게 뻗어간다. 그 재료로 서유럽 국가, 그중에도 이탈리아의 의료제도를 소개하기로 했다. 그간 국제 학회에서 이탈리아 의사들의 연구나 사례 발표를 접해 그 나라의 제도를 대강 알게 되었고 거기서 우리와는 전혀 다른 차원에서 공공성에 충실한 의료를 엿본 터였다.

　서유럽 국가의 의료제도는 둘로 나뉜다. 첫째는 독일, 프랑스, 오스트리아, 스위스, 네덜란드, 벨기에, 룩셈부르크에서 지역 또는 직종별 의료보험 조합(질병금고)이 조합원에게 보험료를 거두어 의료 이용을 보장하는 사회보험 의료제도다. 조합은 모두 비영리 공익 기관이며 국가의 통제 아래 보험 재정을 관리해 필수 의료를 제공한다. 둘째는 영국, 아일랜드, 덴마크, 스웨덴, 노르웨이, 핀란드, 아이슬란드, 스페인, 포르투갈, 이탈리아에서 국가가 세금으로 의료체계를 직접 운영하는 국영의료제도다. 가정의가 제공하는 일차의료를 토대로 필수 의료서비스를 폭넓게 공급하며, 일부 분야를 빼고는 무상이어서 환자에게 의료비 부담이 거의 없다.

이탈리아가 국영의료를 도입한 때는 1978년. 건강을 인간의 기본권으로 여겨 보호하고 가난한 사람에게 무상의료를 보장한다는 조항이 헌법에 마련된 것은 이보다 훨씬 더 전인 1948년이었다. 그러나 기득권층을 대표하는 우파가 장기 집권하면서 헌법의 그 조항은 긴 잠을 자야 했다. 변화는 20년이 지난 1968년에, 서유럽을 휩쓸던 68혁명으로 이탈리아의 사회적 관행과 기존 질서가 밑동부터 흔들리던 때 시작되었다. 혁명의 기운으로 민심이 출렁이고 지지층이 줄어들자 위기에 몰린 우파가 정치적으로 유연한 자세를 취했고, 반대편에 있던 공산당도 기존 틀을 벗어나 다당제를 인정하고 폭력 대신 점진적인 개혁을 추구하는 노선을 선택했다. 서로 적대시하던 양쪽 진영은 이때 단기간이나마 협력해 당시에 원성이 높던 불평등하고 부실한 의료보험제도 개혁에 나섰다. 진통 끝에 〈국영의료법〉이 의회를 통과했으니 헌법이 제정된 지 30년 만이었다. 그 긴 과정을 들여다보면 우리의 현대사를 떠올리게 하는 지점이 적지 않고, 한편으로 의료제도의 개선이 의료계 내부의 힘만으로 성사되는 것이 아님을, 한층 더 큰 국민의 힘이 더해져야 제도적 변화가 올 수 있음을 실감하게 된다.

그러나 서유럽이 유토피아가 아니듯이 그곳의 공적 의료제도 역시 완벽하지 않다. 제도를 둘러싼 환경도 이상적이라고만 할 수는 없다. 고령층 인구가 늘면서 의료가 감당해야 할 과제는 날로 커지는데 인력과 예산을 배정하는 정책 현장에서는 힘겨운 싸움이 벌어진다. 1980년대부터 신자유주의가 득세해 의료 등 복지 정책을 축소하라는 공격이 줄기차고, 2000년대 후반 미국의 서브프라임 모기지 사태에서 시작된 금융 위기로 타격을 받아 침체된 경기는 국가 재정을 압박한다.

나는 이 책에서 서유럽 어느 나라가 의료 천국을 이루었다고 주장하려는 것이 아니다. 각 나라를 세세히 다 알지 못하거니와 대강 듣고 본 바로도 그렇지는 않다. 다만, 그 제도를 떠받치는 공동체적 가치와 제도의 기본 틀을 눈여겨볼 필요가 있고 그것이 우리의 상상에 좋은 재료가 되리라는 생각에서 보고 들은 바를 전하려 한다.

* * *

이 책은 의료견문록이다. 2015년에 석 달간 이탈리아에서 지내며 국영의료 현장을 견학한 내용이 담겨 있다. 사소한 친분도 넘겨 버리지 않는 이탈리아 사람들의 따뜻함 덕분에 석 달의 일상생활이 즐거웠고, 적극적으로 도와준 의사들과 공직자들 덕분에 애초의 예상보다 더 많이 보고 듣고 배울 수 있었다. 아무런 대가 없이 도와준 사람들에게 느낀 고마움과 빚진 마음이 이 책을 끝까지 쓰게 했다.

책은 모두 4부로 이루어졌다. 1부에는 이탈리아에 관해 썼다. 첫 방문지인 피렌체 시청과 메이에르 어린이병원을 구경한 소감, 알프스의 산자락에서 가정의 안나마리아를 처음 만난 날의 풍경, 남부와 북부의 도시에서 저마다 다른 양상을 보인 공공 대중교통, 이탈리아 국영의료의 발원인 19세기의 통일과 현대사를 정리했다.

2부에는 일차의료를 담았다. 일주일간 진료실에서 관찰한 다양한 환자, 진찰하고 대화하는 가정의 안나마리아의 모습을 있는 그대로 전하려 했다. 특히 가정의가 처방한 대로 환자가 영상의학검사를 받거나 심장초음파 등 전문의 진료를 받고, 그 결과를 담은 보고서를 갖고 와 가정의와 다시 상의하는 순환적 진료의 광경은 혼자 보기에 아까워 자세히 기록했다. 다음으로 환자의 가정을 방문한 경험과, 의사들의 모임에서 벌어진 특별하고도 조심스러웠던 토론을 기록했다. 마무리에는 이탈리아 가정의 제도의 세부 내용을 요약해 실었다. 모든 사람의 권리인 가정의 선택하기, 가정의의 책임과 권한, 자격, 진료 규칙, 보수 등 우리에게 없는 의료인인 이 의사에 관해 알 수 있도록 구체적인 사실을 종합했다.

3부에는 동네의료를 소개했다. 동네의료는 시민이 일상적인 생활공간에서 이용하는 의료를 뜻하며 국영의료의 가장 큰 영역이다. 첫 장은 조직 체계와 내용 전반에 대한 설명을, 다음 장에는 보르고-레노 건강의집에서 보고 들은 것을 기록했다. '건강의집'은 상담과 진료와 검사 등 폭넓은 서비스를 제공해 동네의료를 최대 범위에서 실현하는 장소이자, 여러 분야의 보건의료 전문 인력이 협업하게 이어 주는 연결망의 중심이다. 이 집에는 정신질환자가 병원에 격리 수용되지 않고 지역에서 시민으로 함께 살 수 있게 지원하는 정신건강센터도 같이 있다.

4부에는 병원의료에 관해 썼다. 먼저, 어떤 의료기관이든 예약해 주는 공공예약센터를 소개했다. 국영의료에서 의료기관은 서로 단절되어 경쟁하는 것이 아니라 협력하고 보완하는 관계에 있다. 각 기관의 진료 예약 상황도 실시간으로 공개되어, 우리나라에서는 상상도 하기 어려운 통합예약망이 운영된다. 다음 장에는 이탈리아 병원의 역사와 관리 체계, 권역 안에서 통합되는 병원의 기능 연결망, 입원진료의 종류와 의료 질 관리에 관해 요약했다. 마지막 장은 이탈리아 병원에 관한 한국인의 경험을 기록한 것으로 환자의 입원 경험과 의사의 연수 경험이 담겨 있다.

* * *

　3년간의 글쓰기를 마무리할 즈음, 코로나19 감염증의 세계적 대유행이 시작되었다. 중국 우한에서 첫 확진자가 보고된 이래 환자가 무서운 속도로 늘어 도시를 통째로 봉쇄한 지 약 한 달 뒤 우리나라 대구에서도 신천지 교인들을 중심으로 확진자가 폭증했다. 온 나라가 비상 상태에 빠져들던 2020년 2월 말, 유럽에서, 특히 이탈리아에서 코로나19 감염이 크게 번진다는 소식이 들려왔다. 3월 말에는 누적 환자 수가 중국을 앞질렀다.

　이탈리아가 이 지경이 되다니. 정부의 방역이나 국영의료에 무슨 문제가 있는 걸까. 답답한 마음에 걱정만 깊어질 때 광저우 중산대학교의 홍이진 교수(본문에는 I로 표기)와 연락이 닿았다. 그는 이탈리아에서 나고 자란 한국인으로 복지 정책을 연구한다. 그의 첫 질문은 내가 쓰고 있던 책이 나왔느냐는 것이었다. 마무리 중이라 하자 책이 빨리 나오면 좋겠다고, 코로나19 사태로 이탈리아에 대해 오해하는 사람이 많아 이탈리아의 국영의료를 제대로 알리고 싶다고 했다. 우리는 최근 상황을 놓고 봇물 터지듯 이야기를 주고받았다.

　그의 도움으로 마지막 장에 이어 한 장을 더 썼다. 먼저 이탈리아 코로나19 대유행의 출발점이자 가장 심각한 유행지가 된 롬바르디아주를 자세히 들여다보았다. 주정부의 미흡한 방역 행정과 민영화된 의료체계가 주요 내용이다. 이어서 유럽 공통의 병상 감축 정책에 따라 병상이 부족해 코로나19 환자가 입원할 기회를 얻기 어려웠던 현실, 안일한 판단으로 방역의 골든타임을 놓쳐 버린 유럽의 초기 대응에 관해 짚어 보았다. 끝으로 세계적인 모범이라 주목받는 우리나라의 방역, 여기서 우리에게 남은 과제를 정리하는 것으로 책을 마무리했다.

* * *

　본문에 수많은 인물이 등장하는데 실명을 밝히지 않았다. 대신에 한국인은 이름을 영어로 바꾸었을 때 철자의 첫 알파벳을, 이탈리아인은 성을 빼고 부르는 이름으로만 간략히 표기했다. 독자에게 현장의 모습, 이야기, 체험 등을 있는 그대로 전하는 한편 개인 정보를 과도하게 노출하지 않으려고 선택한 방법이다.

　이 책에는 내가 직접 찍은 사진이 많지 않다. 기관을 방문했을 때 사람들이 들려주는 이야기를 놓치지 않고 듣고 기록하려다 보니 사진을 제대로 찍을 틈이 없었다. 해당 기관이 홍보용으로 게시하는 사진이나 '크리에이티브 커먼스' 등에서 공유 용도로 제공하는 사진 중에 적당한 것을 찾아 본문에 실었다.

　큐알QR 코드가 삽입된 사진들도 있는데, 스마트폰으로 큐알 코드를 스캔하는 앱을 받은 뒤 그 앱을 열어 사진 속 큐알 코드에 갖다 대기만 하면 본문 내용과 연관 있는 동영상이나 누리집, PDF 파일에 접속된다. 이 방법은 편집자의 뜻에 따른 새로운 시도로, 독자가 이탈리아의 여러 장소와 국영의료의 면면을 속속들이 들여다볼 수 있게 돕는다. 사용되는 언어가 대부분 이탈리아어나 영어라는 한계가 있긴 해도, 현장의 모습과 움직임을 생생하게 보여 주는 영상 덕분에 책 읽는 즐거움이 더 커진다. 스마트폰을 이용하지 않는 독자는 컴퓨터나 노트북에서 인터넷에 접속해 볼 수 있도록 책 뒷부분에 링크 주소를 적어 놓았다.

* * *

　내가 이탈리아에 성큼 다가갈 수 있었던 것은 이탈리아 전문가인 두 분

덕택이다. 여성인권단체 '두레방'의 활동가였던 전순란 선생님(본문에는 S로 표기)과, 그의 남편이자 서강대학교 철학과 교수였고 참여정부 시절에 주교황청 대사를 지낸 성염 선생님(본문에 세례명인 보스코의 B로 표기)에게서 전폭적인 도움을 받았다. 두 분은 젊은 시절에 유학생으로 로마에서 지낸 뒤 이탈리아 사람들과 오래 교류해 그 나라와 인연이 깊다. 내게 수많은 이야기를 들려주어 그 나라를 대강이나마 이해하게 했고, 무엇보다 이탈리아 가정의인 안나마리아에게 나를 소개해 일차의료 현장을 견학할 기회를 얻게 해주었다. 이외에도 문서를 번역해 주는 등 일일이 말할 수 없을 만큼 많은 도움을 베풀었다. 그 은혜, 갚을 길이 없다.

초고를 읽고 검토해 준 한림대학교 의과대학의 최용준 교수, 젊은 의사의 관점으로 의견을 제시해 준 서울대학교 의료관리학교실의 김익한 선생은 내가 생각을 정리하고 글쓰기의 부족한 점을 보충하는 데 큰 도움을 주었다. 무엇보다 어지러운 상태의 원고를 받아들고 긴 시간을 들여 다듬으며 반듯하게 편집해 준 또하나의문화 출판사의 유승희 대표의 경륜과 수고가 아니었으면 이 책은 세상에 나올 수 없었을 것이다.

끝날 것 같지 않던 긴 시간을 견디게 한 것은 가족의 응원이었다. 엄마가 조금씩 내놓는 초고를 언제나 반갑게 읽어 주고 비평해 준 딸, 자정이 넘어 연구실에서 돌아오는 엄마에게 라면을 끓여 주곤 한 아들, 느릿느릿 글쓰기로 삼 년을 넘기는 내게 한결같은 지지를 보내 준 남편은 이 책을 나와 함께 쓴 이다.

2020년 8월
문정주

| 차례 |

여는 글 **공공의료에 상상력이 필요하다** • 5

1. 이야기가 많은 나라

이탈리아가 내게 들어왔다

이탈리아 어린이병원을 만나다_21 피렌체, 벼락치기 방문_24 메이에르 어린이 병원_28

알프스 산자락에서

이탈리아 전문가 S_38 가정의를 만나다_42 '동네 의사'가 되고 싶었다_49

이탈리아반도 여행

찬란한 유적과 허술한 현실이 공존하는 남부_54 남부에 이어졌던 착취와 차별의 역사_61 명품 산업단지가 즐비하고 공화제 전통이 확고한 북부_63 그래도 사람들은 비슷해_68 먼 길을 돌아 도착한 볼로냐_72

좌우 타협으로 탄생한 국영의료

이탈리아 통일_75 통일 초기의 노동자 건강 보호_79 북부 공업 지역의 대규모 노동운동_81 파시즘 독재와 노동자 건강의 위기_83 이탈리아공화국의 탄생_88 차별적 보험제도와 의료 불평등_92 68혁명이 몰고 온 격변_94 국영의료의 탄생_97 대승적 협력의 위태로움_101

• **이탈리아 공공의료 성립 연표**

1848	1861	1898
이탈리아반도 각지에서 독립항쟁, 시민혁명 일어남	통일왕국 성립	노동자 건강 보호를 위한 산업재해보험법 제정

2. 일차의료

누구에게나 가정의가 있다

친밀한 의사, 돕는 의사_107 전문의가 가정의에게 보고서를_115 의사의 눈과 귀는 환자 한 사람에게로_118 수많은 요구에 대응하려면_121 찾아오는 이주민 _124 의원 풍경_127

환자의 집을 다 알고 있다

비엘라 아슬의 코사토 분소_129 얼마나 여러 번 왕진한 것일까_130 의사 등 7개 분야 인력이 집으로 온다_139 약국의 24시간 자판기_145

코사토의 밤 토론회

수요일 밤 9시_148 한국 의료제도_151 그룹 진료를 요구받는 이탈리아 가정의 _154 "환자와 일대일 관계가 무엇보다 소중하다"_156 환자가 마지막을 집에서 가족과 지내게_160 소통과 조정이 필수일 텐데_163 환자가 가장 환영하는 서비스입니다_166

이탈리아 가정의

건강 보호에 책임을 진다_168 국영의료의 중심이다_169 등록 환자의 진료에 규칙이 있다_170 정부가 보수를 지급한다_172 OECD 최고의 일차의료를 제공한다 _174

1948
공화국 수립되면서
헌법에 건강을 기본권으로 명시

1919-1920
북부 산업 지대에서
격렬한 노동운동 전개

1968
의료 현대화를 위한 병원의료법 제정
정신과 의사 바살리아 《시설을 거부하다》 출간
68혁명

3. 동네의료

동네에서 건강을 지키다

드디어, 접속_179 에밀리아로마냐주_180 볼로냐시_185 국영의료의 몸통인 아슬_189 동네에서 쉽게 이용하는 동네의료_194 동네의료의 중심, 일차의료_203 우리에겐 영국의 대처 총리가 없어서요_211

건강의집

'카사 델라 살루테'를 찾아서_212 구역 어린이 의사를 만나러 온 엄마 아빠_217 과목별 전문의 진료_220 일차의료를 확장하는 공간들_228 민주적 정신의학을 꽃피우다_234 시민의 눈으로 만든 사진집_241

4. 병원의료

어떤 병원이든 여기서 예약하세요

열린 예약과 닫힌 예약_249 쿠프에 꼭 가봐야 해요_252 국영의료를 뒷받침하는 IT_255 공공 통합 예약망, 쿠프_260 온라인 의료 네트워크, 솔레_270 온라인 건강문서집_273 주체가 여럿인 분권 체제_279

1970		1992
주별 자치제 시작		국영의료 개혁
20개 주정부 출범	**1976**	659개 아슬(권역 보건의료본부) 설립
	기민당과 공산당의 역사적 타협	

	1974	1978
	의료보험체제 해산 결정	국영의료체제 출범
	주정부에 병원 소유와 관리권 이관	정신질환자 감금과 분리 불법화

오랜 건물에 첨단 의료를 품다

보호와 자비의 공간_284 현대 의료기관으로_288 권역을 아우르는 병원망_290 병원에 입원하기_297 병원은 안전을 위한 사회적 공동 기반_302

한국인이 본 이탈리아 병원

한국인 환자가 본 이탈리아 병원_304 한국인 의사가 본 이탈리아의 병원_314 환자에게 의사가 어떤 존재로 여겨지는가_320

롬바르디아의 코로나19 대참사와 공공의료

코로나19 대유행_323 롬바르디아주_325 '치명적인 예외주의'_333 우리에게 과제는_337

맺는 글 누구나 언제 어디서나 건강하게 • 342

주 • 344
QR코드 링크 • 360
참고문헌 • 363
이탈리아 용어 정리 • 371
찾아보기 • 375

2010
에밀리아로마냐주
일차의료 그룹 건물
'건강의집'으로 명명

2013
에밀리아로마냐주
개인별 전자 건강문서집 실현

1999
에밀리아로마냐주
일차의료부 신설

2011
에밀리아로마냐주
통합예약전산망 개통

뚝벅뚝벅
이탈리아
공공의료

1

이야기가
많은나라

이탈리아가 내게 들어왔다
알프스 산자락에서
이탈리아반도 여행
좌우 타협으로 탄생한 국영의료

이탈리아가
내게
들어왔다

이탈리아 어린이병원을 만나다

작고 여린 어린이에게도 중증질환이 있다. 신생아의 저체중 출생, 심중 격에 구멍이 나거나 판막 등에 이상이 있는 선천성 기형, 입천장이 벌어진 채 태어난 구순구개열, 혈액암인 백혈병, 선천성 뇌병변에 의해 운동 기능 이 제한되는 뇌성마비 등이다.

이런 중증질환을 앓는 어린이 환자를 병원은 반기지 않는다. 적절한 진료를 하기 위해서는 고도의 전문 인력이 있어야 하고 신생아와 어린이에게 맞춘 시설과 장비가 일일이 있어야 하니 비용이 많이 들기 때문이다. 아픈 어린이의 병세가 깊으면 깊을수록, 의료진이 진료에 몰두하면 할수록 병원 경영에 적자를 안길 위험이 크다.

그래서 중증 어린이 환자를 진료하는 병원이 드물다. 2000년대 초까지도 서울에만 한두 곳 있을 뿐 지방에는 없는 실정으로, 먼 길을 오가야 하는 지방 환자와 가족의 고통이 컸다. 적어도 강원, 충청, 전라, 경상으로 구분 되는 권역별로 어린이병원이 있어야 했다. 공공의료 정책 과제였다.

2008년에 나는 보건복지부 산하기관인 공공보건의료지원단에 있었다. 어린이병원 설립을 위해 그 병원이 어떤 기능을 하고 어떤 시설을 갖추어야 할지 연구하며 이에 관한 외국 사례를 수집하던 중 이탈리아 피렌체에 있는 메이에르 어린이병원을 알게 되었다. 의료 수준이 높고 어린이의 권리를 존중하는 곳으로 알려진 이 병원을 자세히 살피면 큰 도움이 될 성싶었다. 그 병원 의사들이 국제 학회에 적극적으로 참가한다는 것을 알게 된 나는 학회에 가서 관계자를 직접 만나 보기로 했다.

어린이가 권리의 주체다

2008년 5월, 베를린에서 열린 학회에 참석해 메이에르 어린이병원의 시모넬리 교수 발표장을 찾았다. 그는 병원이 존중해야 할 어린이의 권리를 연구하는 위원회의 대표였다. 유엔의 〈아동권리협약〉을 소개하며 그가 설명한 바에 따르면 어린이의 권리는 곧 인권이며 어린이는 보호 대상이 아니라 권리의 주체다. 병원은 의료에 관련된 어린이의 권리를 이해하고 실제 진료에서 이를 존중해야 한다. 위원회가 수년간 연구한 결과, 의료에 관련된 어린이의 권리는 세 가지로 압축된다. 첫째, 좋은 의료를 차별 없이 이용할 권리, 둘째, 의료에 관한 결정에 참여할 권리, 셋째, 폭력에서 보호받을 권리. 병원이 그 세 가지 권리를 얼마나 존중하는지 스스로 평가할 자체 평가 도구도 제시되었다.

무엇보다도 '결정에 참여할 권리'에 눈이 오래 머물렀다. 진료의 모든 결정 단계에서 어린이가 이해할 수 있게 정보를 주고 그 의견에 귀 기울여야 한다는 것은, 실은 얼마나 준엄한 요구인가. 병원에서 의료진이 환자, 특히 어린이 환자와 대화한다는 게 결코 쉬운 일이 아니기 때문이다.

어린이는 어른보다 질병의 진행 속도가 빠르고 약물에 예민하게 반응하는 탓에 한시도 눈을 뗄 수 없다. 검사하거나 주사를 놓으려면 몇 사람이 달라붙어 어린이 환자를 안심시키고 잡아 주어야 하니 인력도 많이 필요하다. 그런데 우리나라의 건강보험이 지급하는 치료 수가는 인건비를 따라가지 못해, 어린이 입원환자가 많을수록 병원이 돈을 버는 게 아니라 돈을 내보내게 될까 걱정하게 된다. 이런 걱정이 어린이를 돌보는 의료진을 압박한다. 인력이 부족해도 충원해 달라고 떳떳이 요구하지 못하니 일손이 부족한 상태에서 의료진은 일에 치이고 시간에 쫓긴다. 이런 형편에 어린이의 권리를 존중하는 것은, 특히나 어린이가 결정에 참여할 수 있게 대화하고 설명하는 것은 참으로 어려운 일이다.

유럽에서는 병원 운영 여건이 우리와 크게 다르다. 우리나라 병원이 열 개면 그중 아홉이 사립 기관인 데 반해 유럽 병원은 대부분이 공립이다. 우리나라의 병원이 의료 활동으로 수익을 얻는 사업체인 데 반해 유럽의 병원은 대개 국가나 지방자치단체가 책임지고 운영하는 공익 기관이다. 의사는 공직자다. 어린이 환자의 권리를 존중하는 데 우리보다 훨씬 좋은 여건이라 할 수 있다.

그러나 평가 결과로 드러난 병원들의 모습은 완벽하지 않았다. 위원회 위원이 소속된 유럽 9개국 15개 병원을 평가한 결과가 그러했다. 병원 대부분이 어린이가 차별받지 않을 권리와 폭력에서 보호받을 권리를 존중하지만, 어린이가 의료의 결정에 참여하게 하는 데에는 미흡하다는 평가가 여러 곳에서 나왔다. 역시 쉽지 않은 일이다.

어린이병원 견학을 허락받다

현장을, 어린이병원 내부를 직접 보고 싶었다. 베를린에 오기 전에 미리 시모넬리 교수에게 메이에르 어린이병원을 견학하고 싶다고 메일을 보냈는데 그는 시간이 안 된다며 거절했다. 하는 수 없이 로마에 있는 다른 병원을 견학하기로 했는데 그쪽 사정에 맞추다 보니 로마에서 중간에 일정이 하루 빈다. 시모넬리 교수의 발표를 들으면서, 다시 한번 그에게 병원 견학을 부탁해 봐야겠다는 생각이 들었다. 끝나기 전에 미리 나가서 출구를 지키고 섰다가 시모넬리 교수가 동료들과 나올 때 다가갔다.

"반갑습니다. 제가 한국에서 메일을 드린 적이 있습니다."

초로의 학자는 조금 놀란 듯했다.

"오늘 선생님의 발표에 감명을 받았습니다. 병원의 어린이 권리 존중에 대해 여러 나라 의료진의 합의를 이끌어낸 데에 경의를 표합니다. 인권을 존중하는 어린이병원의 실제 사례를 보고 싶어요. 한국은 멀어서 유럽에 오기가 쉽지 않습니다. 이번에 학회에 참석하러 유럽에 온 김에 피렌체 메이에르 어린이병원을 방문하도록 도와주시면 고맙겠습니다."

그가 대답을 주저하는 동안, 둘러서서 보고 있던 동료들이 먼저 고개를 끄덕였다. 다 같이 즉석에서 의논하더니 내 방문을 받아 주기로 했다고, 내가 피렌체에 가면 젊은 의사인 프란체스카가 견학을 도와주기로 했다고 알려 주었다. 만세! 고마워요!

피렌체, 벼락치기 방문

때는 2008년이었고 나는 피렌체라는 도시에 대해 아는 게 없었다. 스마트폰이 보급되기 전이어서 뭔가 알아보려면 컴퓨터로 인터넷에 접속해야 했으니, 미리 준비하지 못한 정보를 여행지에서 얻는 것은 매우 어려운 일이었다. 그저 모르면 모르는 대로 견뎌야 했다. 내가 할 수 있는 일이란 로마에 도착하자마자 매표소에 줄을 서서 피렌체에 다녀올 기차표를 사는 것뿐.

중세 유적 안으로 들어가다

월요일 이른 아침에 피렌체역에 도착하니 프란체스카가 플랫폼에 나와 있었다. 벼락치기 방문객이 이탈리아 예방의학 전문의의 영접을 받으니 고마울 따름이었다. 때마침 오늘 시청에서 병원 직원 교육이 열리니 참관하자고 해 시내버스를 탔다.

도심 정류장에 내렸는데 이게 웬일? 마치 내가 마법에 홀려 옛날로 날아간 게 아닌가 싶을 만큼 사방에 보이는 모든 것이 유럽의 중세 유적이다. 눈이 휘둥그레진 건 내 사정이고, 그곳 사람인 프란체스카는 유적이야 아무렇지도 않은 듯 쉬지 않고 질문을 해댄다.

"한국에 인구가 얼마나 돼요? 의사가 충분한가요? 의료보장제도가 있나요? 당신은 무슨 일을 하나요?"

나는 정신이 어리둥절한 상태로 거리 풍경에 눈을 뗄 수가 없어 한쪽 눈으로 중세 도시를 구경하고 다른 한쪽 눈만 프란체스카에게 고정한 채 대강대강 답하며 걷는다.

이윽고 한 구역을 지나자 광장이 나오고 맞은 편에 영화에 나올 법한 요새 같은 큰 건물이 보인다. 들어가려는 사람이 늘어섰는데 그 끝이 보이지 않을 만큼 줄이 길다. 나중에야 알았지만, 르네상스 유적으로 유명한 베키오 궁전으로 피렌체의 대표적 관광 명소다. 프란체스카가 그 건물로 다가갔고 나는 시청에 간다더니 왜 이런 곳에 왔을까 생각하며 관광객의 긴 줄을 바라보는데 프란체스카가 소리쳐 부른다. 그 중세 궁전이 바로 시청이고 나는 업무차 시청에 온 손님이니 자기와 함께 직원 통로로 들어가면 된단다. 이런 호사를 누리다니.

베키오 궁전에 모여 공부하는 병원 직원들

궁전 시청사에는 회의실도 고풍스러워 전통 문양과 글자를 아로새긴 묵

이탈리아의 대표적 관광 명소이자 피렌체 시청사인 베키오 궁전 © Wikimedia Commons

직한 나무 문에, 중세식 꽃무늬 천장과 아치 모양의 창문이 어우러진다. 그 공간에 현대식 교육 장비를 설치하고 백여 명이 모여 앉아 진지하게 뭔가 공부하는 모습이 역시나 영화의 한 장면 같다. 교육 주제는 '환자의 감성에 접근하기'. 우리도 뒷자리에 앉는다. 이탈리아어를 모르는 나는 프란체스카의 도움을 받아 교육의 줄거리만 이해하기로 한다. 책 읽기, 시 쓰기, 음악, 무언극, 연극, 운동이 모두 환자의 건강 회복에 도움이 된다는 강의와 사례 발표가 이어진다. 특히 음악요법에 많은 시간이 배정됐다. 내 옆으로 흰 셔츠와 푸른 바지를 입은 노인이 여남은 명 있는데 '시니어 시민 중창단'이라 한다. 순서가 되자 누군가의 손짓 하나로 혼성 아카펠라 노래를 부른다. 할아버지 할머니들이 놀랄 만큼 아름다운 목소리와 풍성한 화음으로 멋진 음악을 들려준다. 천 년을 이어 온 교회 음악과 이탈리아 오페라 전통이 시민의 봉사 활동에도 배어 있는 듯하다.

점심 식사로는 옆 방에 준비된 에스프레소와 쿠키를 선 채로 먹는다. 차린 것은 간단했지만 에스프레소의 향기가 은은했고 사람들의 웃음소리, 즐거운 말소리가 온 방에 가득했다. 나는 커피를 에스프레소로 마셔본 적이 없어 머뭇거리다 용기를 내어 그 작은 잔을 입에 대보았다. 뜻밖에도 맛있었다. 어딘가 모르게 단맛이 났고 그래선지 진했으나 쓰지 않았다. 석 잔쯤 연거푸 마셨다.

교육이 끝나자 프란체스카가 시의회 보건의료위원장에게 인사하잔다. 바로 4시간 동안 줄곧 사회를 맡아 교육을 진행하던 중년 여성, 그가 위원장이다. 간단한 소개와 악수를 나눈 뒤 잠시 뭔가를 생각하던 위원장이 안쪽 문으로 나를 이끈다. 영문을 모른 채 따라가는데 프란체스카가 신난다는 표정으로 말한다.

"이쪽은 원래 입장권이 있어야 들어가는 곳인데 높은 분 덕분에 공짜예요."

위원장과 나란히 문을 통과하자 높고 웅장한 홀이 나타난다. 관광객으로 보이는 사람들이 다른 쪽 출입구를 통해 들어와 삼삼오오 흩어져 방 안을 관람하고 있다. 위원장은 천장을 뒤덮은 수십 개의 그림을 가리키며 내게 뭔가 설명해 주려 애쓴다. 역시 나중에야 알게 되었지만, 이 홀은 중세 피렌체공화국의 대회의실이던 '500인의 방'으로, 천장과 벽의 그림마다 역사적 장면을 담고 있다. 이탈리아어를 한마디도 알아듣지 못해 그 순간에는 뭐가 뭔지 몰랐어도, 위원장의 호의는 충분히 느낄 수 있었다. 나는 과거에 지방공무원으로 10년을 근무하면서 지방의회 고위직의 권위적이고 고압적인 행세를 익히 본 터라, 예고도 없이 찾아온 동양인 방문객을 배려하는 그 위원장의 따뜻한 마음 씀씀이에 감동을 받았다. 피렌체의 음악과 미술보다 그의 모습이 더 깊은 인상을 남겼다.

메이에르 어린이병원

베키오 궁전을 나와 시내버스를 다시 타고 교외에 있는 메이에르 어린이병원으로 향한다. 1891년에 지역 유지인 조반니 메이에르가 가난한 어린이를 위해 병원을 설립하고 시에 헌납했다고 한다. 결핵치료와 소아신경학으로 유명했고 지금도 이탈리아의 여러 지역과 다른 나라에서 중증 환자가 찾아오는 병원이다. 숲 사이로 낮게 펼쳐진 병원 건물, 푸르른 정원처럼 가꾼 넓은 주차장이 방문객에게 여유를 느끼게 한다. 버스 정류장이 병원 현관 가까이에 있어 버스에서 내린 뒤 곧바로 건물 안에 들어선다.

동화 속 나라 같은 대기실, 놀이방, 병동
안으로 들어가자 예상치 못한 광경이 펼쳐진다. 밖에서는 오래된 고전

메이에르 어린이병원 입구. 나지막한 언덕에 있는 병원은 녹지로 둘러싸여 있다. 주차장에도 통로 모퉁이마다 작은 나무가 심겨 있어 마치 잘 가꾼 정원 같다.

적인 건물로 보이는데 내부는 초현대식이다. 건물 바깥에 유리로 벽을 새로 만들어 실내를 넓혔다. 높은 지붕에서부터 둥그스름하게 내려오는 유리 벽의 곡선이 부드럽고, 바깥 면에 작은 종이 같은 태양전지판이 촘촘히 박혀 햇빛 발전을 한다. 유리 벽 너머로는 잔디밭과 숲이 아름다워 마치 공원 한가운데 들어선 기분이다. 다섯 달 전(2007년 12월)에 리모델링을 마쳤다니 나는 아주 좋은 시기에 견학하러 온 셈이다.

　프란체스카의 전화를 받고 시모넬리 교수가 나와서 반갑게 인사를 나눈다. 그와 함께 온 잠바 차림의 시설관리팀장 안내로 드디어 견학을 시작한다. 1층에 당뇨병, 알레르기, 근골격계, 감염병, 치과 등 가장 빈번하게 이

외래진료부 대기실에서 놀고 있는 아이들의 얼굴에는 병원에 왔다는 긴장감이 보이지 않는다.

용되는 진료실이 있고 다른 한쪽에 응급실이 있으며 2층에는 중증 환자가 이용할 혈액암 진료실, 정신과, 낮 병동, 인공신장실, 수술실, 중환자실 등이 있다.

유리 벽으로 둘러싸인 밝고 긴 그 통로가 바로 외래진료부 대기실이자 복도다. 한쪽에는 아이들이 놀 수 있도록 예쁘고 튼튼한 작은 수레, 집, 송아지 모형, 의자와 탁자가 있다. 잔디밭과 숲을 내다보며 송아지를 만지고 수레에 올라타며 재잘대는 아이들의 얼굴에는 병원에 왔다는 긴장감이 보이지 않는다. 복도 한쪽 천장에 파란색 관이 어지럽게 설치되어 이게 뭔지 물어보니 전기 시설이라고, 밤이 되어 어두워지면 관에 빛이 들어와 별자리처럼 보인다고 해 감탄이 절로 나왔다. 조금 호젓한 구석이면 어김없이 동물, 피노키오 등 미소를 머금게 하는 조형물이 있다.

입원 병동으로 걸어가는데 병동이 시작되기 전에 먼저 '놀이방'이 나온다. 야트막한 언덕으로 둘러싸인 그 방은 모든 벽이 유리로 되어 방 안에 있어도 마치 바깥에 나간 것처럼 느껴진다. 자원봉사자 세 사람이 진지하게 뭔가 의논하는 품이 아이들을 위한 놀이 프로그램을 짜는 듯하다. 장난감, 미술 재료, 그림책, 동화책, 바닥 매트, 도깨비 모형, 크고 작은 의자와 탁자가 준비되어 돌쟁이부터 십 대 청소년까지 누구든 여기서 재미있는 시간을 보낼 성싶다. 우리나라 어린이병원에도 이런 방을 두게 되어 있는데, 방 이름을 '병원학교'라 한다. 우리도 이곳처럼 아이들이 더 친근하게 여길 이름으로 부르면 좋겠다는 생각이 든다.

병동에 들어서자 가장 먼저 '색감'이 눈에 들어온다. 복도 바닥은 연노랑, 벽은 연한 베이지색에 원목 마감재를 썼다. 4명이 사용하는 다인 병실에 흰색 물건은 침대 시트와 베갯잇뿐, 침대의 머리맡과 발치와 옆면이 고운 주황색이고 옷장은 노란색, 선반은 오렌지색, 부모를 위한 소파는 분홍색이다. 부드럽고 고운 색채 덕분에 병실이 밝고 따스해 보인다. 병동 중앙에 자리한 간호사실의 사무 작업대는 원목으로 마감해 자연스럽게 느껴지고 그 높이도 키 작은 아이의 눈에 맞춘 듯 낮다.

신생아중환자실을 감싸는 아름다운 언덕 풍광

신생아중환자실. 심폐 기능이 부족한 미숙아나 선천성질환으로 위독한 갓난아기를 돌보는 곳이다. 우리나라 대학병원의 신생아중환자실을 익히 돌아본 내게 중환자용 인큐베이터나 최신 전자 의료 장비 등은 새로울 것이 없다. 그런데도 어쩐지 눈앞의 광경이 낯설고 생전 처음 보는 것만 같다. 뭐지, 이 낯선 것의 정체는? 아, 녹지다. 내 눈을 붙잡는 것은 바로 인큐베이터 너머로 긴 벽을 채운 유리창과 창밖에 보이는 푸르른 언덕. 우리나라 병원에서 신생아중환자실은 거의 예외 없이 햇빛을 보기 어려운 장소에

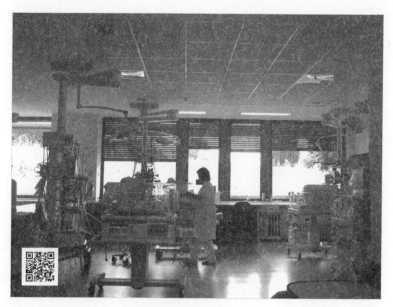

창밖에 푸르른 언덕이 보이는 신생아중환자실

배치된다. 간혹 빛이 들어오는 창이 있더라도 그 바깥 풍경은 다른 건물의 벽일 뿐, 숲이나 나무를 본다는 것은 기대하기 어렵다. 그런데 지금 나는 긴 벽 유리창 전체로 햇살과 녹색 풍광이 가득한 신생아중환자실을 보고 있다. 언덕이라는 자연환경을 장점으로 받아들인 설계 덕분에 이처럼 아름다운 공간을 만들 수 있었겠다.

만약에 우리나라 병원의 건물 어딘가에 이런 곳이 있다면? 아마도 추가 수익을 올려서 병원에 경제적 이익을 줄 시설이 차지할 것이다. 비급여 검사실이든, 카페나 매점이든, 신생아중환자실이 아닌 그 어떤 것이. 의료제도의 차이가 병원 시설도 이처럼 다르게 하는구나 싶다. 천천히 이 낯선 상황을 이해하게 된다.

창밖 녹지를 배경으로 인큐베이터의 신생아를 돌보는 의료진이 보인다. 그의 흰 가운 위로 우리나라 의료진의 모습이 겹쳐 어른거린다. 기계장치만 빼곡한 딱딱한 환경에서 잠시 쉴 틈도 없이 일하는 우리나라 의사와 간호사들. 아, 가슴이 묵직해 온다. 환자의 인권이 존중되려면 의료진이 좋은 여건에서 일할 수 있어야 하고, 의료진의 업무 여건이 좋아지려면 국가의 의료제도가 달라져야 한다. 풍광 좋은 이곳에 좀 더 머물고 싶지만 시모넬리 교수와 시설관리팀장이 복도 저쪽에서 기다리니 애써 발걸음을 옮긴다.

어떤 신에게든 기도하고 예배하는 방

이제 지하층으로 향한다. 지하라 해도 천장 곳곳에 위층으로 트인 공간이 있어 햇살이 환하다. 나비, 꽃, 새, 나무 그림이 보기 좋은 복도를 지나니 크고 둥근 방이 나타난다. 벽도 둥글고 입구에 놓인 조형물도 둥글고 바닥

어떤 신에게든 기도하고 예배하는 방(2014년) ⓒ Ospedale Pediatrico Meyer

의 나무 마감재도 원을 그리고 천정을 수놓은 작은 전구도 둥근 선으로 박혀 있다. 여기는 무얼 하는 곳일까? 시설관리팀장이 말하길,

"이 방은 누구든지 오고 싶을 때 와서 기도하는 방이에요. 어떤 종교를 믿든 어떤 신에게 예배하든 이 방에서는 상관없어요."

그래서 아무런 표식도 만들지 않고 특정한 집기를 놓지도 않고 언제나 열어둔단다.

기도하는 방의 중심, 둥근 빛 아래에서 조용히 눈을 감고 거기에 있을 신께 기도한다.

좋은 사람들의 도움으로 이 병원을 견학하게 해주셔서 감사드립니다. 아픈 아이들이 두렵거나 외롭지 않도록 구석구석을 다채롭고 재미있고 신기한 공

메이에르 어린이병원 견학을 도와준 이들과 함께. 오른쪽부터 프란체스카, 시설관리팀장, 시모넬리 교수, 이탈리아-영어 통역을 해준 카탈린, 나.

간으로 만든 병원을 알게 해주셔서 감사드립니다. 햇빛과 수풀과 나무가 주는 위로에서 환자가 멀어지지 않도록 자연환경을 최대한 활용한 병원을 보게 해주셔서 감사드립니다. 어떤 신에게 예배하는 사람이든 마음껏 기도할 수 있는 이 아름다운 방에 잠시나마 머물게 해주셔서 감사드립니다.

떠나기가 아쉽지만 작별해야 할 시간이다. 시설관리팀장이 장장 3시간 동안 안내하고 설명해 주었다. 처음 만났을 때 그는 일이 바빠서 30분 정도만 같이 있겠다고 했는데, 보이는 모든 것에 감탄하며 연달아 질문하는 나를 차마 떼어 내지 못했는지 끝까지 함께 있어 주었다. 나는 아는 영어를 다 동원해 그에게 고맙다고 말하고 또 말한다. 프란체스카와 시모넬리 교수에게도 거듭 감사 인사를 한다.

어디에 가서 뭘 본 걸까

병원 앞 버스 정류장에는 열 살쯤으로 보이는 소녀가 엄마와 함께 유아차 곁에 있다. 한쪽 팔을 손가락부터 어깨까지 석고붕대로 '깁스'를 했다. 소녀는 아프지 않은 쪽 팔로 유아차의 젖먹이 동생을 어르는 데 열중해 정작 석고붕대에는 관심이 없는 듯하다. 버스가 오기까지 한동안 지켜본 이 엄마와 딸에게서, 경제적으로 과히 넉넉해 보이지 않는데도, 환자 가족에게 있을 법한 정신적 스트레스를 느낄 수 없다. 병원이 환자에게 돈을 받지 않는다는 이 나라에서 환자도 가족도 별걱정이 없는 듯하다.

로마로 돌아가는 기차를 타니 날이 어둡다. 온종일 낯선 곳에서 긴장했던 몸에 피로가 몰려온다. 문득 몇 달 전 일이 떠오른다. 이번 출장을 준비하고 있는데 어떤 이가 내게 "유럽 병원이 형편없다."고 말했다. 그는 오랫동안 공직 생활을 한 사람으로, 유럽을 여러 차례 방문했는데 병원들이 하나같이 낡고 볼 것이 없어 우리보다 영 못하더라고 했다. 그래도 뭔가 배울

점이 있지 않겠냐는 내 말에는 대답조차 하지 않았다. 메이에르 어린이병원을 보고 난 지금, 그 일을 떠올리니 허탈하다. '형편없다'니, 그는 대체 무엇을 본 걸까. 무엇을 기대했던 걸까. 유럽 병원을 보며 우리나라와 비교했다는 그가 평가 기준으로 삼은 것은 과연 무엇이었을까.

내 고향은 볼로냐예요

2010년 학회에서 시모넬리 교수를 다시 만났다. 그는 나를 기억할 뿐 아니라, 귀국한 뒤에 내가 감사의 선물로 뒤늦게 보낸 조그만 자개 상자까지 기억했다. 학회를 마치는 날 작별 인사를 나누며 그에게 물었다.

"피렌체가 고향이신가요?"

"아니요, 내 고향은 볼로냐예요. 피렌체보다 북쪽에 있지요."

피렌체에 대해 아는 게 없었던 나는 볼로냐도 당연히 몰랐다. 다만 시모넬리 교수의 고향이라면 좋은 사람들이 사는 곳이리라 생각했다. 그날 뒤로는 은퇴했다는 그를 다시 만나지 못했다.

알프스
산자락
에서

메이에르 어린이병원을 다녀온 지 7년을 훌쩍 넘긴 2015년 8월, 남편과 함께 밀라노에 도착했다. 그동안 내가 처한 여건이 달라졌다. 10년간 일한 공공보건의료지원단을 떠나, 의과대학 겸임교수로서 내가 원하는 것을 자유롭게 연구하게 되었다. 이 기회에 이탈리아 국영의료에 관한 연구를 시작했다. 그곳의 의료제도와 우리 제도의 차이가 어디부터 어디까지인지, 그 차이는 무엇에서 시작됐는지, 우리가 거기서 배워야 할 것이 무엇인지를 자세히 알아볼 참이다.

제도의 실상에 다가가려면 이탈리아에 직접 가서 경험해야 한다는 생각에 일 년을 들여 이번 방문을 준비했다. 국영의료에 관한 자료를 찾아 읽고 꼭 가봐야 할 곳을 알아보며 내게 도움을 줄 만한 이탈리아 기관이나 사람에게 연락했다. 의료 현장을 견학할 거점 도시로는 볼로냐를 선택했고 월 단위로 이용할 집을 인터넷으로 찾아 빌렸다.

이탈리아 전문가 S

이탈리아는 오랜만에 큰맘 먹고 도착한 우리를 독특한 방식으로 반겼다. 공항에서 밀라노 중앙역까지 기차로, 거기서 호텔까지 택시를 타고 갔는데 호텔 방에 들어가서 보니 내 핸드폰이 온데간데없었다. 소매치기로 악명이 드높다는 이탈리아에서, 그만 눈앞이 캄캄했다. 핸드폰과 함께 거기에 입력해 둔 전화번호와 정보를 몽땅 잃어버렸으니 아득한 낭떠러지 아래 떨어진 것과 다를 바 없었다.

200km를 달려와 기적을 만들다

악몽 같은 밤이 지난 이튿날에는 한 편의 드라마가 펼쳐졌다. 내게 큰언니 같은 S가 200km나 떨어진 곳에서 단숨에 달려온 것이다. 숱 많은 까만 생머리를 바짝 당겨 묶고 환한 미소를 머금은 이 한국인은 세상에 두려운 걸 모르는 전사다.

S가 호텔 지배인을 설득했다. 택시에 두고 내렸을지 모르니 택시 회사에 알리자고, "확률이 천만 분의 일이더라도 시도는 해보자."고 했다. 지배인은 "검불 더미에서 바늘을 찾는 것보다 힘든" 일이라면서도 밀라노의 모든 택시 회사에 핸드폰 분실 신고를 냈다. 어젯밤 내가 허둥대면서 영어로 도움을 청할 때는 꿈쩍 않고 냉정하던 지배인이 이탈리아어를 유창하게 구사하는 S의 제안에는 부지런히 움직였다.

그러고서 10시간쯤 뒤, 놀랍게도 전날 우리를 태운 택시 기사가 핸드폰을 찾았다며 호텔로 갖다 주었다. 나는 어안이 벙벙해 꿈인지 생시인지 분간을 못할 지경이었다. S는 뛸 듯이 기뻐하며 "이탈리아다운, 인간적인" 기적이라고 소리쳤다. 호텔 지배인도 거들었다. S의 통역에 따르면 내게, "부인은 행운의 여신 날개를 타고 오셨습니다."라고 했다나. 아무튼지 좋았고 고마웠다.

인권 단체의 활동가

S와 나의 인연은 거의 이십 년 전 인권 단체인 두레방에서 시작되었다. 의정부에 주둔한 미군 부대 가까이에 성매매 업소가 모인 기지촌이 있는데 두레방은 그곳에 유입된 '양공주'라 손가락질받는, 그러나 실은 국가가 주도한 성매매 산업에 이용된, 여성들의 인권을 보호하는 활동을 하는 단체다. 일은 많고 재정적으로 가난한 두레방에서 S는 관록 있는 활동가였고 나는 그저 마음으로 응원하며 후원금을 보태는 소극적인 회원이었다. 회의에서 가끔 서로 얼굴을 보는 정도였으므로, 언젠가 그가 남편과 함께 로마로 떠난다고 했을 때나 또 몇 년이 지난 뒤 돌아왔다고 했을 때도 그저 가볍게 인사를 건넸을 뿐이다.

이탈리아 의료제도를 연구하기로 마음먹고 그 나라에 관해 깊이 알아야겠다고 생각했을 때, 머릿속에 제일 먼저 떠오른 사람이 S였다. 도움을 청하자 그는 기꺼이 시간을 내주었고 내 계획에 기뻐하며 이탈리아 방문에 관해 여러 가지로 조언해 주었다.

S는 올해 자기 부부도 이탈리아를 방문한다고, 우리가 이탈리아에 도착하면 자기들이 머무는 거처로 찾아오라고 했다. 돌이켜 보면 정말 다행한 일이다. 그가 미리 이탈리아에 와 있지 않았더라면, 핸드폰을 잃어버린 나를 위해 그처럼 쏜살같이 달려와 발 벗고 나서 주지 않았더라면, 나는 그 낙심천만한 상황을 이겨 내기 어려웠을지도 모른다.

이탈리아 이야기에 파묻혀 지낸 한 주간

우리 부부는 며칠 뒤 토리노를 거쳐 알프스의 산자락 마을로 향했다. S와 남편 B가 친구 집을 빌려 지내는 곳이다. 조그만 거처지만, 우리도 그

그랄리아의 옆 마을인 소르데볼로는 인구가 1,300명인 작은 코무네인데 5년마다 마을 행사로 〈그리스도 수난극〉을 공연한다. 마침 공연 중이라 우리도 관람했다. 1815년에 주민 30여 명이 시작한 이 연극은 해가 갈수록 규모가 커져 이제는 온 마을이 공연을 준비하고 남녀노소 400여 명이 배우로 등장한다. ⓒ Cla30/Wikimedia Commons

집에서 한 주간을 머물기로 했다. S와 B가 이제 곧 한국으로 돌아갈 참이라 그 전에 다만 며칠이라도 같이 있고 싶었기 때문이다.

피에몬테주 비엘라현 그랄리아 코무네(마을). 이탈리아 마을의 이탈리아인 집에서 이탈리아 가구와 그릇을 쓰며 이탈리아식으로 밥해 먹고 이탈리아 전문가의 이야기를 듣는 한 주간은 특별했다. 식탁에서 같이 나누는 빵, 요구르트, 치즈, 과일이 맛있었고 해 질 녘에 산책할 때면 산골 코무네의 역사가 서린 골목길, 공동 우물, 빨래터, 마을 가게가 정겨웠다. 보고 듣는 모든 것이 내게는 공부였다.

S와 B는 로마에서 유학하던 젊은 시절부터 삼십 년이 넘도록 이탈리아 사람들과 교류해 왔다. 그러니 이 나라에 관한 재미난 이야기가 해도 해도

끝이 없었다. 음식, 가톨릭 축제, 수도원 등 수많은 이야깃거리 중에 가장 흥미로웠던 것은 가정생활에 관한 이야기다. B가 들려준 '마마'에 관한 이야기 하나.

이탈리아 사람들은 전부 마마보이, 마마걸이에요. 어릴 때는 말할 것도 없고 다 커서 결혼한 뒤에도 부모, 특히 어머니가 자녀를 지극 정성으로 돌봐요. 결혼한 자녀 부부가 수시로 부모 집에 와서 밥 먹고 가는데 일은 부모가 다 해요. 자녀한테, 말하자면 무제한 애프터서비스를 하는 거예요.

나는 처음에 그 이야기가 이상했다. 서양에서는 자녀가 고등학교를 졸업하면 으레 부모를 떠나 자립한다고 들었기 때문이다. 그러다 점차 깨닫게되었다. 그동안 내가 '서양' 풍습이라 알고 있던 것이 주로 미국 쪽 이야기였음을. 서양도 나라마다 고장마다 문화와 풍습이 다른데 마치 미국이 서양을 대표하는 것처럼 생각했음을.

산행을 좋아하는 S와 B에 이끌려 우리도 알프스에, 비록 중간 높이까지지만, 두 차례나 올랐다. 산 아래 도시는 낮에 섭씨 30도가 넘어 덥다 못해 뜨거웠어도 산 위는 섭씨 7도의 초겨울이었다. 이럴 줄 미리 알았던 S가우리 부부를 위해 동네 바자회에서 중고 스웨터와 잠바를 얻어 놓고 털양말까지 준비해 뒀다. 그랬기 망정이지 우리가 갖고 온 얇은 옷만 입고는 아예산에 한 발도 들여놓지 못할 뻔했다.

우리가 오른 곳은 카미노산(2,391m)으로, 알프스에서는 높은 봉우리축에 끼지도 못한다. 그것도 중간까지는 케이블카로, 거기서 또 캐빈(간이케이블카)으로 바꿔 타고 편히 올랐으니 '전기 등반'을 한 셈이다. 그래도그 꼭대기에서 바라보면 멀리 북쪽으로 알프스의 두 번째 고봉인 몬테로사(4,634m)가 내 눈높이에 있는 듯 보였다.

가정의를 만나다

이탈리아 알프스 지역은 북쪽으로 높은 봉우리를 병풍처럼 두르고 남쪽으로 햇볕을 담뿍 받는 고원이다. 관광객이 엄청나게 드나드는 한편에 예전과 다름없는 일상을 이어가는 사람들이 산다. 산비탈에 돌을 쌓아 지은 조그만 집, 워낭소리 영롱한 소 떼, 언덕 위 풀밭에 하얀 털실 같은 양 떼, 흙 묻은 옷에 장화를 신고 일하는 시골 사람이 있다. 이곳은 양모로도 유명해 지역의 중심 도시 비엘라에서는 고대부터 모직을 생산했고 이미 중세에 양모사와 모직물을 수출했다고 한다.

고향에서 평생을 사는 의사

비엘라에 S 부의 친구인 안나마리아가 산다. 그는 60대 중반의 의사로, 모직물 공장을 운영하는 부모님의 외동딸로 태어나 밀라노 인근에 있는 파비아 대학교에서 의학을 공부했다. 일차의료를 전공해 가정의1가 된 뒤 고향 친구와 결혼해 평생을 고향에서 산다. 우리가 비집고 들어가 한 주간을 지낸 그랄리아 마을의 그 작은 거처는 안나마리아의 외할머니가 생전에 사시던 집이다.

S 부부는 한국으로 돌아갈 날이 다가오자 안나마리아에게 작별 인사를 할 겸 우리 부부를 소개도 할 겸 일요일 점심 자리를 마련했다. 이탈리아 가정의를 만난다는 사실에 전날부터 내 가슴이 설렜다. 나는 비록 오래전에 임상 의사 노릇을 그만두었지만, 그래도 가정의학을 전공한 의사이니 안나마리아를 만나면 묻고 싶고 듣고 싶은 것이 많았다.

날은 더없이 맑았고 동네 이웃집 같은 음식점에서는 인상 좋은 주인장이 직접 나와서 손님을 맞이했다. 안나마리아는 남편 알프레도, 백발의 시어머니와 함께 왔다. 반가운 인사를 주고받은 뒤 B가 나를 안나마리아 가

카미노산 정상에 있는 카판나 레나타 대피소. S와 B와 함께 지낸 집이 알프스 산자락 마을에 있어 날씨만 좋으면 산에 갔다. 해마다 6월 말 7월 초에는 비엘라 도심에서 이곳 해발 2천 미터 높이까지 23킬로미터를 달리는 산악 달리기 대회가 열린다.

족에게 소개했다. 한국에서 국립 의과대학의 교수로 의료정책을 연구하며 이번에 국영의료제도를 연구하기 위해 이탈리아를 방문했다고, 다소 길게 소개했다.

92세 할머니의 초콜릿과 아이스크림 사랑[2]

화사하게 화장하고 우아하게 투피스를 입고 온 할머니는 소녀처럼 눈을 반짝였다. 며느리의 한국 친구들을 꼭 보고 싶었단다. S가 할머니 곁에 붙어 앉았다.

"곱기도 하셔라. 잘생기고 점잖은 영감님 만나 데이트도 하셔야겠어요."

"아유, 여자 나이 이십 대에나 곱다고 하지, 내 나이가 92세야."

"이십 대엔 누구나 예뻐요. 어머니 연세에 이렇게 고우신 게 진짜죠."

비엘라시는 2019년에 유네스코 공예와 민속예술 창의도시로 선정되었다.

할머니와 얘기하느라, 틈틈이 우리 부부에게 통역하느라 바쁘다. 이탈리아는 손꼽히는 장수 국가로 100살이 넘도록 사는 사람이 적지 않다. 그중에도 여자의 평균수명이 남자보다 길어 할머니가 데이트할 영감님을 찾기는 쉬운 일이 아닐 터이다. S의 재치있는 농담에 어머니가 즐거워하시니 아들 알프레도가 신이 나서 거든다.

"어제 마트에 가서 장을 봤는데, 아 글쎄 우리 어머니가 초콜릿이랑 아이스크림만 고르는 거야. 어머니 집에 가서 냉장고를 열어봐도 초콜릿과 아이스크림뿐이야."

아흔이 훌쩍 넘은 할머니는 이제 평생을 지배하던 규칙을 훌훌 벗어던지고 자기가 하고 싶은 것만 하면서 자유를 만끽하시나 보다. 이 할머니보다 세 살 아래인 우리 엄마를 떠올린다. 엄마도 이렇게 자유로우시면 좋으련만.

대개 이탈리아 사람들은 태어난 곳에서 평생을 산다. 근처에 사는 젊은이끼리 만나 짝을 짓고, 결혼 뒤에도 부모 가까이에 살거나 아예 앞뒷집에 살기도 한다. 우리 식으로 말하면 며느리가 시부모와 가까이 사는 것인데 그렇더라도 이탈리아 젊은이에게는 불편할 일이 전혀 없다. 우리나라에서처럼 남자 쪽 가족이 권력 서열의 윗자리를 차지하는 문화가 아니기 때문이다. 애초에 결혼한 여성을 옥죄는 '며느리'라는 역할 개념이 없어 부모든 자식이든 기본적인 예의를 갖추면 그만일 뿐 서로 거리끼지 않는다. 알프레도의 어머니와 안나마리아에게서도 그런 관계가 느껴진다.

B가 어제 우리 부부에게서 들은 말을 꺼낸다.

"좋은 정보 감사합니다(그라치에, 페르 벨인포르마치오네)."

드라마 〈미생〉3에 나온 대사다. 사람들이 말을 주고받다가 "쓸데없는 얘기 그만둬"라고 내뱉을 만한 순간에 마음 착한 '김 대리'는 그저 상대를

안나마리아 가족과 S 부부와 함께

지긋이 바라보며 이 말을 던져 화제를 바꾼다.

B는 표정 연기까지 해가며, 부부 금실이 좋아지려면 이 말을 자주 *써야* 한다고 재미있게 풀어낸다. 열심히 들으며 껄껄 웃던 알프레도가 조금 뒤 당장 자기 아내에게 써먹어 모두를 웃겼다. 한국 드라마의 대사가 이탈리 아 사람에게도 통한다는 것이 신기했다.

왜 이탈리아 국영의료를

대화가 내 연구로 옮아갔다. 안나마리아는 내가 왜 이탈리아 국영의료 를 연구하는지 궁금해했다. 나는 먼저 한국과 이탈리아의 의료제도를 간 단히 비교해 설명한 뒤, 국영의료의 장점을 캐내 한국에 도움이 되게 하고 싶다고, 그러기 위해 현장을 견학하러 왔다고 답했다. 책이나 인터넷 자료 를 뒤지면 이탈리아 의료에 관한 설명이나 통계는 어느 정도 구할 수 있고 의료제도에 관해 대강 이해할 수 있지만, 직접 보고 관련된 사람들과 대화하여 생생하게 알아보고 싶다고 했다.

S가 동시통역으로 전하는 내 이야기에 안나마리아 부부가 진지한 얼굴로 귀를 기울였다. 그 모습에 힘입어 나는 계획을 자세히 풀어 보였다. 먼저 한 달간 이탈리아 이곳저곳을 여행해 사회의 여러 모습을 접하고, 그 뒤 볼로냐에 머물며 의료 현장을 견학하려 한다. 에밀리아로마냐주 수도인 볼로냐에서는 주정부에 있는 의사 공직자가 도와주기로 했다. 그곳 의사들이 국제 학회에 활발히 참여하는 덕분에 도움을 받기가 그런대로 쉬웠다. 몇 해 전 학회에서 만나 피렌체 메이에르 어린이병원을 견학하게 도와준 시모넬리 교수도 이곳 사람이다. 남편이 한 달 뒤에 한국으로 돌아가면 볼로냐 시내에 빌려 둔 조그만 아파트에서 나 혼자 지내며 견학에 전념할 예정이다.

내친김에 나는 용기를 내어 속에 있는 말을 꺼냈다. 가정의학과 의사로서 일차의료에 특히 관심이 있고, 이탈리아의 일차의료제도가 매우 흥미로워서 깊이 알고 싶고 견학도 하고 싶다고 털어놓았다.

안나마리아가 고개를 끄덕이더니 말했다.

"이탈리아 일차의료는 세계에서 최고야."

아, 나는 잠시 숨을 들이켰다. 저 말에서 이탈리아를 대한민국으로 바꿀 수 있다면 얼마나 좋을까? 안나마리아의 말이 이어졌다.

"프랑스나 다른 나라에도 일차의료가 있지만, 이탈리아처럼 효과적이지는 않아. 나는 내가 하는 이 일이 정말 좋아.

그런데 점점 힘들어지고 있어. 정부에서 비용이 많이 든다고 왕진을 제한하는 거야. 왕진은 그저 환자를 편하게 하려고 그의 집에 가는 게 아니야. 집에 가보면 생활 여건을 알 수 있어서 환자를 이해하는 데 큰 도움이 되지. 이런 왕진을 단순히 비용 때문에 제한한다는 건 잘못이야. 난 정말 화가 나.

그런데 요즘 젊은 의사들은 우리와 달라. 왕진 같은 데는 관심이 없어. 컴퓨터만 들여다보면 다 될 것처럼 생각하는 게 아닌지 걱정이야."

나한테 와서 일주일쯤 같이 지내

안나마리아가 정색하고 나를 보며 말했다.

"문 선생이 일차의료를 자세히 알고 싶다면 반드시 현장을 경험해야 해. 그래야 제대로 알 수 있어. 나한테 와서 일주일쯤 같이 지내면 어때? 내가 진료할 때 옆에서 보는 거야. 나와 왕진도 같이 가고."

나는 잠시 귀를 의심했다. 그리고는 빠르게 크게 대답했다.

"네, 좋지요! 그럴게요. 정말로 보고 싶어요. 고맙습니다!"

기뻤다. 바로 이런 기회를 바라고 또 바랐다. 가정의가 환자의 건강 전반을 책임지면서 상담하고 진료하는 일차의료 현장을 꼭 보고 싶었다.

국영의료 견학을 준비하면서 가장 큰 고민이 '일차의료를 본다'는 게 쉽지 않다는 데 있었다. 종합병원에 관해 알고 싶으면 병원의 규모, 의료진수, 첨단 시설이나 장비의 유무, 입원진료와 수술 실적 등에 관한 자료를 통해 병원이 제공하는 의료 내용을 가늠할 수 있다. 그러나 가벼운 진료와 상담을 제공하는 일차의료는 다르다. 시설이나 장비의 숫자, 진료 실적 등은 큰 의미가 없다. 대신에 진료의 '내부 장면'을 봐야 한다. 일차의료는 의사와 환자의 만남, 대화, 진찰이 주요 내용이기 때문이다. 그러니 이게 참 어려운 문제였다.

진료실 안에서 환자는 의사에게 사적인 면을 드러낸다. 그 광경을 제삼자에게, 더군다나 나같이 낯선 외국인에게 어느 의사가 보여 줄까. 게다가 이탈리아 가정의는 공무원이 아니고 어떤 기관에도 소속되지 않은 독립된 전문인이다. 국영의료와 계약을 맺어 일하는 자영 직업인이다. 그러니 어디에 부탁하면 견학할 수 있을지, 아무리 궁리해도 방법이 보이지 않았다.

그렇게 고민하던 터에 오늘 처음 만난 안나마리아가 선선히 자기에게 와서 보라고 말해 주니, 자기가 진료하는 옆에서 보고 왕진도 같이 가자고 하니, 내 귀로 듣고도 믿기지 않을 지경이었다.

안나마리아에게 "땡큐, 그라치에!"를 연발하다가 힐끗 보니 S와 B가 흐뭇한 표정으로 바라보고 있었다. 그렇다, 안나마리아는 나를 도우려는 S와 B의 마음을 읽고 거기에 응답한 것이다. 이탈리아 사람은 친구를 위해서라면 웬만한 수고도 불편도 감수한다고 한다. S 부부와 안나마리아 부부 사이의 깊은 우정 덕분에 내가 이 귀중한 기회를 선물로 받았다.

'동네 의사'가 되고 싶었다

의과대학을 졸업하면서 나는 가정의학과를 전공하기로 했다. 선택할 수 있는 전문 과목이 내과, 외과, 산부인과, 소아청소년과 등 스무 가지가 넘었으나 가정의학과가 가장 내 마음을 끌었다.

가정의학과

가정의학과에서는 아픈 사람이 어른인지 아이인지, 아픈 데가 머리인지 가슴인지 팔다리인지를 구분하지 않고 전인적으로 대한다. 살아가는 환경과 관계 안에서 사람의 건강을 이해하고, 예방적 조처와 상담을 중시하며, 생애 전체에 걸쳐 환자를 대한다. 1980년대 초 우리나라 의과대학 교과목에는 가정의학이 없고 교과서도 없어 외국 교과서를 구해 혼자 공부해야 했으나 기본 철학과 의학적 방법론이 이해하기에 어렵지 않았다. 동네 사람에게 친밀한 의사가 되어 지역사회를 도우며 살아갈 길이 거기에 있었다.

세상에 별일이 많은 것처럼 질병의 종류도 수없이 많다. 고혈압처럼 수많은 사람이 걸리는 다빈도 질병이 있는가 하면 의사 평생에 한 번 보기 어려운 질병도 있다. 또 당뇨병처럼 몸 전체에 영향을 미치는 질병이 있는가 하면 눈에 생기는 백내장처럼 어느 한 부위에만 나타나는 질병도 있다. 가정의학과 의사는 다빈도 질병, 그중에도 몸 전체에 영향을 미치는 질병에 대해 잘 알고 대처할 능력을 갖추어야 한다. 그래야만 가족 또는 개인의 평생 건강관리를 도울 수 있다. 가정의가 되려면 3년 간 레지던트 과정을 거쳐야 하며 그 기간에 가정의학과뿐 아니라 내과, 외과, 산부인과, 소아청소년과, 정신과, 정형외과 등을 차례로 수련한다.

1983년 당시에 가정의학과 수련을 받을 수 있는 병원은 서울의 대학병원 두 곳과 전주 예수병원뿐이었다. 나는 약혼자가 이미 예수병원에서 외과계 수련을 시작한 터였으므로 전주로 가는 길을 택했다.

농촌 지역보건사업

예수병원은 그 시절에 우리나라에 몇 안 되는 큰 병원이었다. 그러나 규모보다 더 특별한 것은 1968년부터 꾸준히 전라북도 완주군 농촌에서 지역보건사업을 하고 있다는 사실이었다.

전주시에 잇닿은 완주군에는 만경강이 흐르는 너른 들이 장관이지만, 동쪽과 북쪽에서는 이내 높은 산으로 이어진다. 무주군의 산악, 진안군의 고원과 경계를 이루는 산자락에는 굽이마다 작고 외진 마을이 있다. 봄이면 온 산을 화사하게 수놓는 벚꽃, 여름이면 푸르른 숲과 맑은 냇물, 가을이면 동네마다 맛난 감이 지천으로 열리는 그곳은 더없이 아름다웠으나 교통이 말할 수 없을 만큼 불편해 산간벽지가 따로 없었다.

예수병원 지역보건과 직원들은 산을 넘고 물을 건너 일일이 마을을 찾아다녔다. 임신부가 산전 진찰을 받도록, 아기에게 예방접종을 맞춰 주도록, 마을마다 구급 약품이 비치되도록 질병 예방 활동을 했고 아픈 이가 있으면 초기에 진료받도록 도왔다. 단순한 직원이 아니라 사람들을 설득하고 안내하는 활동가였다. 1982년에는 오일장이 열리는 고산면에 독일 교회의 원조금으로 예수병원 분원이 세워져 입원치료와 응급의료 등 병원급 의료를 제공하게 되었다.

가정의학과 레지던트를 지역보건사업에 참여하게 하는 것이 병원의 방침이었다. 이에 따라 나는 수련받는 3년 동안 해마다 한 달씩 고산분원에서 지내며 분원장님을 도와 외래와 입원진료, 간단한 수술, 응급진료를 두루 했다. 지역 활동에 참여해 보건 간호사와 함께 마을을 방문하고 마을건강원4의 안내로 환자의 집을 찾아 왕진도 했다. 오·벽지에 해당하는 그 지역에는 보건진료원5이 근무하는 보건진료소가 몇 군데 있어서 그분들과 협력해 고혈압 관리법을 주민에게 교육하기도 했다. 이런 과정은 다른 수련 병원에 없는 특별한 것으로, 그렇게 지역보건 활동가와 팀을 이루어 농촌 사회에 다가갔던 것은 내게 값진 경험이 되었다.

동네 일차의료 의사가 되고 싶었지만

수련을 마치고 가정의학과 전문의가 되었으나 내가 바라던 의사가 될 길이 막막했다. 환자를 전인적으로 대하고 예방과 상담을 중시하며 환자와 서로 신뢰를 주고받는 '동네 의사'로 살아갈 현실적 방안이 보이지 않았다.

당시 우리나라 의료정책의 최대 과제는 국가 의료보험의 혜택을 누구나 누리도록 하는 것이었다. 정부의 정책 역량이 온통 의료보험제도 시행에 집중되어 있었다. 시급하고 막중한 과제임이 틀림없었지만, 그러나 그것이 전부는 아니었다. 의료를 어떻게 공급할지에 관한 제도가 필요했다. 무엇보다 동네 의사와 큰 병원 의사의 역할이 구분되어야 했다. 큰 병원 의사는 중증 질병을 진단해 환자를 전문적으로 치료할 책임을, 동네 의사는 질병의 예방과 초기 진료를 담당해 국민의 건강을 지킬 책임을 맡도록 나뉘어야 했다. 의료보험을 도입해도 이런 역할 구분이 저절로 되는 것은 아니어서 이에 관한 제도가 필요했다. 1989년에 이르러 전 국민이 가입하는 의료보험이 완성되었으나, 의사 역할 및 의료기관 기능을 체계화하는 제도는 만들어질 기미가 없었다.

동네 의사의 활동을 '일차의료'라 부르고 거의 모든 선진국이 이를 제도화해 운영한다.6 그 제도 안에서 사람들은 동네에 있는 가정의를 자기 일차의료 의사로 정해 등록한다. 이 의사는 평상시 건강관리를 맡아 가벼운 진료와 상담을 제공하고, 환자가 검사나 입원 치료를 받으러 병원에 가야 할 때면 의뢰서를 작성해 준다. 병원에서는 검사나 입원 치료를 시행한 뒤, 결과를 가정의에게 알려 주어 그가 환자의 건강관리를 지속하게 돕는다. 가정의가 제공하는 상담과 진료 등 일차의료는 환자에게 무료다. 대신에 의사는 그에게 등록된 주민이 몇 명인지를 기준으로 국가나 의료보험조합에서 보수를 받는다. 일차의료가 활발하면 국민의 건강 수준이 향상되고, 입원 횟수가 감소하며, 응급실을 이용하는 횟수가 줄어들고, 만성질환을 앓는 환자의 합병증도 감소한다. 질병을 평소에 예방하고 초기에 치료하므로 국가적 의료비용이 줄어든다.

일차의료제도가 없다

우리나라에서는 의사가 '시장형 환경'에서 진료한다. 의사와 환자 사이에 책임 관계가 성립하지 않아 환자는 이리저리 의사를 찾아다니고 의사는 환자 대부분을 일시적, 단편적으로 진료한다. 이런 여건에서는 예방적 상담이나 가벼운 진료 대신에 검사, 약, 주사 등 눈에 보이는 뭔가를 투입하는 진료를 하게 된다. 의사가 환자에게 검사도 많이 하고 약도 많이 쓰고 주사도 많이 놓아 돈을 벌면 주변 사람들이 '성공'했다고 말해 준다. 의료에서

성공이 이런 것일 리 없지만, 시장에서는 이 논리가 통한다.

시장이 부추기는 성공을 외면하고 동네 의사로서 이상을 실천하려 한다면 그 의사가 감당해야 할 어려움이 크다. 환자의 생활환경을 이해하기 위한 소통이나 질병 예방을 위한 상담에는 시간과 공이 들지만, 그것이 경제적 보상으로 이어지지 않기 때문이다. 상담한 환자와 지속적인 관계가 유지된다는 보장도 없다. 상업적 의료에 익숙해진 환자들은 첨단 장비, 비싼 검사, 비싼 시술을 좋은 의료와 혼동한다. 그러니 검사를 지나치게 많이 하지 않기, 불필요한 항생제를 처방하지 않기, 주사제 사용을 삼가기 등 의학적 원칙을 지키는 의료는 오히려 질 낮은 의료라는 의심에 부딪히기까지 한다.

결국 나는 동네 의사가 되지 못했다. 대신에 보건소 의사가 되는 길을 택했다. 아직도 우리나라는 일차의료제도를 만들지 못했고 의료 시장은 많은 문제를 드러낸 채 그대로 이어지고 있다.

이탈리아
반도
여행

　S 부부와 작별하고 우리는 둘만의 여정을 시작했다. 이 나라의 여러 곳을 가보고 사람들을 접하려 한다. 의료제도는 그 나라의 역사, 정치, 경제, 문화가 의학과 맞물려 만들어지니 이번 여행은 이탈리아 국영의료를 이해하기 위한 사전 준비라 할 수 있다.

　길을 떠나는 마음이 가벼웠다. 비록 이탈리아어도 모르고 여행 자금도 넉넉지 않고 안내자도 없지만, 어디에 가더라도 잘 지내리라는 자신이 있었다. 잃어버린 핸드폰도 되돌아오는 세상이 아니던가. 첫 목적지로 우리는 '마피아의 본고장'이라는 시칠리아로 향했다.

찬란한 유적과 허술한 현실이 공존하는 남부

　이탈리아반도의 남쪽 끝 시칠리아는 남북으로 아프리카와 유럽 대륙 사이에, 동서로는 터키와 스페인 중간에 놓인 섬이다. 수천 년 전, 지중해 뱃길이 서구 문명의 중심이던 시절부터 이 섬에 도시가 건설되어 그리스 신전을 비롯한 고대 유적이 많고 뒤이어 로마, 비잔틴, 아랍 왕국을 거쳐 노르만과

부르봉 왕조가 잇따라 지배해 중세와 바로크 시기의 유적도 화려하다.

시칠리아에서 마피아의 총격전을 기대한다면 실망할걸

시칠리아의 주도 팔레르모에 도착해 비앤비에 짐을 풀었다. 주인장은 플라비아라는 이름의 멋진 중년 여성으로, 두 딸을 뒷바라지하려고 한 해 전에 숙박업을 시작했다고 했다. 거실 선반에 시칠리아를 소개하는 자료가 몇 있었다. 이탈리아어로 쓰인 책자들 틈에 드물게도 영어로 쓴 소책자가 보여 집어 읽다가 혼자 킥킥거렸다.

시칠리아 팔레르모에서 흔히 보는 외국인의 난센스
1. 음식점에서 '아란친'을 달라고 한다. 그러나 팔레르모에 그런 건 없다. 우리의 고유 음식인 '아란치니'7가 있을 뿐이다.
2. '헤이, 마피아가 나타나는 데가 어디야?' 이런 수작에 팔레르모 사람 대부분은 화가 머리끝까지 난다. 심지어 시내에서 마피아의 총격전이 벌어지기를 기대하는 외국인도 있다. 그럴 땐 '넌 할리우드 영화를 너무 많이 본 거야' 하고 점잖게 일러 주는 게 상책이다. 물론 마피아가 없다는 건 아니다. 그러나 현재 시칠리아에서 그들의 영향력은 무시할 정도로 약해졌다.

누가 이 글을 썼는지 묻자 주인장 플라비아가 빙긋 웃으며 답했다.

"글이 재미있지? 지역 단체에서 만든 거야. 얼마 전에 행사하면서 나눠 줬어."

마피아는 팔레르모뿐 아니라 나폴리를 비롯해 남부 이탈리아 전역에 퍼져 있는 범죄 조직이다. 엄연히 존재하는 암흑 세력을 용감하게 조롱할 만큼 당당한 시민사회가 있다니 기분이 좋았다.

노르만과 아랍, 비잔틴 건축 양식이 섞인 팔레르모 몬레알레 대성당 ⓒDaniel Enchev/pxhere

관광객이 북적이고 화려한 유적이 있는 팔레르모

우리 부부가 시칠리아에 간다고 하니 한국에서 친구들은 으레 마피아를 떠올리며 걱정했다. 무슨 일을 겪을지 모른다면서 웬만하면 가지 말라고까지 했는데, 정작 가보니 세계 각지에서 온 여행객이 시칠리아의 도시마다 북적였다. 젊은이, 아이들과 부부, 친구들과 함께 온 중년, 단체로 온 노인들이 저마다 이탈리아어, 영어, 독일어, 프랑스어, 러시아어 등등 자기네 언어로 인쇄된 안내 책자를 들고 길을 메웠다. 그런데 한국, 중국, 일본에서 온 사람은 전혀 보이지 않았다. 혹시 마피아에 대한 유난한 경계심이 동아시아 3국의 공통점이 아닌가 싶을 정도였다. 며칠 지내다 보니 이곳은 물가가 싸고 음식이 맛있고 볼거리가 즐비한 매력적인 곳이고 현지 사람들이 다소 투박하기는 해도 그 나름의 정감으로 방문객을 대접해 주는 여행지였다.

팔레르모는 9세기부터 천 년 동안 이 섬을 차지한 여러 세력이 왕국의 수도로 삼은 곳이다. 대표적 유적으로 실내 벽과 천장이 온통 금박으로 뒤덮인 성당이 있다. 12세기에 노르만 왕조가 세운 몬레알레 대성당인데 예수와 열두 제자는 물론이고 구약성서의 온갖 설화가 황금 모자이크로 새겨져 번쩍인다. 아마 유럽 어디에도 다시 없는 화려한 유적이 아닐까 싶다.

팔레르모의 대중교통은 '쓰인 대로 믿으면 안 된다'

우리는 서민이 타는 대중교통을 이용하기로 했다. 평범한 사람의 일상을 체험해 보고 싶었고, 한편으로 공공행정 체계가 운영하는 국영의료를 견학하기에 앞서 대표적 공공서비스인 대중교통을 통해 이탈리아 행정의 단면을 엿보고 싶었다.

팔레르모에는 전철이 없어 어딘가에 가려면 노선버스를 타야 했다. 관광에 나선 첫날, 안내 책자와 버스 노선도를 공부해 우리가 탈 버스의 번호를 알아낸 뒤 그 버스가 오는 정류장을 찾아 나섰다. 가게가 즐비한 중심가 도로에는 정차하는 버스 번호, 목적지, 배차 간격을 알리는 팻말이 정류장마다 있어 찾기는 쉬웠다. 서서 기다린 지 20분쯤 지났을 때 맞은편에서 어떤 남자가 길을 건너왔다. 인도나 파키스탄에서 온 이주민으로 보이는 그가 영어로 말했다.

"여기에 버스가 오지 않아요. 버스를 타려면 딴 데로 가야 해요."

우리는 깜짝 놀랐다.

"○○번 버스가 온다고 이 팻말에 써 있는데요?"

"나는 여기에 살아요. 이 정류장에 버스가 서는 걸 본 적이 없어요."

이 무슨 낭패란 말인가. 시청에서 세웠을 정류장 팻말이 엉터리라니. 어쨌든 그에게 고맙다는 말을 건네고 황급히 그 자리를 떠났다. 우리 옆으로 여행객을 겨냥해 비싼 요금을 받는 관광용 순환 버스가 쉴 새 없이 지나갔다. 아무리 그래도 대중교통을 이용해 보려 마음먹은 우리로서는 그 버스를 타고 싶지 않았다.

승객을 기다리고 또 기다리게 하는 버스

다음 날 오전에 다시 한번 시도해 보기로 했다. 마침 우리가 묵는 비앤비 가까이에 노선버스의 종점이 있고 그 버스를 타면 팔레르모 대학교에 갈 수 있었다. 대학 캠퍼스를 방문해 젊은 학생들을 보며 시칠리아의 미래 희망을 느껴 보겠다는, 야심에 찬 계획을 세우고 종점으로 갔다.

시동을 켠 채로 대기 중인 버스에 올라탔는데 그 상태로 40분이 넘도록 출발하지 않았다. 내가 앉은 좌석의 차창 밖으로 길 건너편 정류장이 보였는데 여자 한 명이 버스를 기다리고 있었다. 40분 동안 그는 선 채로 자리를 지켰고 그저 무표정했다. 기다리는 데 익숙한 듯했다. 내가 탄 버스에는 노인과 젊은 남자가 나란히 앉아 끝없는 잡담을 목청 높여 주고받았다. 알아들을 수도 없는 말소리를 견디며 40분을 허무하게 보내노라니, 저 사람들도 기다리기가 지루해 기를 쓰고 잡담을 이어가는 건가 싶었다.

마침내 기사가 올라와 버스가 출발했다. 달리는 버스 안에서 슬슬 걱정이 앞섰다. 돌아오는 버스를 타려면 또 얼마나 기다려야 할까? 팔레르모 대학교에 우리를 기다리는 사람이 있는 것도 아니고 잠깐 구경하고 오는 데 한나절을 보내기는 억울했다. 캠퍼스를 거닐어 보려던 계획을 수정하기로 했다. 대학이 보이는 정류장에서 내린 뒤 캠퍼스를 힐끗 쳐다만 보고 서둘러 길을 건너 시내로 돌아가는 버스를 탔다.

차창 밖으로 낡은 아파트, 마감재가 떨어져 나간 벽, 판자로 막아 둔 문짝이 간간이 보였다. 화려하게 금박 입힌 성당과 거대한 궁정이 있는 이 도시에 이런 남루한 풍경과 신뢰할 수 없는 교통 행정이 공존한다는 사실에 마음이 불편했다.

나폴리의 피자는 껍질만으로도 맛있어

시칠리아에서 한 주간을 지낸 뒤 배를 타고 나폴리로 갔다. 이탈리아 남부의 중심인 나폴리는 기원전 지중해를 주름잡던 그리스 사람들이 세운 그 시대의 새로운^{neo} 도시^{poli}다. 13세기부터는 이탈리아반도 남부를 다스린 왕국의 수도로, 오랜 세월에 걸쳐 문화적 자산이 축적되었다. 따라서 이 도시는 베수비오 화산과 폼페이 유적이 있는 명소, 태양이 눈부시게 빛나고 바다가 아름다운 항구, 벨칸토 음악의 본고장, 현대식 피자의 탄생지이며 한편으로 부패한 행정과 마피아에 관한 소문의 진원지로도 빠지지 않는다.

나폴리 중앙역 광장 앞에 숙소를 정했다. 길모퉁이에 피자 가게가 있었지만, 진열장을 힐끗 보며 지나쳤다. 피자의 본고장인 나폴리에 왔으니 '제대로 된' 피체리아에서 피자를 먹어 볼 생각이었다. 그런데 지내보니 그게 생각대로 되지 않았다. 머무는 날짜는 짧은데 보고 싶은 곳은 많아, 다니다 보면 끼니를 놓치기 일쑤였다. 어쩌다 배가 고파 식당을 찾아도 어떤 곳은 사람이 너무 많고 어떤 곳은 주변이 지저분해서 그냥 돌아 나오기도 해 '제대로 된' 피자를 먹어 볼 기회가 좀처럼 없었다.

마지막 날, 밤 아홉 시가 넘도록 돌아다니다 저녁을 거른 우리는 숙소로 가면서 결국 그 모퉁이 가게에서 피자를 샀다. 커다란 조각 두 개 값이 5유로도 안 되니 싼 맛에 허기나 면할 생각이었다. 그런데 숙소에 들어가자마자 한입 베어 물은 피자는, 맛있었다! 토핑과 소스는 그저 간단하고 양이 적어도 신선한 자연의 맛과 향이 느껴졌고, 거친 듯 보이는 피자 껍질은 구수하고 간간한 게 깊은 맛이 있었다. 어떻게 만들었는지 껍질만으로도 맛있다고

장작을 지핀 화덕에서 굽는 나폴리 피자 ⓒPxHere

감탄하며 먹다 보니 그동안 그 가게를 우습게 본 것이 민망했다. 촌스러운 간판에 진열장만 커다래서 그저 냉동 피자나 데워 팔겠거니 생각했다. 진작 한번 사 먹어 보았더라면 장작을 지핀 화덕에서 꺼내는, 제대로 된 맛있는 피자를 날마다 먹었을 텐데. 놓쳐 버린 끼니가 못내 아쉬웠다.

나폴리의 대중교통은 '허술하고 예측할 수 없다'

피자는 더없이 좋았지만, 나폴리의 대중교통은 그렇지 않았다. 시내에서 폼페이에 갈 때 전철을 탔는데 열차가 어찌나 낡고 꾀죄죄한지 그것만으로도 구경거리였다. 녹슨 데를 감추려는 듯 차체 외벽을 낙서 같은 울긋불긋한 그림으로 뒤덮었고 객실 내부도 허술해 우리의 옛 완행열차를 생각나게 했다. 베수비오 화산 폭발로 소멸한 고대 로마 도시인 폼페이 유적이 얼마나 웅장하고 화려하고 과학적이고 질서 정연한지 본 다음, 시내 숙소로 돌아가려고 그 열차를 다시 타면서는 서글픈 마음이 밀려왔다. 과거는 영광스러웠으되 그것이 현재 일상의 품격으로 이어지지 않는다면 빛나는 유적이 과연 무슨 의미가 있을까.

다음 날에는 이 도시에서 유명하다는 케이블카를 타러 갔다. 베수비오 화산 꼭대기까지 케이블카를 타고 가보자는 노래 〈푸니쿨리 푸니쿨라〉가 이곳 나폴리에서 탄생했을 만큼, 시내 여러 곳에 케이블카가 설치되어 대중교통 구실을 한다. 푸니콜라레 중앙역으로 가는 노선버스의 정류장은 큰 도로에서 갈라진 오르막길 어귀에 있고 버스의 도착 시간을 안내하는 전광판도 설치되어 있었다. 우리 말고도 버스를 타려는 사람이 많아 마음 놓고 기다렸다. 그런데 아무리 기다려도 버스가 오지 않았다. 전광판에 "10분 후 도착"한다는 안내가 진작에 나왔는데 15분쯤 지난 뒤 "40분 후 도착"으로 바뀌더니 조금 있다가는 "예측할 수 없음"이라고 다시 바뀌었다. 갑갑한 노릇이었다.

우리는 버스 타기를 포기하고 걸어 올라가기로 마음먹었다. 서울에서 남산을 오르는 기분으로 가파른 비탈길을 씩씩하게 올라 드디어 푸니콜라레 역에 닿았다. 그런데 이게 웬일, 사람이 전혀 없었다! 역사 입구에 셔터가 내려져 있고 종이 한 장이 붙었는데 내용인즉슨 케이블카가 "운행 정지 기간" 중이란다. 땀에 젖어 언덕길을 올라온 우리를 향해 그 종이가 킥킥거리며 비웃는 듯했다.

남부에 이어졌던 착취와 차별의 역사

허술하기 짝이 없는 대중교통으로 상징되는 남부의 낙후함을 이해하려면 이탈리아 역사를 간략하게라도 살펴봐야 한다.

이탈리아반도는 고대에 로마제국의 중심지였으나 서기 330년에 로마가 수도를 콘스탄티노플(지금의 이스탄불)로 옮기면서 변방이 되었고 서고트, 게르만 등 여러 세력의 점령을 겪으며 점차 남과 북, 동과 서 등으로 나뉘게 되었다. 그 뒤로 천 년이 넘도록 이 반도에 통일된 국가가 세워지지 않았다. 로마라는 이름은 그저 반도 중부에 있는 한 고장, 교황이 사는 다소 특별한 도시를 가리키는 데 쓰일 뿐이었다.

점령 세력이 남부 백성을 압제하고 착취하다

천 년 동안 반도의 북쪽과 남쪽은 서로 다른 길을 가게 되었다. 교황이 로마시를 포함한 반도의 중부를 교황령이라 하여 직접 다스렸고 북쪽으로 여러 개의 도시 국가가, 남쪽에는 왕국이 들어섰다. 북부의 도시들은 로마 공화정의 전통 위에 시민자치 공화국을 결성했으나, 나폴리에서 시칠리아에 이르는 남부는 이곳을 점령한 외부 세력의 전제 왕조가 통치했다. 지배하는 세력이 아랍, 노르만, 합스부르크, 부르봉으로 시대에 따라 바뀌었지만, 권위주의적 압제는 남부에서 천 년 동안 변함이 없었다. 국왕이 백성에게 절대적 존재로 군림했고 왕에게 충성하는 귀족이 대농장 소유주로서 농민을 예속하고 착취했다. 엄격한 신분제로 층층이 갈라진 백성들은 서로 불신하고 반목해, 통치 세력에 대항하거나 도전하지 못했다.

빈곤과 혼란이 낳은 마피아

1800년대 초에 시작된 이탈리아 통일운동의 결실로 마침내 1861년에 남과 북을 아우르는 '이탈리아왕국'이 탄생했다. 그러나 피에몬테 왕국 등 북부 세력이 주도한 통일 과정에서 남부는 함락 대상으로만 취급돼 남부를 짓누르던 압제와 불평등은 통일국가의 관심거리가 아니었다. 남부를 통치하던 나폴리 궁전에 왕이 없어졌으나 그 자리를 북부의 피에몬테 왕이 차지했고 권력과 토지는 여전히 소수가 독점했으니, 남부의 백성이 바라던 해방은 없었다. 오히려 통일왕국이 새롭게 도입한 징병제와 과중한 세금이 남부 사람 대부분을 더 빈곤하게 했다.

통치 세력이 된 북부는 남부를 차별했다. 통일 뒤 방치되다시피 한 남부 동네에는 치안조차 허술해 혼란의 시기에 폭력 조직이 우후죽순처럼 생겨났다. 과거에 귀족 영주를 호위하던 사립 경비대에 뿌리를 둔 이들은 협박과 강탈, 청부 살인, 밀수로 세력을 키웠다. 이른바 시칠리아 마피아의 시작이다. 이들 중 일부는 이민 대열에 편승해 미국에 건너가 뉴욕 등지에서 국제적 마약 거래의 큰손이 되었고, 나머지는 이탈리아 남부를 주 무대로 정부의 수십 년 노력에도 근절되지 않고 오늘날까지 불법적인 활동의 계보를 이어간다. 민주적 정치 활동에 걸림돌이 되고 공정한 사법 집행을 방해하며 합리적 행정에 발목을 잡는다.

명품 산업단지가 즐비하고 공화제 전통이 확고한 북부

나폴리를 떠나 북부로 향했다. 이탈리아 북부는 제조업의 기술 수준이 세계 최고라고 알려진, 명품을 만들어 내는 풍요로운 산업 사회다. 이곳의 명품들은 우리의 일상생활 안에도 깊숙이 들어와 있다.

짙은 남색 벙거지 모자에 사각 뿔테 안경을 쓴 60대 여성이 31일 오후 3시 서울중앙지검 청사 앞에 멈춘 검은색 에쿠스 차에서 내렸다. 지난 한 달여 동안 사상 초유의 '국정농단' 의혹으로 세상을 떠들썩하게 한 최순실 씨였다. 그는 검은색에 하얀색 점이 찍힌 머플러로 최대한 얼굴을 가리고 있었다. 자신을 기다리고 있던 취재진 300여 명 앞에서 그는 황급히 오른손으로 얼굴을 가렸다. 검찰 수사관 10여 명이 만약의 사태에 대비해 최 씨를 에워쌌다… 시민단체 관계자들과 기자들이 뒤엉키면서 포토라인은 무너졌고, 최씨가 검찰청사 안으로 들어왔을 때 벙거지 모자와 안경, 왼쪽 신발은 벗겨진 상태였다. 벗겨진 신발에는 명품 브랜드 프라다의 로고가 찍혀 있었다.[8]

이 신발이 백화점에서 72만 원에 팔리는 고가품이라는 설명을 단 기사, 프라다 신발이 더 많이 팔리리라는 예상 기사가 잇따랐다. 그러나 최 씨에 대한 국민의 분노가 워낙 컸던 탓인지 실제 매출은 감소했다고 한다.

패션을 산업으로 일으킨 밀라노, 피렌체

프라다는 의류, 핸드백, 구두 등으로 유명한 패션 브랜드로 본부가 이탈리아 북부의 대도시 밀라노에 있다. 프라다 외에도 아르마니, 베르사체, 발렌티노 등의 본부 또한 이곳에 있어 밀라노는 파리, 뉴욕과 함께 세계 최고의 패션 도시로 이름을 날린다. 밀라노 대성당 광장 앞에는 패션의 본고장에 왔음을 실감하게 하는 장소인 갈레리아가 있다. 19세기에 지어진, 높은 천정을 덮은 멋진 유리 아치로 유명한, 세계 최초의 쇼핑몰인 갈레리아에는 명품을 파는 상점이 가득하다. 이곳에 진열된 고가의 화려한 상품을 보는 것만으로도 눈이 어지럽지만, 실은 밀라노 시내에 이보다 더 값비싼 명품 거리가 여럿이다.

이탈리아 북부에 패션으로 유명한 도시가 밀라노만이 아니다. 르네상스 유적을 간직한 피렌체도 패션 명품의 도시다. 가죽제품을 만드는 기업 페라가모, 의류와 가방으로 유명한 구찌가 피렌체에 본부를 두고 있다.

이처럼 거대한 패션 산업은 섬유 생산과 가죽 가공 기술이라는 튼튼한 토대를 딛고 발달했다. 밀라노시가 있는 롬바르디아주, 인근의 베네토주와 에밀리아로마냐주, 피렌체시가 있는 토스카나주에 각기 실크, 면, 합성 섬유를 생산하거나 소, 양, 염소 가죽을 가공하는 단지가 수두룩하다. 단지에는 이탈리아 특유의 작은 기업들이 모여 있는데 그중에 전 세계로 제품을 수출해 높은 소득을 올리는 기업이 여럿이고 단지마다 고용된 직원이 수천에서 수만 명을 헤아린다.

스포츠카에서 치즈까지 최고급 제품을 만든다

북부의 번영이 패션 산업에만 의존하는 것은 아니다. 제조업의 몸통인 금속가공과 기계 산업도 세계적 수준으로, 페라리, 람보르기니 스포츠카가 여기서 생산된다. 페라리는 고객의 주문을 받고 나서 자동차를 제작하고 공정의 95%를 수작업해 명품을 만든다고 알려져 있다. 뛰어난 기술 덕에 생산품이 워낙 우수해, 독일 기업인 베엠베BMW도 자동차에 쓰이는 부품 중 60%를 이곳 이탈리아 북부의 소규모 회사들로부터 납품받는다.[9] 항공기 엔진, 요트, 로봇 등을 만드는 산업단지도 많다. 토리노 인근에는 금은보석 세공 단지가, 베네치아에는 유리 세공 단지가 명품을 생산하며 그 외에도 파르메산 치즈와 수제 햄, 생명공학 제품, 안경, 가구, 타일, 대리석 가공품 등을 생산하는 여러 전문 단지가 북부 이탈리아에 고루 퍼져 있다.

정확한 시간에 물을 가르는 베네치아의 수상버스

북부 이탈리아의 동쪽 바다에 베네치아가 있다. 햇빛에 반짝이는 성당의 둥근 지붕, 끝없는 바다, 물에 닿을 듯 낮게 깔린 구름, 멀리 떠 있는 섬을 볼 수 있는 도시다. 자연환경의 특이함과 도시의 아름다움에 이끌려 해마다 전 세계에서 수천만 명이 이곳을 방문한다.

처음 베네치아에 도착하면 기차역을 나서는 순간 발을 멈칫하게 된다. 역전 계단 바로 밑이 퍼런 물, 자동차 도로라면 6차선쯤 됨 직한 넓고 깊은 물이다. 이른바 큰 수로라 불리는 이 물이 베네치아의 간선도로다. 수상택시, 수상버스, 관광용 곤돌라, 생필품 운반선, 병원의 구급선, 경찰 배, 자가

베네치아의 수상버스 바포레토 ⓒ Marc Ryckaert/Wikimedia Commons

용 보트가 저마다 물살을 가르며 다닌다.

　세상에 보기 드문 이 물길을 따라 승선장이 곳곳에 있고 바포레토라 불리는 수상버스가 오간다. 승선장 안에 노선 안내도와 운항 시간표가 있고 배표를 팔아, 서울에서 전철을 타듯 베네치아에서 사람들은 이 배를 탄다. 큰 가방을 든 여행객도, 출퇴근하는 직장인도, 시장에 가는 노인도, 서로에게 푹 빠진 젊은 커플도, 학교에 다니는 아이들도 버스 배를 탄다.

　바포레토의 운항은 정확하다. 승선장마다 도착 시간을 알리는 전광판이 있는데 게시된 시간표와 실제 도착 시간에 오차가 거의 없을 정도로 정확하게 오간다. 아스팔트 도로도 아닌 출렁이는 물길에서, 게다가 수많은 배 사이로 헤치고 다녀야 하는데 어떻게 그렇게 시간을 딱딱 맞추는지 감탄이 절로 나온다.

베네치아는 일찍이 8세기에 공화제를 시작한 도시 국가였다. 시민 대표로 의회를 구성해 정치적 결정을 내리고 입법과 사법 기능을 행사했으며 총독을 선출했다. 해상무역의 강자로서 천 년이 넘도록 번영했던 베네치아는 1797년에 나폴레옹의 군대에 무릎을 꿇었고 1814년부터는 오스트리아의 지배를 받았다. 그 뒤 독립 국가의 지위를 회복하지는 못하고 대신 이탈리아 통일운동에 합류했다. 마침내 오스트리아가 프로이센과 전쟁에서 패한 1866년에 시민투표를 거쳐 이탈리아왕국의 일원이 되었다.

베네치아의 수상버스는 1903년에 시행된 시민투표의 결과다. 그해에 공기업을 설립해 운항을 시작했고 지금껏 '베네치아 교통기구^{ACTV}'라는 공기업이 그 역할을 이어가니 역사가 100년이 넘는다. 천 년 역사의 공화제가 대중교통 체계를 떠받치는 셈이다.

어김없고 섬세한 볼로냐의 시내버스

훌륭한 대중교통 체계를 갖춘 도시에 볼로냐를 빼놓을 수 없다. 이탈리아반도의 중북부를 가로지르는 에밀리아로마냐주의 수도다. 이 도시가 우리나라에는 주로 '국제어린이도서전'이 열리는 곳이라 알려져 있는데 그보다는 기름진 평야에서 생산되는 뛰어난 농축산물, 그리고 협동조합 방식으로 이루어낸 첨단의 경제 성장으로 더 특별한 지역이다.

볼로냐는 중세부터 19세기 중반까지 교황령에 포함돼 교황의 직접 통치를 받았다. 시민의 자유가 제한되고 정치, 경제 양면에 억압이 커서 교황령에서 벗어나고 싶었던 이곳 사람들은 통일운동에 적극 가담했고, 1860년에 시민투표를 거쳐 이탈리아왕국의 일원이 되었다. 20세기 초에 이 도시는 사회주의 노동운동에 중요한 거점이었고 제2차 세계대전 중에는 파시스트와 나치스에 대한 저항의 본거지였으며 전쟁이 끝나자 이탈리아 공산당을 강력히 지지하는 지역이 되었다.

중세 유적을 온전히 보존한 볼로냐 도심에는 길이 좁아 자동차가 통행하기 어렵다. 그래서인지 도심과 외곽을 잇는 시내버스 노선이 촘촘하다. 지방 공기업인 '에밀리아로마냐 대중교통TPER'이 버스를 운행하는데 정류장에는 그 흔한 안내판도 전광판도 없고 대신에 정류장 이름을 쓴 팻말 밑에 작은 게시판을 두어 정차하는 버스의 도착 시간표를 붙여 놓았다. 노선별로 종이 한 장씩이다. 시간표를 보면 어떤 노선은 평일에 시간당 4-5회, 토요일에는 3-4회, 일요일과 공휴일에는 2-3회 운행한다. 주말에 아예 운행을 멈추는 노선도 일부 있는데 아마도 외딴 학교나 산업단지를 왕래하는 듯했다. 번화가 정류장에는 큰 게시판에 버스 시간표 종이가 여러 장 있고, 주택가 골목 정류장에는 정차하는 버스가 한 가지뿐인 듯 시간표 종이가 달랑 한 장 있기도 하다. 부자 도시로 소문난 볼로냐에서 노선버스 안내에 종이 한 장이라니 절약 행정이 대단하다 싶다. 그러나 어찌 보면, 주말이면 탈 사람도 없는 비수익 노선까지 빠짐없이 운행하고 주택가 골목에도 촘촘하게 버스가 다니는 것은 이렇게 알뜰한 살림 솜씨로 시 행정을 챙기는 덕분이 아닐까.

그래도 사람들은 비슷해

이탈리아 여러 대도시에서 대중교통을 이용해 여행하며 남북의 공공행정에 질적으로 차이가 있음을 체감했다. 남부의 대표적 도시인 팔레르모, 나폴리에서 대중교통은 당혹할 만큼 실망스러웠으나 북부의 베네치아, 볼로냐에서는 감탄할 만큼 서비스 수준이 높았다.

의료에서도 이런 차이가 고스란히 반복된다. 이탈리아 정부 보고서를 비롯한 여러 자료에 따르면, 남부 사람들은 몸이 아플 때 멀리 밀라노, 볼로냐 등 북부까지 가서 치료를 받는다. 이른바 '남부 환자의 이동'인데, 그 배경에는 남북 간에 심각한 의료 수준의 격차가 있다.

북부와 남부 사이에 격차가 교통이나 의료에만 머물지 않는다. 기대 수명, 출산율, 가계소득, 지니계수, 실업률 등 사회 전반에서 예외가 없다. 2000년 이후를 기준으로 할 때 북부는 남부보다 평균 기대 수명이 1-3세 높으며 출산율도 10-20% 높고, 1인당 GDP가 1.5배에 달하면서 지역 내 소득 불평등은 낮고 실업률은 절반에 그친다.[10]

그러나 한편으로 '남과 북 사이에 격차가 크다'고 하는 것이 지나치게 단순한 이분법일지 모른다는 생각이 들었다. 지역마다 나름의 역사와 전통이 있고 사회문화적인 특성이 저마다 뚜렷해 다른 점도 비슷한 점도 많은데, 굳이 남과 북을 갈라 그 차이를 유난히 강조하는 게 아닌가 싶은 것이다. 실제로 한국인 여행객인 나 같은 사람에게 이탈리아는 가는 곳 어디나 독특했지만, 그러면서도 사람들이 남에서든 북에서든 '이탈리아 사람들'이라는 한결같은 공통점을 보였다. 그래서 쉽게 찾을 수 있던 공통점, 어디서든 흔히 볼 수 있고 인상적인 것을 몇 가지 적어 본다.

먹고 마시며 즐겁게 산다

북에서든 남에서든, 누구든 먹고 마시며 즐겁게 사는 것을 중요하게 여긴다. 덕분에 어느 지역이든 어떤 음식점에서든 내주는 음식이 다 맛있다. 지방마다 특색이 있고 대표적인 메뉴가 조금씩 다르지만, 어디서든 파스타가 맛있고 푸짐했고 빵이 구수하며 치즈는 신선하고 햄과 소시지가 다양했다.

무엇보다 와인! 남에서든 북에서든 음식점에 갔을 때 그저 '하우스 와인'만 주문해도 하루의 피로를 너끈히 풀어 줄 기분 좋은 와인을 내준다. 슈퍼마켓(우리나라에서와는 달리 수준 높은 매장이다)에는 진열된 와인 종류가 적게는 수십 가지, 많으면 백 가지가 훌쩍 넘어 마치 와인 전시장인 듯, 곳곳의 농장에서 생산된 가지각색의 와인 병이 매장의 벽 하나를 가득 채운다. 병마다 멋진 디자인이 눈을 끄는데 값은 우리나라에서 수입 와인에 매기는 금액에 비교하면 기가 막히게 싸다. 이곳 사람들에게 맛있는 음식과 와인은 사치품이 아닌 생필품인지라, 누구든 살 수 있게 부담 없는 값으로 거래하는 것 같았다.

가게마다 영업시간이 다르고 그걸 철저히 지킨다

아무리 작은 가게라 해도 정해진 시간에만 손님을 받는다. 시칠리아 팔레르모에서 문이 열린 음식점에 들어갔는데 주인 영감이 큰소리로 나가라고 했다. 깜짝 놀라 쳐다보는 우리에게 그가 손으로 게시판을 가리키는데 영업 시작 시각이 12시라 쓰여 있고 그때 시각이 11시 50분이었다. 할 수 없이 밖에 나가니 어떤 중년 남자가 우리를 물끄러미 쳐다봤다. 아까부터 거기에 있던 사람인데 12시가 되기를 기다리고 있던 모양이었다. 10분 뒤에 음식점에 들어가니 주인이 언제 그랬느냐는 듯 친절히 맞아 주었다.

그때부터 어떤 가게든 들어가기 전에 밖에 써 붙인 영업시간을 확인했다. 카페, 음식점, 식품점, 문방구, 안경점 할 것 없이 가게마다 문을 열고 닫는 시각이 제각각이고 점심 식사를 포함한 휴식 시간의 때와 길이 또한 저마다 달랐다. 한 가게라 해도 요일에 따라 다르기도 했다. 소상공인의 이러한 영업 방식은 남에서든 북에서든 마찬가지였으니, 이는 서비스의 질과 고객의 신뢰, 거기에 업주의 휴식 시간까지 지켜 주는 전통문화라 볼 수 있겠다.

이야기 나누기를 좋아한다

이탈리아 사람처럼 말하기 좋아하는 사람들이 또 있을까. 어디에 사는 누구건, 언제 어디서든 이야기를 나눈다. 버스나 전철 안이 여러 사람의

누구에게든 말을 걸고 또 받아주는 것을 예의로 여기는 이탈리아 사람들 ⓒPxHere

말소리로 와자한 것은 기본이고, 걸어가면서도 핸드폰을 붙든 채 큰 목소리로 길고 긴 통화를 해댄다. 버스 정류장이나 공원에서나 사람만 보이면 아는 사람이건 모르는 사람이건 말을 걸어 가벼운 말을 주고받는다. 차림새나 생김새로 보아 이방인 여행객이 분명한 우리에게도 서슴없이 이탈리아어로 말을 건네서 당황하게 했다. 이탈리아어만 통하면 누구와도 그저 날씨, 계절, 경치, 동네 같은 공통된 소재로 신나게 얘기를 풀어낸다. 말을 걸고 또 그 말을 받아 주는 것을 사람에 대한 예의로 여기는 듯했다. 그래서 어디를 가나 좀 소란스럽기는 해도, 친근하고 활기찬 모습이 정겹다.

가족의 유대가 강하다

가족 구성원 간에 유대가 놀랄 만큼 강하다. 북부의 피에몬테주 비엘라에 사는 안나마리아의 예만 해도 그렇다. 결혼한 지 얼마 안 되어 시아버지가 중풍으로 쓰러지셨는데 돌아가실 때까지 여러 해를 한집에서 살았다. 거동이 불편한 중에도 시아버지는 안나마리아를 무척 좋아해, 저녁때 그가 집에 돌아가면 기쁜 얼굴로 몇 번씩이나 "안나마리아, 안나마리아!"를 부르며 즐거워했다고 그리운 표정으로 얘기해 주었다. 그뿐 아니었다. 외동딸인 안나마리아는 친정어머니도 돌보았는데, 뒷집을 사서 담을 터 어머니를 모시고 100세에 돌아가시기까지 아침저녁으로 살펴 드렸다고 했다. 지금은 양가 부모님 중 92세인 시어머니만 살아 계신데 한동네에 살며 남편인 알프레도가 매일 방문한다.

남부 시칠리아주 팔레르모의 비앤비 주인장 플라비아 또한 가족애를 느끼게 했다. 도착한 첫날, 비앤비의 이름인 '올가의 꽃 Fiori di Olga'이 무슨 뜻이냐고 묻자 할머니의 이름이 올가였다며 그분이 "내 삶에 가장 중요한 사람"이라고 했다. 그 뒤로 어린 손녀를 다정하게 돌보는 할머니를 보면 플라비아가 생각났다. 곱게 땋은 머리에 예쁜 차림새의 손녀들은 할머니 곁에서 의기양양했다. 팔레르모에서 베네치아까지 그야말로 어디서든 볼 수 있었으니 남이든 북이든, 이탈리아가 보여 주는 또 하나의 공통점이었다.

먼 길을 돌아 도착한 볼로냐

우리 여행의 종착지, 볼로냐에 도착했다. 여행을 시작할 때 뜨거운 여름이었는데 벌써 가을이었다. 예약한 아파트를 찾아 주인과 인사하고 열쇠 꾸러미를 받았다. 이제 남편이 먼저 귀국하고 나 혼자 지내게 될 날이 다가오고 있었다.

이번 여행을 남편이 준비했다. 이탈리아에 가기로 일 년 전에 처음 결심한 사람은 나였지만, 떠나기 전에 의료제도에 관해 조금이라도 더 알아 두

볼로냐에서 지낸 아파트. 공동 통로에서 정원과 건너편 집들이 보인다. 서로 보이면서도 사생활을 보호하게 고안된 구도다. 한국으로 돌아가는 남편을 배웅하러 나선 참이다.

려는 마음에 공부에 욕심을 내니 세세한 여행 준비를 할 형편이 못 되었다. 대신에 그가 혼자서 이탈리아어를 공부하고 고대 로마, 중세, 르네상스에 관해 책과 자료를 찾아 읽고 강좌를 들으며 계획의 빈칸을 채웠다. 도시와 도시를 잇는 여정, 숙소와 교통편을 모두 그가 알아보고 예약했다.

사실은 여정도 숙소도 아무래도 좋았다. 결혼한 지 33년이었다. 그동안 둘 다 시간에 쫓기며 책임과 의무에 매여 살았다. 이번에 둘이 비슷한 시기에 직장을 떠나게 되어 같이 여행하니 어딜 가든 무얼 보든 새로웠다. 말도 문화도 우리와 다른 사람들, 다르게 꾸려 가는 삶을 관찰하며 몰랐던 것을 배우는 재미가 컸다. 예상치 못한 일이 꼬리를 물고 일어났지만, 그걸 통해 세상을 조금 더 알고 동시에 우리 자신을 되돌아볼 수 있었다. 내가 이탈리아 의료 현장을 견학하기 전에 이런 시간을 갖게 되어 정말 다행이었고, 그 여정을 준비하고 함께해 준 남편이 고마웠다.

그가 서울로 떠나는 날, 나는 쌀을 사다 밥을 짓고 볼로냐 치즈와 소시지를 반찬으로 놓았다. 그래 봤자 제일 맛있어 보이는 음식은 우리가 아껴서 남겨둔, 한국을 떠날 때 가져온 구운 김이었다. 볕 좋은 창가 식탁에 마주 앉아 남편이 입을 열었다.

"볼로냐가 참 마음에 들어. 우리가 지금껏 돌아본 어떤 도시보다 좋은 것 같아. 당신을 두고 가야 할 곳이 여기라서 다행이야."

예정된 작별이었지만, 지구 반대편에 혼자 남게 된 나는 그날 많이 힘들었다.

좌우 타협으로 탄생한 국영의료

이탈리아 통일[11]

국영의료는 19세기에 일어난 이탈리아 통일운동과 함께 그 싹을 틔우기 시작했다. 이탈리아 땅을 조각내 지배하던 여러 외세를 몰아내고 통일국가를 이루고자 각지의 세력이 연합해 벌인 문화적, 정치적, 사회적 운동을 이탈리아 통일운동risorgimento이라 한다.

왕궁과 직선의 도시 토리노

이탈리아반도에서 북서부, 알프스만 넘으면 프랑스에 닿는 피에몬테주의 수도가 토리노다. 도로는 유난히 반듯하고 직각으로 꺾인다. 도시의 건물도 근대적 모양새에 덩치가 크다. 이탈리아의 다른 도시라면 흔히 볼 수 있을 좁은 골목과 소박한 성당 등 중세의 유적지는 찾기 어렵고 우람한 건물 집단이 도시를 채운다. 도시 한가운데 있는 왕궁도 바로크 양식으로 긴 직사각형이며 왕궁 광장에서 길게 뻗은 포Po 도로는 넓고 한 치도 흐트러지지 않는 직선이다. 도열한 군인 같은 무표정한 건물에 직선과 직선이 만나

이탈리아(1796년)

각이 지는 이 도시는, 이탈리아에 있으나 어쩐지 이탈리아풍이 아니다.

수백 년간 피에몬테를 다스린 왕국의 수도였던 토리노. 바로 이곳이 이탈리아 근현대사의 핵심 공간이다. 19세기 중반에 통일을 주도했고 20세기 초에 최대의 공업 도시가 되었으며 1차 세계대전 뒤에는 사회주의 노동운동으로 뜨거운 장소가 되어 '붉은 2년'(1919-1920)을 이끌었다.

독립과 통일을 위한 시민혁명

18세기 말, 프랑스혁명의 기운이 유럽 전역으로 퍼져 나갔다. 중세로부터 내려오는 합스부르크 등 왕조에 종속된 봉건제도를 벗어나 시민의 자유와 권리를 높이려는 움직임, 국민국가를 세우려는 열망이 번졌다. 당시 이탈리아반도는 여러 조각으로 나뉘어 있었다. 북부에서 피에몬테 지역을 제외한 대부분을 오스트리아가, 중부를 교황청이, 남부 일부는 스페인이 지배력을 행사했다. 국민국가를 세우기 위해서는 먼저 외세의 지배를 벗어나 통일을 이루어야 했고, 봉건제도를 무너뜨리는 혁명이 필요했다.

1820년부터 반도의 남과 북 여러 곳에서 독립과 통일을 이루려는 은밀한 움직임이 시작되었다. 지식인을 중심으로 혁명을 꿈꾸는 운동 세력이 결성되어 외국을 몰아내고 새 나라를 세우려 했다. 곳곳에서 항쟁이 이어졌지만, 교황청과 손잡은 오스트리아에 번번이 진압당했다.

1848년이 되자 이탈리아반도 각지에서 독립 항쟁이 거의 동시에 벌어졌다. 2월, 토스카나 시민들이 무혈혁명을 일으켜 공화국 정부를 수립했다. 3월, 밀라노에서 시민들이 들고일어나 5일간 전투 끝에 오스트리아군을 몰아냈다. 같은 3월, 베네치아 시민들이 봉기해 오스트리아에 독립을 선언하고 산마르코공화국을 탄생시켰다. 6월, 팔레르모에서 반란이 일어나 스페인에 독립을 선언하고 입헌 시칠리아왕국을 선포했다. 이듬해 2월, 로마에서 혁명이 일어나 시민들이 교황의 지배를 거부하고 입헌공화국을

1911년 준공한, 로마에 있는 비토리오 에마누엘레 2세 기념관. 통일 당시 별도 영토이던 로마를 1870년에 통일이탈리아왕국이 정복해 수도로 삼았다. ⓒ PxHere

선포한 뒤 혁명 지도자를 수상으로 선출했다.

　그러나 곧 기존 지배 체계의 반격이 시작되었다. 1849년 봄, 스페인군이 시칠리아에 진격해 입헌왕국을 항복시킨 뒤 지배력을 회복했고 오스트리아군이 토스카나를 공격해 공화국을 허물고 구체제로 돌려놓았다. 여름, 프랑스군이 로마공화국을 함락해 교황의 지배 체제를 복구했으며 오스트리아군이 베네치아를 침공해 산마르코공화국을 무너뜨렸다. 밀라노는 이미 지난해 여름에 다시 점령된 상태였다. 시민혁명의 무참한 실패였다.

피에몬테왕국이 통일을 주도하다

이탈리아반도 안에 남은 유일한 독립국이 피에몬테왕국이었다. 프랑스와 영국을 본떠 강한 국가가 되려 했던 이 나라는 1848년에 헌법을 제정해 왕, 의회, 행정부 간 협력 체계를 갖추었다. 외교에도 능해 유럽의 정치 상황을 적절히 활용할 줄 알았다.

피에몬테는 현실적인 방법으로 차근차근 목표를 향해 나아갔다. 프랑스와 연합해 전쟁으로 오스트리아를 몰아내고, 교황령이던 중부 지역을 회유 또는 강제의 방법으로 합병하고, 시칠리아와 나폴리에 군대를 보내 남부의 왕조를 함락해 마침내 통일을 성사시켰다.

통일이탈리아왕국이 탄생했으나

1861년에 피에몬테 왕 비토리오 에마누엘레 2세가 통일국가의 왕위에 오르고 피에몬테 헌법이 통일국가의 헌법이 되어 이탈리아왕국이 탄생했다. 거대한 '국립통일박물관'이 로마가 아니라 피에몬테주 토리노에 있는 이유다. 왕국 의회였던 건물에 들어선 그 박물관에는 통일 전쟁 당시의 무기, 군복, 깃발, 그림 등 전시물이 가득하다.

그러나 시민혁명 세력이 바란, 자유로운 시민이 중심인 공화국은 세워지지 않았다. 통일국가를 이루되 역사적 맥락에 따른 문화적 동질성이 존중되는 지역별 자치의 꿈도 실현되지 않았다. 대신에 이탈리아 통일은 합병과 함락을 통한 중앙집권적 입헌왕국 성립으로 귀결되었다. 피에몬테의 확장이라 할 수 있는 이 왕국에서 피에몬테 대 다른 지역, 북부 대 남부, 지배층 대 서민의 갈등이 통일과 함께 이미 고개를 들고 있었다.

통일 초기의 노동자 건강 보호[12]

통일운동이 벌어지던 19세기, 혁명에 참여하는 지식인이 학회와 신문사를 창립하던 때, 평범한 시민은 상조회를 만들었다. 그 기본 정신은 이렇다.

네가 나를 도와주면 나도 너를 도울 것이다.
혼자서는 대처할 수 없는 문제에 함께 대처하자.13

시민 상조회

주로 도시의 상공업 장인과 노동자들이 상조회를 통해 사회경제적 곤란을 헤쳐 나갔다. 회비를 걷어 기금을 조성해 조합원의 질병, 사고에 대처하고 출산, 육아에 보조금을 지급하며 상을 당한 이에게 장례비를 지급하는 한편 실직자를 돕고 야간학교와 도서관을 운영했다. 상조회는 1878년에 그 수가 약 2천 개에 조합원이 33만 명이었는데 1900년대 초에는 조합원이 130만 명이 넘을 정도로 커졌다. 국가적 복지 제도가 없던 시기, 시민 스스로 자신들을 보호한 것이다.

사회보험

19세기는 산업혁명으로 서구 세계가 변화하던 때다. 새로 발명된 기술과 식민지에서 얻은 자본이 그때까지 수공업과 농업이 중심이던 중세적 경제를 무너뜨렸다. 나라마다 증기기관의 힘으로 도로와 운하, 기관차와 철도를 만들었고 복잡한 기계가 수없이 발명되면서 공장이 건설되었다. 봉건 질서도 무너져 농촌 사람이 도시로 몰려들어 허술한 동네에 거처를 정하고 공장 노동자가 되었다. 공장의 기계는 위험했고 동네는 비좁고 더러워 사고와 질병이 끊이지 않았다.

노동자의 건강 문제가 심각하던 이때, 1883년에 독일제국이 질병보험 등 사회보험제도를 만들었다. 국가, 고용주, 노동자가 함께 비용을 부담해 건강을 잃은 노동자의 생계를 보호하는 제도다. 여기에는 앞서 1875년에 결성된 독일 사회주의노동당의 영향력을 차단하고 국가에 대한 노동자의 충성심을 높이려는 제국 수상 비스마르크의 정치적 의도가 깔려 있었다.

통일이탈리아왕국도 대규모 공업 발전을 꾀하면서 노동자의 건강 문제를 외면할 수 없었다. 1898년에 독일의 질병보험을 본뜬 산업재해보험법을 제정해 노동자가 보호받게 했다. 일하다 사고를 당한 사람에 한정해 보험금이 지급되고 그 금액도 얼마 되지 않았지만, 국가가 국민의 건강을 보호하는 최초의 제도라는 점에서 의미는 컸다.

북부 공업 지역의 대규모 노동운동[14]

토리노는 지금도 공업 도시다. 토리노 지역의 기업 중 우리에게 친근한 곳은 아마 동그란 초콜릿 로쉐와 빵에 발라 먹는 달달한 누텔라를 만드는 식품 회사 페레로일 것이다. 그러나 이곳의 최대 업체는 자동차 회사 피아트(토리노 이탈리아 자동차 공장)다. 이 회사가 판다^{PANDA}라는 승용차를 생산하는데 중세 유적 구역의 좁은 골목도 지나다닐 수 있을 만큼 조그만 차다. 이탈리아 어느 곳에서든 길에 다니는 자동차의 절반이 판다일 정도로, 피아트는 이탈리아 최대의 자동차 회사이자 토리노의 경제를 떠받치는 기반이다.

'붉은 2년'

이탈리아에서 산업혁명을 앞장서 받아들인 도시가 토리노였다. 피에몬테의 지배계층이 1859년에 기술학교(토리노 공과대학교 전신)를 만들고 알프스의 수력으로 전력을 얻어 공업을 일으켰다. 1899년에 피아트 공장에서 자동차 생산이 시작되면서 토리노에 노동자 인구가 크게 늘었다. 산업이 발달하고 경제적으로 번영을 이룸에 따라 자본가는 큰돈을 벌었으나 노동자는 장시간 노동에 시달리고 겨우 생존할 만큼의 낮은 임금을 받아 가난하기만 했다.

유럽의 20세기는 영국과 독일, 독일과 러시아 사이의 반목과 군사력 경쟁으로 시작되었다. 강대국인 이 나라들은 저마다 기계 산업을 확대하고 신종 무기를 생산할 뿐 아니라 국가 간에 편을 갈랐다. 이해관계에 따라 동맹을 맺고 반대편과 첨예하게 대립한 끝은 결국 전쟁이었다. 바로, 4년 4개월이나 계속되어 병사 9백9십만 명을 죽게 한 제1차 세계대전(1914-1918)이다.

이 전쟁이 이탈리아 사람에게 큰 고통을 안겼다. 수백만 명이 징집되어 수십만 명이 전사했고 부상자가 백만 명을 헤아렸다. 엄청난 희생을 치르고 전쟁이 끝나자 이번에는 전시에 특수를 누린 철강 등 주요 산업이 위축되면서 일자리가 없어지고 생필품값이 치솟았다. 무능한 정부에 분노한 사람들은 '프롤레타리아 독재와 소비에트 수립'을 내세운 사회당을 지지하고 노동조합에 가입했다.

1919년, 토리노를 비롯한 북부 공업 지대에서 노동자 100만 명이 파업을 일으켰고 이듬해에는 참가자가 더 불어났으며 공장과 조선소를 점거하는 격렬한 운동에 50만 명이 참여했다. 이른바 '붉은 2년'이다. 다급해진 정부가 사태를 진정시키려고 노동자의 산업 통제권을 인정하기에 이르렀다.

노동운동과 그람시

토리노 노동운동의 중심에 피아트 공장평의회가 있었다. 평의회는 노동자라면 누구든 참여할 수 있고, 15명 단위의 작은 모임에서 대표를 뽑아 상층부 위원회를 만들며, 일하는 여건에서부터 공장 운영까지 어떤 것이든 의제로 삼아 논의했다. 평의회 노동자들은 자주적으로 계급 불평등에 대항하고 더 나아가 생산력을 지배할 힘을 가지려 했다. 공장 노동자 외에도 상점 종업원, 웨이터, 운전사, 청소부, 농민이 모임을 만들고 대표를 뽑아 지역평의회를 만들었다. 1919년 첫해에 토리노에서 노동자 15만 명이

'붉은 2년' 기간에 토리노 피아트 공장을 점거한 노동자들의 집회 모습

참여할 만큼 호응이 컸다.

평의회 운동을 제안한 이가 그람시^{Antonio Gramsci}(1891-1937)다. 사르데냐의 벽촌 출신으로 등이 굽은 척추장애인인 그람시는 토리노 대학에서 언어학과 역사학을 공부하고 1915년부터 사회당이 발간하는 신문에 글을 썼다. 1921년에 이탈리아 공산당 창당에 참여했으며 1924년에는 당서기장으로 선출되었다.

파시즘 독재와 노동자 건강의 위기

귀족과 자본가 등 지배층은 사회주의 운동을 적대시했다. 기존 체제를 지키고 자기들의 이익을 보호할 확실한 수단을 찾던 지배층 앞에 선동가 무솔리니^{Benito Mussolini}(1883-1945)가 나타났다.

파시즘이 발흥하여 권력을 손에 넣다[15]

애초에 무솔리니는 사회주의를 열성으로 전파하는 언론인이었다. 그러나 제1차 세계대전이 끝난 뒤 우파로 변신해 노동자의 투쟁을 혐오하는 대열에 앞장섰다. 그가 내세운 '파시즘'은 민주주의 반대, 평등 반대, 권력 집중, 전사 계급의 창설, 국가 우선 등을 주장하는 혼합 이념이다. 로마제국의 부활을 외치며 요란한 몸짓과 연극적인 연설로 대중을 사로잡는 그를 지배층은 막대한 돈으로 후원했다.

1919년에 밀라노에서 무솔리니가 창설한 '검은셔츠단'(국가안보의용민병대)은 곳곳에 있는 노동회의소, 협동조합, 농민연맹 사무소를 부수고 불질렀으며 사회주의자와 노동조합 지도자를 폭행하고 살해했다. 1922년에 검은셔츠단 4만 명이 로마로 진군해 관공서를 점령하는 쿠데타를 일으키자, 지배층이 이를 전폭적으로 지지해 국왕에게 무솔리니를 총리로 인정하게 했다. 권좌에 오른 무솔리니는 다당제를 금지하고 파시스트 일당 독재 체제를 수립한 뒤 반대 세력을 무자비하게 탄압했다. 1926년에는 공산당 서기장이던 그람시에게 자기를 암살하려 했다는 누명을 씌워 체포하고 20년 형을 선고했다.

무솔리니는 국가를 우상화하고 국민을 통제하는 한편 대규모 토목공사, 기업 국유화, 국가 주도의 공업화 정책으로 실업률을 낮췄다. 가톨릭교회가 그를 지지했으며 1923년에《뉴욕 타임스》가 "뛰어난 실천력으로 이탈리아에 공헌하는 라틴계 루스벨트"라 보도했다. 그의 파시즘을 자유주의나 공산주의가 아닌 제3의 길이라고 주목하기도 했다.

국가가 질병 치료를 보장한다고 했으나[16]

1922년, 무솔리니가 총리가 된 첫해에 파시스트 정부는 성병을 국가가 무료로 치료해 준다는 법을 선포하고 질병 예방 캠페인을 전개했다. 노동조합을 강제로 해산한 1923년에는 가난한 사람의 병원 치료를 국가가 보장한다는 법을 제정했다. 무솔리니가 스스로 국가 원수가 된 1926년에는 암 진단센터를 여러 곳에 세웠고 1927년에는 폐결핵을 치료하는 기관을 지방마다 설치했다.

국가가 질병 치료를 보장하는 것은 좋은 일이지만, 문제는 당시 의학의 한계다. 20세기 초반에 의학은 지금과 많이 달랐다. 무엇보다, 성병을 치료할 항생제도 결핵약도 없었다. 폐결핵은 당시 최대의 사망 원인으로 공포의 대상이었으나 대응할 약이 없어 결핵 환자 치료소의 용도는 주로 환자를 가족과 친지에게서 격리하는 데 있었다.17 암 진단도 사정은 비슷해 엑스선 단순촬영 이상의 방법이 없었다. 그 외에는 주로 눈으로 보거나 손으로 만져서 진단해야 했으니, 이 역시 정밀한 진단법은 모두 2차 대전이 끝난 뒤 20세기 후반에야 개발되었기 때문이다. 그래서 당시 암 진단센터나 폐결핵 치료, 심지어는 가난한 사람의 병원 치료도 환자가 건강을 회복하는 데 큰 도움이 될 수 없었다.

가난과 불평등이 일으키는 전염병, 그로 인한 떼죽음[18]

정작 절실한 것, 시급한 정책 과제는 질병 예방이었다. 노동자의 생활환경을 개선하고 가난을 해결하는 개혁이 절실했다. 결핵 등 전염병이 창궐하는 배경이 바로 산업화와 도시화이며 노동자의 비참한 생활 여건 때문에 전염병이 퍼져 나간다는 것이 드러났기 때문이다.

영국의 구빈법위원회가 19세기 중반에 낸 보고서에서 이미 전염병과 사회경제적 환경이 서로 관련되어 있음을 인정했다. 영국은 산업혁명의 선두에 있었으나 도시마다 유행성 열병, 설사, 디프테리아, 폐병이 만연하고 빈민가에 떼죽음이 빈번한 상황에 있었다.

1832년에 시행한 구빈법 운영 실태 조사에서… 빈곤의 원인을 조사하는 과정에서 질병이 너무나 만연되어 있고… 전염병 대부분이 예방 가능하다는 사실을 반드시 주지시켜야… 전염병 확산을 조장하는 요인이 대부분 노동자 계층의 열악한 거주 환경, 가족 구조, 경제 상태와 연관되어 있습니다.[19]

구빈법위원회 위원장을 지낸 채드윅Chadwick의 글이다. 그는《영국 노동 인구의 환경위생 상태에 관한 조사 보고서》(1842)에 이렇게 썼다.

전염병을 가장 효과적으로 예방하는 방법은 상수 공급, 하수 시설의 개선, 그리고 도시의 쓰레기를 치우는 것입니다.[20]

당시에는 이 보고서를 급진적이라 여겼지만, 몇십 년 뒤 19세기 말에는 도시의 공중보건을 개선하고 광산이나 공장의 노동환경을 개선하는 사업에 토대가 되었다.

생활 여건을 개선하려는 노력이 영국만의 것은 아니었다. 1848년에 프러시아 정부의 요청으로 슐레지엔 지방의 발진티푸스 유행을 조사한 병리의학자 피르호Virchow가 이런 보고서를 썼다.

결론을 세 마디로 요약할 수 있습니다. 전면적이고 제한 없는 민주주의 … 어떤 노동자든 수익 중 자기 몫을 가질 수 있어야 합니다. … 굶주림과 티푸스 대유행의 반복을 치유할 근본적 방법이 바로 이것입니다.[21]

발진티푸스는 고열, 심한 두통, 전신 통증을 보이다가 정신이 혼미해지며 환자의 절반 이상이 사망하는 무서운 전염병이다. 이가 사람 몸에 붙어 피를 빨면서 옮기는 이 병은 감옥이나 수용소 같은 좁고 불결한 곳에서 또는 전쟁, 기근이 있을 때 크게 유행한다. 당시 슐레지엔에서도 굶주린 사람이 많은 가난한 동네에서 이 병이 퍼져 나갔다. 참상을 목격한 피르호는 그때부터 정치에 투신해 시의회 의원이 되어 노동자의 권리를 보호하고 베를린의 환경위생을 개선하며 병원을 개혁했다.

프러시아 정부는 피르호가 호소한 전면적 민주주의를 받아들이지 않았다. 대신에 이웃 나라와 전쟁을 벌이고 영토를 넓혀 독일제국을 세웠고 나아가 1차 세계대전을 일으켰다. 그 전쟁에서 발진티푸스는 기승을 부렸다. 군대의 막사, 전선의 참호, 포로수용소에서 수백만 명이 이 병으로 죽었다.

노동자의 건강은 없다

이탈리아 노동 계층의 생활 여건도 영국, 독일과 마찬가지로 나빴음을 토리노의 도시 역사로 알 수 있다. 1899년에 피아트 공장이 문을 연 뒤 15년 만에 기존 주민의 절반만큼 인구가 늘었다. 공장 노동자가 폭발적으로, 7배나 늘어난 결과였다. 주변 농촌과 산간 지역에서 모여든 이 노동자들은 빈민가 주민이 되어 비좁고 불결한 환경을 견뎌야 했다. 총리가 된 무솔리니가 공업화를 강력히 추진함에 따라 토리노 인구는 1922년과 1939년 사이에만 40%가 또 늘어 주거 여건이 더 나빠졌다.22

국민의 건강 문제에 실질적으로 대응하려면 피르호가 주장한 바와 같이 민주주의로 노동자의 권리를 보호하고 임금을 높이며 생활 여건을 개선해야 했다. 그러나 무솔리니의 파시즘에는 국가 지상주의가 근본으로, 국민은 국가를 위한 수단에 지나지 않았다. 민주주의가 허용될 수 없고 국가 외에 개인의 기본권이나 삶의 가치가 인정되지 않았다. 노동자의 건강은 보호받지 못했다.

파시즘의 끝은 전쟁과 죽음

결국 전쟁으로 귀결되었다. 무솔리니는 국가 전체를 동원해 제국주의 전쟁을 시작했다. 1935년에 에티오피아를 침략하고 1936년에 스페인 내전에 개입했으며 제2차 세계대전(1939-1945)에 히틀러의 독일과 동맹을 맺었다.

실제 전쟁이 시작되자 파시스트 군대가 졸전에 후퇴를 거듭했다. 그러면서 전쟁에 막대한 돈이 지출되니 경제는 피폐해졌다. 점차 라디오로 전황을 알게 된 국민은 그동안 승리를 장담한 무솔리니의 말이 허풍이었다는 사실에 분노했다.

1943년 7월, 미군 등 연합군이 남부 시칠리아에 상륙하고 전투기가 날아와 로마를 폭격하기 시작한 때, 결국 국왕이 무솔리니를 체포했다. 이를 알게 된 히틀러가 군대를 보내 그를 구출해 북부에 파시스트 국가를 세우게 했으나 이제는 국민이 반파시스트 무장 조직에 가담해 대항했다. 1945년 4월, 연합군이 북부로 진격해 오자 무솔리니는 탈출하려다가 알프스 국경에서 반파시스트 무장대원에게 발각되었다. 다음 날 총살되어 밀라노 로레토 광장에 거꾸로 매달린 그의 시체에 사람들이 돌을 던졌다.

무솔리니가 이탈리아에 남긴 것은 파괴와 절망이었다. 남부에서 시작해 북부까지 온 나라가 연합군과 독일군의 전쟁터가 되었고 수많은 사람이 죽고 사회의 기반 시설이 폭격으로 사라졌다.

이탈리아공화국의 탄생

도덕적 힘의 근원이 자기 안에 있다는 확신으로 절대 좌절하지 말고, 통속적이고 고루한 기분이나 비관주의와 낙관주의에 빠져들지 말아야 한다. 나의 마음 상태는 이 두 감정을 넘어서고 있지. 나의 지성은 비관적이지만 의지는 낙관적이란다.[23]

그람시(1891-1937)

이 글은 그람시가 감옥에서 동생에게 보낸 편지의 한 구절이다. 그는 무솔리니 정권에 의해 11년을 교도소에 갇혔다가 1937년에 출소해 로마 외곽의 병원에서 죽었다. 갇힌 몸으로도 그의 정신은 치열했다. "의회 민주주의가 발달한 서구 국가에서 사회주의를 구현할 혁명 전략이 무엇인지"를 화두로 역사, 문화, 철학을 넘나드는 방대한 저술을 남겼다. 작은 노트에 꼼꼼히 기록된 그의 원고를 가족과 동료들이 지켜낸 덕분에 뒷날《옥중수고Quaderni del carcere》(1947)가 세상에 나왔다. 역사의 발전 과정에서 인간 의지에 관한 통찰, 서구 자본주의가 위기에 유연히 대처하는 현상에 대한 분석을 담은 이 책은 파시즘에 저항하는 기념비이자 이탈리아 마르크스주의의 위대한 유산이다.

그람시의 지성과 의지를 계승한 반파시스트 함쟁[24]

그람시의 지성과 의지를 그의 동료들이 계승했다. 1919년의 공장평의

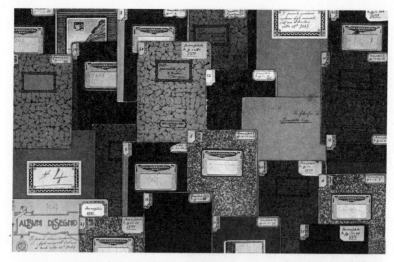

그람시는 교도소에 있는 동안 '의회 민주주의가 발달한 서구 국가에서 사회주의를 구현할 혁명 전략이 무엇인지'를 화두로 역사, 문화, 철학을 넘나드는 방대한 저술을 남겼다. 작은 노트에 꼼꼼히 기록된 그의 원고를 가족과 동료들이 지켜낸 덕분에 뒷날 《옥중수고》가 세상에 나왔다.

회 운동에서 깊은 유대로 결속했던 노동자들은 무솔리니 정권 치하의 감옥에서, 비밀 저항 운동에서, 반파시스트 항쟁에서 최전선을 지켰다.

1943년 9월에 이탈리아 남부에 상륙한 연합군이 독일군을 북부로 밀어 올리기 시작했을 때, 이탈리아 내부의 전쟁도 시작되었다. 여전히 권력 체계를 장악한 채 독일군의 지원을 받는 파시스트 군대와 이에 대항하는 시민 저항군 사이의 전쟁으로, 저항군의 중심에 북부의 사회주의 세력이 있었다. 시민 대중의 지지에 힘입어 저항군은 수많은 희생을 치르며 마을과 공동체를 지켰다.

마침내 독일군의 패배로 2차 대전이 끝나자 여러 단체가 모여 국민해방위원회를 조직했다. 사회주의 계열의 정당뿐 아니라 가톨릭 계열 등 소수 세력까지 두루 구성원이 되었다. 위원회가 당면한 과제는 군주제를 지속할지에 대한 결정이었다. 당시 이탈리아 왕이던 비토리오 에마누엘레 3세에게는 파시스트 정권에 편승해 권력을 유지하고 전쟁이 일어나게 방관한 책임이 있었다. 이에 위원회는 정부 내각과 미군정 당국과 협력해 국민투표를 추진했다.

1946년의 국민투표에서 국민의 54%가 공화제, 46%가 군주제를 택했다. 북부와 남부가 금을 긋듯이 나뉘어 북부에서는 공화제, 남부에서는 군주제에 투표한 결과였다. 공화제로 결정된 데 대해 남부가 불복할 것이 우려되었으나, 그 결정이 다수 국민의 선택임을 왕이 받아들임에 따라 그와 같은 사태가 벌어지지는 않았다. 임시 정부가 수립된 당일에 왕과 왕실 가족이 국외 추방의 길을 떠나면서 군주제는 즉각 폐지되었다.

권력이 우파에게 돌아가다[25]

1948년에 헌법이 제정되고 '이탈리아공화국'의 첫 총선이 치러졌다. 반파시스트 항쟁의 선두에 섰던 사회주의계 정당의 승리를 낙관했으나 예상을 깨고 가톨릭계인 기독교민주당(이하 '기민당'으로 줄임)이 가장 많은 의석을 차지했다. 교황청과 미국의 영향이 컸다. 교황청이 그 총선을 '기독교 문명과 공산 야만주의의 대결'이라 하며 기민당을 적극 후원했다. 미국 또한 친미 우파 정당의 집권을 성사시키려고 자기 나라의 이탈리아 이민 사회를 통해 반공 여론을 전파하며 우파 집권을 조건으로 경제원조를 약속했다. 소련에 대한 대중의 경계심도 기민당에 유리하게 작용했다. 1947년에 소련이 코민포름을 창설해 국제 공산주의 운동을 강화하고, 더 나아가 체코 등 동유럽 국가에서 공산당이 정권을 장악하도록 노골적인 압력을 가하며 공작을 펼친 것이다. 서유럽에서는 이에 대한 반감이 크게 일었고 나라마다 선거에서 공산당에 대한 지지가 줄어들었다.

첫 총선에서 제1당의 자리에 오른 기민당은 그 뒤 총선마다 승리를 계속했고 미국이 약속대로 친미 이탈리아를 대대적으로 원조했다. 이른바 '마셜 플랜'이라 하여 유럽에 공산주의의 확산을 막으려는 경제 부흥책이었다. 1948년부터 4년간 영국, 프랑스, 독일, 이탈리아, 네덜란드 등에 엄청난 돈이 제공되어 경제력 회복과 번영에 기여했다. 특히 이탈리아는 1951년에서 1973년까지 연평균 경제성장률이 5%가 넘는 놀라운 발전을 기록했다.

1992년, 마침내 우파의 장기 집권이 막을 내렸다. 정치권의 부정부패를 대대적으로 파헤친 '마니 풀리테(깨끗한 손)' 수사로 정재계 인사 수천 명이 기소되면서다. 이 수사로 기민당은 완전히 사라지고 말았다.

차별적 보험제도와 의료 불평등[26]

이탈리아는 왕국을 폐하고 공화국을 수립함으로 정치적으로 엄청난 변화를 겪었다. 그러나 건강을 보호하는 제도는 과거의 방식 그대로였다.

직장이 갈라놓는 의료 불평등

기민당 정부는 건강 보호에 직접 관여하지 않았다. 대신 무솔리니 정권 말기에 설립된 국립질병보험기금INAM과 19세기의 상조회에 뿌리를 둔 여러 사립 기금이 제각기 의료보험을 운영하게 했다. 인구 절반이 국립 기금에, 나머지 절반은 200개가 넘는 사립 기금에 나뉘어 가입했다. 직장이 없거나 돈이 없어 아무 데도 가입하지 못하는 사람도 인구 중 7%로 적지 않았다.

국립이든 사립이든 의료보험기금의 수입원은 조합원의 기여금이었다. 기금마다 자체 규정을 마련해 공장, 회사, 음식점, 업소 등 사업장 단위로 기여금을 내게 했다. 예를 들어 국립 기금에 가입한 사업장에서는 인건비 총액의 14%를 고용주가, 0.3%를 노동자가 분담해 냈다. 기금은 이 돈으로 지역 의사와 계약해 일차 진료와 상담을 맡겨 매월 보수를 지급하고, 특정

병원과 계약해 입원·수술·응급·분만을 맡겨 조합원의 진료비를 후불로 지급했다. 의료보험 운영에 정부가 관여하지 않았으므로 기금마다 자율적으로 돈을 관리했다.

이 보험체제에서 의료는 직장을 통해 불평등하게 주어졌다. 의료가 시민의 권리가 아닌, 직장이 노동자에게 제공하는 혜택이었기 때문이다. 사람마다 그가 다니는 직장이 어디인지에 따라, 그 직장이 어떤 기금에 가입했는지에 따라 의료 형편이 달랐다. 재정이 넉넉한 기금에 조합원 신분을 얻으면 이용할 수 있는 의료기관이 많고 어떤 진료든 받을 수 있으며 진료비가 무료지만, 재정 상태가 어려운 기금의 조합원이면 이용할 수 있는 의료기관이 몇 안 되고 제한된 범위에서만 진료받으며 진료비 일부를 부담해야 했다. 결과적으로 한 동네, 한 가족이라도 누구는 의료보장을 든든히 받는데 다른 누구는 속 빈 강정 같은 빈약한 의료보장만 받게 되어 불평등과 불만족의 문제가 심각했다.

결국 파산하다

기금에 맡겨진 의료보험체제는 변화에 적응하지 못했다. 경제가 성장하고 소득수준이 올라가면서 사람들의 의료 요구가 커졌고, 의학적 진단과 치료 기술의 발달로 의료가 수많은 장비를 움직이는 복잡한 서비스로 변모했다. 게다가 평균수명이 길어져 나이 많은 인구가 늘고 만성질환을 앓는 이도 늘어났다. 이 모든 변화가 의료비의 증가를 이끌었으나, 이에 대해 의료보험을 운영하는 기금은 속수무책이었다. 조합원이 낸 기여금을 모아 의료기관에 돈을 지급하는 단순한 역할에 머물 뿐, 의료 이용량 증가에 대응하거나 의료비 증가를 통제하지 못했다. 그 결과 적자 경영을 피할 수 없었다. 1970년대가 되자 기금의 재무 상태는 심각하게 악화되었다.

결정적인 타격은 병원 진료비의 대폭적인 증가에서 비롯되었다. 이는 정부가 1968년에 새로 법을 제정해 병원 기능을 강화한 결과이기도 했다. 법에 따라 새 건물을 지어 최신 의료 장비를 들여놓고 의사 등 인력을 확대해, 예전에 자선 기관이라 여겨지던 병원이 현대적 의료기관으로 탈바꿈했기 때문이다. 덕분에 중산층까지 병원을 이용하게 되었다. 그러나 한편으로 인건비와 관리비가 늘면서 병원의 입원료 단가가 크게 오르게 되었고 이에 따라 병원이 기금에 청구하는 진료비 총액도 급격히 늘었다.

점차 기금 중 일부는 병원에 진료비를 치를 돈이 모자라 빚을 지게 되었다. 덩달아 병원도 진료비를 받지 못해 약품과 물품값을 치르지 못했다. 일부 기금에서는 일차 진료를 맡은 의사의 보수조차 지급하지 못하는 파산 지경에 이르러, 의료보험체제가 통째로 수렁에 빠져들게 되었다.

68혁명이 몰고 온 격변

눈부시게 성장하는 경제는 이탈리아 사회를 변하게 했다. 미국의 경제 원조에 힘입어 북부의 산업 기반이 회복되면서 남부의 농민 수백만 명이 북부로 이주해 공업 노동자가 되었다. 농촌 인구가 줄고 농업이 위축되는 대신, 도시 인구가 늘고 대다수 국민의 소득수준이 크게 높아졌다. 국민의 이동 수단이 자전거에서 스쿠터로, 스쿠터에서 피아트 자동차로 바뀌고 이와 함께 사람들의 직업, 가옥, 생활 방식도 모두 바뀌었다.

일상의 민주주의에 대한 요구가 정당까지 흔든다[27]

변화는 물질적인 데에 그치지 않았다. 이탈리아는 가톨릭 전통이 뿌리 깊고 보수적 사고방식으로 완고한 사회였지만 1960년대 후반에 일어난 격변이 그 틀을 송두리째 뒤흔들어 놓았다. 68혁명이었다.[28] 혁명의 물결을 타고 청년과 학생이 아버지Padre, 신부Prete, 정당Partito, 주인Padrone으로 상징되는 '4P'의 권위 체계를 강력히 비판했다. 상하 또는 지배와 복종의 관계 대신 수평적이고 대등한 관계를 요구하는 시위가 그칠 줄 몰랐고 일상의 민주주의를 요구하는 함성 앞에서 전통적 사고방식이 힘을 잃었다.

이와 함께 집권당인 기민당에 대한 대중의 신뢰가 줄어들었다. 가톨릭 정치 문화, 친자본주의, 반공 이데올로기 이념에 기초한 이 당은 그때까지 주로 남부 농촌의 표를 흡수해 제1당 자리를 지켰다. 기민당 혼자 의석의 과반을 차지한 적은 없었지만, 반공 깃발 아래 다른 당과 합세해 집권을 이어 갈 수 있었다. 그러나 68혁명으로 사람들의 생각과 사고방식이 크게 달라져 가톨릭교회도 기민당도 예전 같은 지배력을 행사할 수 없게 되었다.

한편 이탈리아 공산당은 의회에서 가장 큰 야당이었다. 집권당이 되지 못했어도 중부와 북부에서 꾸준히 지지를 받아 제2당의 지위를 유지했다. 이 당은 공산당이지만, 경직된 이념에 집착하는 대신 사회의 여러 조직과 기관에 적극적으로 참여했다. 공산주의 국가의 맹주인 소련과 거리를 두어 스탈린식 전체주의를 비판했으며 독자적인 노선을 추구했다. 특히 소련이 1968년에 체코슬로바키아를 침공[29]한 것을 격렬히 비난하고 이를 계기로 공산주의 이념에 전환을 모색하게 되었다.

1970년대에 이르러 이탈리아 공산당은 프랑스, 스페인의 공산당과 함께 이른바 유로코뮤니즘, 즉 서유럽형 공산주의를 공식화했다. 폭력을 수반한 프롤레타리아혁명 대신 합법적 의회 활동을, 공산당이 권력을 독점하는 일당제 대신 다당제를, 무신론 대신 종교의 자유를 수용하며, 물질적 생산양식만이 역사의 동력이라는 마르크스의 유물사관 대신 인간 의지가 중요한 역할을 한다고 보는 그람시의 사상을 계승한다. 공산당의 이러한 변화에 대중이 호응했다. 현실 세계의 다양한 가치관 및 다층적 세력을 인정하고 폭력혁명 대신 점진적인 개혁을 추구하는 공산당에게 대중의 지지가 높아졌다.

1977년 6월 28일, 공산당 대표 베를링구에르(왼쪽)와 기민당 대표 모로(오른쪽)

좌우 정당의 역사적 타협[30]

변화는 국민의 정치적 선택도 바꿔 놓았다. 1976년에 치러진 총선에서 공산당 의석이 기민당과 거의 비슷한 숫자에 도달한 것이다. 공산당에게는 대성공이었고 집권 세력인 기민당에게는 정치적 위기였다. 가뜩이나 1973년에 중동에서 벌어진 전쟁 때문에 원유 값이 3배 이상 뛰어올라 이른바 오일쇼크라 불리는 경제위기가 시작된 터였다.

이때 공산당이 파격적으로 기민당에 연정을 제안했다. 당대표인 엔리코 베를링구에르Enrico Berlinguer는 유로코뮤니즘의 맥락에서 공산당이 다양한 개혁 세력과 협력해 사회 변화를 추구해야 하며, 당시 같은 격변기에 적극적으로 집권 연합에 참가해 국정 안정에 기여해야 파시즘과 같은 전체주의의 발흥을 막을 수 있다고 판단했다. 기민당에게도 연정은 지지층 이탈에 따른 위기를 타개할 획기적인 방안이었으므로 당대표인 알도 모로Aldo Moro가 그 제안을 받아들였다. 기민당과 공산당 사이에 성립된 '역사적 타협'이다.

이 타협은 냉전 시대의 유럽에 엄청난 사건이었다. 우선, 기민당이 국정을 안정적으로 운영하게 되었고, 공산당은 처음으로 집권 연합에 참여해 정책에 실질적 영향력을 행사할 기회를 얻었다. 뿐만 아니라 가톨릭과 유물론, 자본주의와 공산주의를 표방하는 양쪽 정당이 서로 협력할 수 있음을 보여 주어, 냉전의 긴장 속에서도 대결 구조를 벗어나는 정치적 실천이 가능함을 입증했다. 그 여파는 이탈리아를 넘어 유럽 전체로, 나아가 동서 진영 전체에까지 미쳤다.

국영의료의 탄생[31]

68혁명의 열기가 의료 분야를 비켜 갈 리 없었다. 오히려 대중의 관심이 큰 만큼 의료는 68혁명에서 중요한 논제였다. 시위대가 대학병원을 점거하는 일이 벌어졌고 질병을 치료할 뿐 환자의 고통에 관심을 두지 않는 의료, 가난한 사람을 무시하는 의료진, 지배 계급에 특혜 주기를 당연시하는 의과대학 교수를 비판하는 과격한 구호가 터져 나왔다.

의료를 누구나 이용하게, 불평등을 해결하게, 시민이 참여하게

1973년에 나폴리에서 발생한 콜레라가 시민의 불만에 불을 붙였다. 옛 시대의 일인 줄 알았던 콜레라가 도시 한복판에서 번져, 구백 명이 넘는 환자가 병원에 입원해 치료받고 그중 12명이 죽었다. 콜레라 감염에 계층 간 구분이 뚜렷해 잘사는 사람 중에는 환자가 전혀 없고 가난한 사람에게 발병이 집중되었다. 환자의 고통과 시민의 공포가 텔레비전으로 전국에 보도되자 학생, 환자 단체, 노동자 단체가 투쟁에 나섰다. 나폴리에서 시작한 시위는 폭발적으로 전국에 퍼졌다. 의료를 누구나 이용할 수 있게 보장할 것, 계층 간 불평등을 해결할 것, 의료제도 운영에 시민의 참여를 허용할 것 등을 요구했다. 당시의 의료보장체제, 즉 수많은 의료기금이 저마다 따로 운영하는, 차별적이고 정의롭지 못한 보험체제로는 감당할 수 없는 요구였다.

마침내 1974년에 정부가 의료보장 체제를 개혁하기로 했다. 이미 의료기금 대부분이 막대한 빚에 짓눌려 역할을 제대로 하지 못하는 상태였다. 중앙정부가 빚을 떠안아 기금을 해산케 하고, 병원에는 긴급히 경영 자금을 지원하되 의료 인력의 숫자와 보수를 동결하고, 병원의 소유와 관리 권한을 주정부에 옮기게 했다. 이탈리아의 병원은 전통적으로 가톨릭교회나 시 당국이 운영했으나 이 시기에 대부분 주정부로 이관되었다. 3년 동안 진행된 이 조처에 따라 의료기금도, 기금이 운영하던 의료보험체제도 사라졌다.

좌우 타협의 결실인 〈국영의료법〉

1978년 12월 23일, 〈국영의료법〉^{legge 833/1978}이 드디어 의회를 통과했다.[32] 입법을 뒷받침한 토대는 바로 헌법이었다. 1948년에 제정된 이탈리아 헌법은 건강이 시민의 권리임을, 이 권리를 보호할 책임이 이탈리아공화국에 있음을 이미 선언했다.

> 공화국은 건강을 개인의 기본권이자 집단 공동의 관심사로 보호하며, 가난한 사람에게 무상의료를 보장한다.(제32조)

이 헌법에 담긴 정신이 30년 동안이나 긴 겨울잠에 빠져 있었지만, 기민당과 공산당이 '역사적 타협'으로 손잡고 집권 연합을 이루면서 마침내 이를 실행할 법이 제정된 것이다. 첫 장 첫 절 '원칙'^{principi}은 이렇게 시작한다.

공화국이 국영의료를 통해 건강을 개인의 기본권이자 집단 공동의 관심사로 보호한다. 신체적 정신적 건강을 보호할 때 인간의 존엄과 자유가 존중되어야 한다.

이어서 국영의료를 정의한다.

국영의료는 개인적 특성이나 사회적 조건을 구별하지 않고 인구 전체에게, 평등을 보장하는 방법으로, 신체적 정신적 건강을 증진하고 유지하며 회복하게 하는 모든 기능·시설·서비스·활동으로 이루어진다.

즉, 국가가 건강 보호에 책임을 지고 국영의료를 운영한다. 국영의료는 인간의 존엄과 자유를 존중하며 누구에게나 평등하다. 신체와 정신, 예방과 치료와 재활의 전 범위를 망라하고 건강에 관련된 기능, 시설, 서비스, 활동을 모두 포괄한다.

의료체계를 근본적으로 바꾸다[33]

국영의료제도가 이탈리아 의료체계를 근본적으로 바꾸었다. 시민의 관점에서 그 변화를 요약하면 이렇다. 첫째, 누구든 가정의를 선택해 일차의료를 무료로 이용한다. 둘째, 전문의 진료와 검사 등 다양한 외래진료와 가정간호를 동네에서 이용할 수 있다. 셋째, 입원·수술·분만·응급 등 병원의료를 가정의의 의뢰 절차를 통해 무료로 이용한다. 넷째, 의사가 처방한 필수 약품을 무료로 구매한다.

가장 큰 변화가 일차의료에 관련된다. 이전에 자기 건강을 위해 '가정의'를 고용하는 사람은 가장 부유한 계층뿐으로, 그들은 전속 의사를 집에 두고 마음껏 의료를 이용할 수 있었다. 다수의 보통 사람은 의료기금이 제공하는 보험에 가입해, 기금이 지정한 의사의 진료를 받았다. 그 외 직장이 없고 돈이 없어 의료보험에 가입하지 못하는 가난한 사람은 시 당국이 지정한 빈민 담당 의사에게만 의지해야 했다. 이와 같은 계층 간 불평등을 국영의료가 완전히 없앴다. 누구나 자기가 원하는 가정의를 선택하고, 그가 제공하는 진료와 상담과 왕진을 무료로 받고, 그의 도움으로 국영의료의 전 범위를 이용하게 되었다.

국영의료체계는 다음과 같다. 첫째, 중앙정부가 국영의료의 일반적 목표와 기본 원칙을 세우고 보장해야 할 필수 범위를 정한다. 세금을 받아 주에 배분하는 것도 중앙정부의 몫이다. 둘째, 20개 주정부가 국영의료를 실제 운영한다. 지역계획을 세우고 이에 관련된 입법·행정·재정 전반을 책임지며 의료를 공급할 체계를 조직한다. 셋째, 주 안에 지방별로 보건의료본부가 설립돼 국영의료서비스를 공급한다. 일차의료를 포함한 동네의료를 제공하고, 급성기 병원과 재활병원을 직영하며, 공중보건과 환경위생 사업을 벌인다.

시민도 의료 운영에 참여한다. 환자단체와 시민단체의 대표자로 구성된 시민위원회가 모든 보건의료본부와 주정부에 설치된다. 주로 시민이 제기한 민원이 처리되는 과정을 감시하고, 주정부의 지역계획 수립과 평가에 참여하며, 중앙정부의 의료 질 평가에도 참여한다.

이탈리아가 국영의료를 도입한 지 20년이 되던 1998년, 〈제2차 국영의료계획〉에 운영 원칙이 제시되었다. 국영의료가 추구하는 방향을 간결하게 보여 준다.

- 인간의 존엄
- 건강의 요구
- 형평

- 보호
- 가장 취약한 사람들과 연대
- 건강 개입의 효과와 적절성
- 비용 대비 효과

국영의료제도는 단순히 의료를 제공하는 데 머무르지 않고 복지서비스와 연계함으로, 전반적인 복지 향상에 크게 기여했다. 지금 복지국가 이탈리아를 이루는 가장 큰 기둥이라 일컬어진다.

대승적 협력의 위태로움[34]

기민당과 공산당의 '역사적 타협'은 매우 위태로웠다. 연정을 와해시키려는 세력이 만만치 않았기 때문이다. 미국은 나토[NATO]의 전략 정보가 연정을 통해 적대 진영인 공산당에 누설될 것을 우려했고, 나아가 서구 국가의 정부 내각에 공산당이 참가하는 것이 국제 관계에서 미국의 실패로 비칠까 두려워했다. 소련 또한 이탈리아 공산당이 정부 내각에 참가해 모스크바의 영향력에서 벗어나며 미국을 가까이하게 될 것을 우려했다.

양당 지도자의 죽음

연정 3년째, 1978년 3월 16일, 극좌파의 군사 집단인 '붉은 여단'이 기민당 전 대표 알도 모로를 로마의 거리에서 납치했다. 그날은 기민당과 공산당이 공동 내각 구성에 합의하는 날이었고, 모로는 이를 위해 의회에 가는 길이었다. 그를 납치한 붉은 여단은 제국주의적 자본주의 국가는 소멸돼야 한다는 구호 아래 기민-공산당의 역사적 타협을 격렬히 비난하고, 모로를 살리려면 교도소에 수감된 자기들 대원 16명을 석방하라고

요구했다. 정부가 이를 거절하자 2개월 뒤 모로는 살해돼 주검으로 돌아왔다. 이 사건으로 온 이탈리아가 충격에 빠졌고 기민-공산당의 공동 내각은 출범하지 못했으며 극단적 폭력을 행사한 좌파에 대한 비난이 커지면서 두 정당 간 타협 정치도 타격을 받았다.

기민당에 역사적 타협을 제안하고 알도 모로의 맞상대로서 연정을 이끌었던 이가 공산당 대표 베를링구에르다. 그는 그람시의 고향인 사르데냐에서 1922년에 태어났다. 그의 할아버지는 19세기 말 사르데냐 민중의 절망적인 빈곤을 해결하기 위해 신문사를 설립하고 이탈리아 통일 혁명에 참여한 지식인이었다. 베를링구에르는 청소년이던 1937년에 사르데냐의 반파시스트 항쟁에 가담했고 1943년에 공산당에 입당했다. 갓 스물을 넘긴 베를링구에르를 중앙당 청년위원으로 추천한 사람이 당대표이던 팔미로 톨리아티^{Palmiro Togliatti}로, 젊은 시절에 토리노에서 '붉은 2년'을 이끌던 그람시의 동료다. 톨리아티가 죽은 뒤 1972년에 베를링구에르가 당대표 자리를 이어받았다.

베를링구에르는 알도 모로의 비극적인 죽음 뒤에도 기민당과 연정을 유지하기 위해 노력했다. 그 몇 달 뒤에는 역사적인 〈국영의료법〉이 의회를 통과하는 것도 지켜보았다. 그러나 결국 기민당이 '역사적 타협'을 지속하기를 거부해 1980년에 연정이 공식적으로 종결되었다. 이후 베를링구에르는 토스카나주, 에밀리아로마냐주 등 공산당이 집권하는 주정부를 지원하며 좌파 내부의 단결에 힘썼다.

1984년 6월 7일, 베를링구에르가 베네토주 파도바에서 대중 강연을 하던 중이었다. 갑자기 그의 말이 끊겼고 잠시 뒤 겨우 연설을 마쳤으나 호텔에 돌아가서는 의식을 잃었다. 병원에 옮겨진 그는 뇌출혈로 진단돼 사흘 만에 숨을 거두었다. 로마에서 치러진 장례식에 백만 명이 넘는 국민이 모여 애도했고 모든 정당의 대표가 조의를 표했으며 바티칸의 교황도 애도를 전했다. 6년의 시차를 둔, 양당 지도자의 잇따른 죽음이었다.

역사가 겹쳐 보인다

이탈리아 현대사에 우리나라 20세기 역사가 겹쳐 보인다. 파시스트 일본의 점령, 목숨을 걸고 저항한 독립운동, 전쟁이 끝난 뒤 미군의 군정, 친미 반공 정권의 수립, 남과 북의 대립, 보수와 진보의 진영 대립, 경제성장 등으로 표현되는 현대사의 줄기 곳곳에서 그러하다. 20세기 후반인 1987년에 우리가 시민의 힘으로 민주주의를 회복한 것처럼 이탈리아도 1992년에 정치자금 수사를 계기로 정치권의 거대한 부패를 파헤쳐 민주주의를 진전시켰다.

이탈리아 국영의료, 그 큰 변화를 이루어낸 힘은 국민의 요구와 양대 정치 세력의 협력에 있었다. 인간의 기본적 권리인 건강을 위해 국민이 의료제도의 변화를 요구할 때, 정치적으로 적대 관계인 양쪽 진영이 국가의 위기 극복에 대승적으로 협력할 때, 전면적인 제도 변화가 가능했다. 우리가 주목해야 할 대목이다. 다만, 양 진영 정치 지도자의 목숨이 제물로 희생되었다는 그 큰 대가가 마음을 무겁게 한다.

일차
의료

누구에게나 가정의가 있다
환자의 집을 다 알고 있다
코사토의 밤 토론회
이탈리아 가정의

누구에게나
가정의가
있다

친밀한 의사, 돕는 의사

볼로냐에서 비엘라까지는 기차를 세 번이나 갈아타야 하는 먼 길이다. 여름에 남편과 S 부부와 다 같이 즐겁게 지낸 장소인 알프스의 도시를 이제 가을바람을 맞으며 혼자서 찾게 되니 좀 적적하다. 비엘라역에 도착하자 안나마리아와 알프레도가 마중 나와 있다. 호텔에 혼자 머물 나를 안쓰럽게 여기는 기색에 나는 이게 편하다고, 혼자서도 잘 지내니 걱정하지 말라고 안심시킨다.

드디어 가정의 의원에 간다

첫날 아침, 새벽부터 일어나 출근을 준비한다. 이제 한 주간 동안 안나마리아의 진료실과 왕진 현장에서 그의 곁을 지키며 이탈리아 일차의료를 견학한다. 이날이 오기를 너무 고대한 탓일까, 팽팽한 긴장이 온몸을 감싼다.

아침 8시, 안나마리아의 차를 타고 자동차 전용 도로를 15분쯤 달려 코

안나마리아 의원이 있는 코사토 읍내 거리. 건물 안팎 어디에도 의원 간판이 없다. ⓒ구글

사토에 들어선다. 피에몬테주 비엘라현에 속한 코무네로 비엘라시에서 약 12km 동쪽에 있다. 인구가 약 1만4천 명이니 우리나라에서 읍에 해당하는 규모다. 수백 년 된 성당과 조그만 장터 광장을 중심에 두고 옛 건물이 모인 거리와 현대에 조성된 도시 공간이 사이좋게 공존한다. 안나마리아 의원은 중심가를 조금 비켜난 거리의 신식 빌딩 2층에 있다.

주차장에 차를 세우고 현관에 들어서기까지 건물 안팎 어디에도 의원 간판이 보이지 않는다. 건물 안 계단 입구의 우편함 한 칸에 붙은 조그만 이름표가 이 건물에 의사가 있다는 유일한 표시인 듯하다. 우리나라에서 의원이 있는 건물 벽과 창문에 도배하듯 써 붙이는 커다란 간판이 떠올라 내가 지금 딴 나라에 있음을 새삼 실감한다.

부온 죠르노, 부온 죠르노

의원에는 이미 환자 여남은 명이 기다리고 있다. 사무직원인 실비아에게 인사를 건네고 안나마리아는 총총히 진료실로 들어가 가운을 걸친다. 자기 자리 바로 옆에 의자를 놓아 나를 앉게 하고 환자가 들어올 때마다 한국에서 온 의과대학 교수라고 소개한다. 나는 매번 자리에서 일어나, 내가 아는 거의 유일한 이탈리아어로 깍듯이 환자에게 인사한다.

"부온 죠르노(안녕하세요)!"

"부온 죠르노!"

환자들은 내 인사에 가볍게 답할 뿐, 그 이상은 신경 쓰지 않는다. 이 진료실의 주인은 안나마리아이니 그가 불러들인 사람이라면 진료를 지켜보든 말든 아무 상관이 없는 듯하다. 나는 속으로 안도하며 조용히 진료 광경을 관찰한다.

첫 환자는 사타구니에 림프샘이 만져지고 부어서 아프다는 30대 남자. 빠르고 높은 어조로 말을 쏟아 내며 손짓을 동원해 자신의 증세를 설명한다. 잔뜩 걱정이 서린 표정과 말투에서 그가 단순히 통증 때문이 아니라 생식기에 질병이 생겼을까 봐 불안해하는 것을 알 수 있다. 안나마리아는 차분한 답변으로 환자의 마음을 가라앉히며 필요한 검사를 받을 수 있게 처방전을 써 준다. 한시라도 빨리 검사하고 싶은 환자는 처방전을 받자마자 부리나케 일어선다. 그 분주한 와중에도 내게 작별 인사를 하더니 갑자기 연극을 하듯 두 팔을 번쩍 치켜들고 이렇게 부르짖으며 진료실을 걸어 나간다.

"코레아(한국), 프로페소레(교수)!"

이탈리아 남자 특유의 익살에 어이가 없어 나도 모르게 웃음이 나온다. 웃다 보니, 온몸을 빳빳하게 죄던 긴장이 조금 느슨해지는 것을 느낀다. 고마운 환자다.

안나마리아 의원에는 조그만 진료실에 놓인 그의 책상이 모든 것의 중심이다(가운데). 주사실도, 검사실도, 값비싼 의료 장비도 없고 오직 의사와 환자가 마주 앉아 대화하고 진찰하고 상담한다. 맨 위 왼쪽에서 시계 방향으로 환자 대기실을 겸한 회의실, 회의실 안, 대기하는 환자, 응급실에 다녀온 고혈압 환자를 청진하는 안나마리아, 복도에서 바라본 진료실, 복도 의자에서 대기하는 노인과 사무용 노트북, 의사가 진료실에서 독감백신을 접종하기, 틈틈이 환자의 전화를 받기.

다행히도 진찰 과정을 지켜보는 것만으로 대강 내용을 짐작할 수 있다. 환자가 나간 뒤에 안나마리아가 내게 영어로 간단히 진료 요점을 설명해주니 이해하는 데 큰 도움이 된다.

고혈압, 당뇨병으로 오는 환자들

이탈리아는 장수 국가다. 2015년 당시에 65세 이상 노인 인구가 전체의 21.7%에 이르러35 유럽 최고의 초고령 사회가 되었다. 남부보다 북부에, 대도시보다 시골에 노인이 더 많으니 코사토의 진료실을 찾는 환자 대부분이 노인이다. 주로 고혈압, 당뇨병이 있어 약을 먹고 관리하며 정기적으로 가정의를 만나러 온다.

모직 코트에 실크 스카프를 날렵하게 두른 멋진 할머니도 있고, 손때 묻은 잠바 차림의 할아버지도 있고, 팔다리가 불편해 지팡이를 짚고 느릿느릿 걸어서 의원 나들이를 하는 노인도 있다. 누구든 대개는 오랜 기간 이곳을 드나든 터라 사무직원과 친숙하게 인사를 주고받고 의사에게도 친밀하게 대한다. 환자는 자신의 최근 건강 상태에 관해 활발하게 이야기하고, 의사는 수동 혈압계를 사용해 일일이 혈압을 측정한 뒤 환자의 말에 귀 기울이며 이야기를 나눈다. 의사가 환자에게 약 처방전을 써주는 것은 짧게는 10분에서 길게는 30분쯤 한참 대화를 나눈 뒤다.

30년 전 전북 완주군 예수병원 고산분원에서 매주 열었던 고혈압 진료실이 생각났다. 우리나라 농촌에 고혈압성 뇌출혈이 빈번했던 그 시절, 지역보건 활동가들은 마을마다 다니며 고혈압을 잘 관리해야 한다고, 혈압이 높으면 정기적으로 진료받고 의사가 처방하는 약을 날마다 먹어야 중풍을 예방할 수 있다고 알렸다. 그렇게 혈압약을 먹게 된 환자들이 진료실에 와서는 묻곤 했다.

"1년이나 먹었는디 약을 또 먹어야 할랑가?"

"독한 약을 자꾸 먹으문 안 된다는디, 탈이 없을랑가?"

약 대신에 무슨 풀뿌리나 열매 같은, 예전부터 효능이 있다고 전해 오는 식물을 달여 먹어 고혈압을 다스릴 수 있을지가 질문의 요점이었다. 똑같은 질문을 하도 많이 받아서 나도 똑같은 대답을, 혈압약을 날마다 드셔야 중풍을 예방한다는 설명을 마르고 닳도록 하고 또 했다. 그래도 환자들은 준비해 온 마지막 질문을 하고야 말았다.

"인자 약 안 먹고 지내볼라는디?"

혈압약이 무료다

그런데 안나마리아의 진료실에 온 이곳 코사토 노인들은 달랐다. 날마다 약을 먹는 데에 아무런 거리낌이 없고, 혈압약을 안 먹는 위험천만한 '실험'을 해보고 싶다는 사람은 아무도 없었다. 내가 진료한 환자들과 이곳 환자들 사이에 이런 차이는 왜 있는 걸까? 유럽인에게 현대 의료는 자기들의 전통으로 물려받은 지식이어서 거부감이 없기 때문일까?

흥미롭게 관찰한 지 하루 이틀 지나지 않아, 나는 깨달았다. 전통보다 더 큰 차이가 경제력과 의료제도에 있다는 것을. 2015년에 피에몬테주의 1인당 GDP가 3만3천 달러이니36 이곳의 노년층은 30년 전에 내가 만난 완주군 농촌 주민과는 비교가 안 될 만큼 경제적으로 윤택하다.37 게다가 이탈리아 국영의료제도에서는 의사의 처방전을 갖고 가면 약국에서 혈압약을 무료로 준다. 그러니 어떤 환자라도 매일 약을 먹어 고혈압을 관리하는 데 거리낄 것이 없다.

유럽에서도 부자 동네인 북부 이탈리아의 진료실에서, 1980년대 한국의 시골에서 만나던 환자들을 떠올린다. 뼛골이 휘도록 일하면서도 가난을 벗기 어렵던 사람들, 빠듯한 생활비를 쪼개 진료비를 내고 약값도 치러야 했던 그 사람들이 생각나 울컥했다.

상병수당

서른 안팎으로 보이는 젊은 여성이 불편한 자세로 들어온다. 두툼한 옷을 껴입은 그는 힘든 일을 하는 사람인지 손이 거칠다. 허리가 아프다며 진찰을 받더니 뭔가를 요청한다. 처방전을 건네주던 안나마리아는 "오, 그래요." 하고 노트북 앞으로 옮겨 앉아 입력 창을 열고 환자의 이름과 주소, 병명, 예상되는 경과 등을 간단히 써넣어 전송한다. 뭔가 싶어 들여다보니 온라인 '상병 증명서'다. 가정의가 국립사회보장공단에 이 증명서를 보내면 환자가 수당을 지급받는다고, 안나마리아가 내게 설명해 준다.[38]

아파서 일할 수 없는 사람에게 생계비를 지급하는 상병수당은 유럽 사회보장의 기본이다. 19세기에 이탈리아 시민들이 만든 상조회 보험이나 독일제국에서 비스마르크 수상이 만든 질병보험이 바로 아파서 벌이를 못하는 노동자에게 생계비를 지급하는 제도였다. 19세기 노동자는 장시간 일하고도 굶어 죽지 않을 만큼의 푼돈을 겨우 받았다. 그 절망적인 처지를 1845년에 출간된 안데르센의 동화 《성냥팔이 소녀》가 생생히 전달한다. 부모인 노동자가 다치거나 아파서 일하러 나가지 못할 때 굶어 죽지 않으려면 어린 딸이 성냥팔이에라도 나서야 했으니, 임금을 대신해 생계를 지켜 주는 상병수당이 절실했다. 20세기 후반 들어 의학 기술이 발전하면서 의료보장이 제공하는 혜택 중에 의료비 보조의 중요성이 점점 커졌으나, 병을 앓는 노동자에게 생계비가 필요하다는 데는 변함이 없어 상병수당 지급도 유지된다.

현 OECD 회원국의 대부분이 아픈 사람에게 상병수당을 지급한다. 회원국 중 상병수당이 없는 나라는 한국, 미국, 스위스뿐이다. 우리나라는 1970년대에 의료보험제도를 만들던 애초부터 의료비만 보조할 뿐 상병수당을 도입하지 않았다. 국민이 납입해야 할 보험료 액수를 낮추고 정부의 예산도 아끼려는 목적이었다고 하지만, 결국 아픈 사람의 생계 보호를 등한시하는 제도가 되고 말았다.[39] 그 시절에는 국가의 형편이 빠듯해 어쩔 수 없었다 해도, 세계 제11위의 경제력을 갖게 된 지금까지 이를 도입하지 못한 것은 반성해야 할 일이 아닌지.

의사가 발급하는 증명서로 임금의 50%가 보장된다

상병 증명서 발급에 의사의 권한이 크다. 의원에서는 하루에 두어 건, 주로 몸살감기를 앓거나 허리를 삐끗했다는 환자가 발급을 요청했고 의사는 간단한 진찰만으로 증명서를 내주었다. 증명서 발급이 일차의료에 포함되므로 환자에게 따로 비용 부담이 없다. 증명서가 국립사회보장공단에 제출되고 공단이 이를 고용주에게 보낸다.

공단은 노동자에게 상병 기간의 4일째부터, 한 해에 최대 180일까지 수당을 지급한다. 받는 금액은 노사 협약에 따라 다르지만 대개 4일부터 20일까지 임금의 50%, 21일부터 180일까지는 66%다.[40]

아파도 쉬기는커녕 출근해서 일하고 과로에 시달리는 것이 예사인 우리나라 직장인의 처지를 떠올리다가, 문득 우리나라 사람들이 유난히 '주사 맞기'를 즐겨 한다는 데 생각이 미친다. 병원에서 외래진료를 할 때 '링겔(수액) 주사를 맞으러 왔다'는 환자가 종종 있었다. 굳이 맞지 않아도 된다고, 의학적으로 당신에게 그 주사가 필요한 상태가 아니라고, 링겔을 맞는 것은 그저 물을 마시는 것과 다를 게 없다고 설명해도 듣지 않았다. 자기는 그걸 맞으면 기운이 나는 체질이라거나, 어렵게 직장에 양해를 구하고 나왔으니 꼭 주사를 맞게 해달라고 했다. 주사에 관해서 비과학적인 맹신이 퍼져 있다고만 여겼는데, 이탈리아 진료실에서 상병수당을 접하게 되니 그 '맹신'의 뒷면이 보인다. 주사, 특히 두어 시간씩 침대에 누워 맞는 링겔 주사는 노동자를 잠시나마 쉬게 해준다. 아파도 일해야 하는 권위적인 직장, 일차의료도 상병수당도 없는 빈약한 복지제도, 노동자의 건강 보호를 하찮게 여기는 사회 환경을 견디게 잠깐의 휴식을 준다. 쉬어야 하는데 다른 방법이 없으니 그렇게나마 잠시 쉬는 것이다. 그렇다면 그것은 비과학이 아니라 오히려 합리적인 선택이다. 우리가 참, 너무 고단하게 산다.

전문의가 가정의에게 보고서를

외래진료센터 또는 종합병원에 다녀온 환자가 하루에 네댓 명씩 있다. 그곳에서 검사나 치료를 받은 뒤 결과를 상담하러 가정의에게 오는 환자다. 센터나 병원에서는 가정의에게 보고서를 보내 준다. 애초에 가정의가 검사나 치료를 의뢰했고 앞으로도 환자를 꾸준히 돌볼 의사는 그 가정의이기 때문이다.

보고서에는 검사나 치료 결과, 이에 관한 전문의의 소견이 자세히 적혀 있다. 안나마리아가 보고서를 펼쳐 놓고 환자와 대화를 시작하면 상담 시간이 30분을 훌쩍 넘어가곤 했다.

사례 1 · 심장내과 진료를 받은 환자

살○ 씨(85세, 여)가 3주 전에 심장내과 진료를 받았다. 비엘라 시내의 사립병원에서 전문의가 써 보낸 보고서에는 첫머리에 진찰 소견, 심전도 검사 결과가 있고 환자가 고혈압, 고지혈증, 협심증으로 약을 오래 복용했으며 양쪽 무릎 관절을 모두 수술했다는 병력이 적혀 있다. 살○ 씨가 최근 들어 어지러움을 느낀다는 호소에 전문의는 6개월 전에 했던 심장초음파검사의 기록을 검토하고, 그 결과로 살○ 씨가 지금 복용 중인 약 4가지 중에 혈압약을 '아침에 1알'이 아니라 '아침 8시와 저녁 8시에 0.5알'로 나누어 복용하도록 권고한다. 그리고 심장초음파검사를 할 때가 되었으니 처방하기 바란다고도 했다. 안나마리아는 살○ 씨와 상담한 뒤 전문의가 권고한 대로 약을 처방한다.

사례 2 · 심장박동기를 점검받고 온 환자

코○○ 씨(82세, 남)가 노바라 대학병원을 오전에 방문하고 곧장 오후에 가정의에게 왔다. 노바라는 이곳 코사토에서 동쪽으로 50km 떨어져 있는데 대학병원이 있는 도시로는 가장 가깝다. 심장내과 전문의가 작성한 보고서에 볼트, 옴, 줄 등 전기에 관한 단위가 눈에 띈다.

보고서에는 이 환자가 2007년 가을에 급성 심근경색을 앓았다는 것, 그때 심장에 전기 자극을 주기 위해 박동기를 피부밑에 삽입했다는 것, 오늘 박동기를 점검한 결과가 양호하다는 것, 3개월 뒤 다시 병원에 올 날짜와 시간이 예약되었으니 잊지 말고 꼭 와야 한다는 당부가 이어진다. 보고서 중간쯤에 환자가 복용 중인 약 목록이 적혀 있어 읽어 보다가 놀란다. 심장, 혈압, 콩팥에 관련된, 자그마치 열 가지 약을 매일 드신다. 위태로운 심장에 의지해 줄타기하듯 조심조심 지내는 환자임을 알 수 있다. 이미 8년을 그렇게 살아온 코○○ 씨는 담담하게 상담하고 안나마리아가 건네는 약 처방전을 받아 간다.

사례 3 · 응급실에서 치료받은 환자

사○○○ 씨(61세, 여)가 봉투에 담긴 문서를 조심스레 내민다. 적혀 있는 주소를 보면 그는 고도 500m의 높은 산마을에 산다.

비엘라에서 산 쪽으로 오르는 도로는 좁고 구불구불한데 한참 오르면 양지바른 언덕에 보기 좋은 집들이 나타난다. 마을 중심에는 어김없이 수백 년 된 성당과 우물, 코무네 사무소, 조그만 공공 슈퍼마켓과 주유소, 버스 정류장, 우체국, 도서관, 약국, 여관, 레스토랑이 그림처럼 오밀조밀하게 모여 있다. 한여름에도 산바람이 시원하고 겨울이면 알프스 스키장에 가기 좋은 이런 산마을에는 부자들이 산다. 동시에 가난한 이주민도 많다. 정원사, 가사 도우미, 노인 수발, 여관의 허드렛일을 맡아 하는 사람들이다. 까만 머리에 키가 작고 옷차림이 단순한 사○○○ 씨도 동유럽에서 온 이주민이 아닐까 싶다.

그가 가져온 것은 며칠 전 비엘라 종합병원의 응급실 의사가 쓴 진료 보고서다. 사○○○ 씨가 가슴에 심한 통증이 생겨 응급실에 갔는데 혈압이 185/75로 매우 높았다. 진찰과 심전도검사를 한 결과, 환자의 혈압이 높기는 해도 통증 원인이 심장이 아닌 위장에 있다고 판단해 의사는 혈압약과 함께 위장약, 신경안정제로 치료했다. 볼펜으로 눌러 쓴 단정한 필체에 응급실 의사의 분명한 태도가 묻어난다. 안나마리아는 보고서를 읽고 환자의 가슴을 꼼꼼히 청진한 뒤 그와 한참 이야기를 나누고 약을 처방한다. 아름다운 알프스 자락의 마을에서 사○○○ 씨는 어떤 사정으로 위장병에 가슴 통증을 앓는 것일까.

사례 4 · 안경에 거즈를 붙인 환자

지○○○ 씨(66세, 여)가 큼직한 가방을 메고 들어온다. 안경의 왼쪽 렌즈 안쪽에 거즈와 반창고를 붙여 눈을 가린 상태다. 외눈박이 처지가 괴로울 법한데 어두운 기색이라곤 전혀 없이 활달하다. 안나마리아와 내게 인사를 건넨 뒤 가방에서 두툼한 서류철을 꺼내더니, 의사의 진료 책상 한쪽을 성큼 차지하고 익숙하게 서류를 뒤적인다. 백 장도 넘어 보이는 그 종이 뭉치는 모두 그동안 지○○○ 씨가 받은 검사나 치료 결과 보고서다. 최근 2주 전에도 비엘라시 외래진료센터에 가서 검사를 받아, 그 결과에 관해 상담하려고 온 참이다.

이번에 외래진료센터가 보내온 것은 내분비내과 보고서, 영상의학과 보고서와 갑상샘초음파 사진 12장이다. 내분비내과 전문의는 정중한 편지

형식으로 보고서를 썼다. 지○○○ 씨가 맹장 수술, 담낭 수술, 급성췌장염, 어깨 수술을 받은 병력이 있고 갑상샘 질환의 가족력이 있다는 것, 3개월 전부터 물체가 두 개로 보이는 증세가 생겨 안과에서 정밀검사를 진행 중이며 신경과 진료도 받고 있다는 것, 갑상샘 기능에 관해 혈액검사를 했는데 호르몬 농도가 다소 높다는 것, 이에 관해 시간을 두고 변화의 양상을 보아야 하니 정기적으로 내분비내과에 다시 오도록 처방해 주기 바란다는 내용이다. 영상의학과에서 보낸 보고서에는 갑상샘에 초음파검사를 했는데 특별한 이상이 없다고 적혀 있다. 지○○○ 씨는 안나마리아와 거의 1시간을 상담한다. 갖고 온 서류 뭉치에서 예전의 검사 보고서를 찾아내 이번 것과 비교하며 질문하고 안나마리아가 답하는 방식으로, 거의 토론에 가까운 대화가 이어진다. 지○○○ 씨가 워낙 적극적이어서 의사보다도 환자가 대화를 주도하는 분위기다.

의사의 눈과 귀는 환자 한 사람에게로

철저하게 환자와 눈을 맞춘다. 환자의 말을 끝까지 귀 기울여 듣고 성심껏 답한다. 진료실에서 안나마리아의 모습이다. 조금도 흐트러지지 않는 집중에 그걸 지켜보는 나는 숨소리를 죽이곤 했다. 그처럼 집중된 상담을 가능케 하는 중요한 요소가 무엇인지를, 유난히 긴 시간을 상담한 지○○○ 씨가 돌아가려 할 때 발견했다.

기록하지 않는다

지○○○ 씨는 상담이 끝나자 가져온 보고서, 그리고 외래진료센터에서 이번에 보내준 보고서까지 모두 서류철에 끼워 자기 가방에 넣고 일어난다. 나는 깜짝 놀랐다. 아니, 의사에게 온 보고서인데 의원에 보관하지 않고

전문의가 써 보낸 결과 보고서를 환자가 가져간다. 환자들은 보고서를 서류철에 소중히 보관하며 가정의와 상담할 때 갖고 와 참고하기도 한다. 안나마리아와 상담 중에 집에서 가져온 서류철을 뒤적이는 지○○○ 씨.

환자가 가져가다니. 보고서는 분명 "친애하는 ○○○ 의사께"로 시작되었기 때문이다. 그런데 안나마리아는 지○○○ 씨를 배웅하는 눈길로 바라보고 있을 뿐, 나처럼 걱정하는 기색이 전혀 없다. 혼자 어리둥절해하다가 곰곰 돌이켜 보니 앞서 다른 환자들도 지○○○ 씨와 마찬가지로 상담이 끝나면 자기 보고서를 가져갔다. 그동안 내가 미처 주의를 기울이지 않았을 뿐. 그런데 그것만이 아니었다.

안나마리아가 아무 진료 기록도 만들지 않는다. 길고 긴 상담 중에 내용을 기록하지 않는 것은 물론, 지○○○ 씨가 돌아간 뒤에 간단히 요약하는 기록도 만들지 않는다. 환자가 원하는 상담을 제공하면 그것으로 가정의는 제 할 일을 마친 것이다.

우리나라에서라면 그렇지 않다. 일이 거기서 끝나지 않는다. 모든 진료에 "환자의 주된 증상, 진단 및 치료 내용 등… 에 관한 사항과 의견을 상세히"(의료법 제22조) 기록하고 이를 10년간 보관해야 한다(의료법 시행규칙 제15조). 의사가 작성한 문서 외에 검사 결과물까지 보관 대상이다. 종이 문서든 전자 문서든 의료기관마다 환자별 문서집을 만들고 관리 체계를 세워 보관한다.

그래서 한국에서 의사는, 기록한다. 환자를 진료하면서 동시에 기록하기도 하고 잠시 대화를 멈추고 기록하거나 때로는 환자가 돌아간 뒤 정리해 기록하기도 한다. 정확한 기록을 남겨야 한다는 부담이 있어, 어떻게든 시간을 쪼개 기록하며 그 내용에 신경을 쓴다. 환자와 대화에 집중하고 싶은 의사에게 기록은 상당한 짐이다.

다른 나라에서도 다 같은 줄 알았는데, 적어도 이탈리아에서, 정확히 말하면 이탈리아 일차의료에서는 우리와 다르다는 것을 알게 된다.41

온 정신을 쏟아 환자의 말을 듣는다

안나마리아는 환자가 진료실에 들어와서부터 나갈 때까지 온 정신을 쏟아 환자의 말을 듣고 답해 준다. 그가 작성하는 문서는 오직 상담을 끝낼 때 환자에게 건네는 처방전과 의뢰서뿐. 이처럼 '상세히 기록'하는 데 신경 쓰지 않아도 되니 진료실에서 가정의는 오로지 환자와 나누는 대화에만 집중할 수 있다.

가정의에게는 문서를 보관하는 부담도 없다. 자신이 작성하는 기록이 없고, 전문의가 보내 준 보고서는 환자가 가져가므로 보관해야 할 문서가 남지 않는다. 그렇다면 기억해야 할 것은 어떻게 하나? 다음 날 가정방문을 같이 다니면서 보니 안나마리아는 진찰하고 상담한 내용을 문서가 아닌 마음속 기억 저장고에 차곡차곡 넣어 두고 필요할 때 꺼내 쓰는 듯했다.

환자들은 가져간 보고서를 소중하게 보관한다. 보고서를 서류철에 넣어 관리하는 이가 지○○○ 씨만이 아니었다. 가정방문해 보면 진료 보고서, 특히 정밀검사나 수술을 한 뒤 전문의가 쓴 보고서를 고이 보관하고 있었다. 필요할 때면 앨범에서 가족사진을 보여 주듯, 서류철을 갖고 와 의료 보고서를 꺼내 보여 주었다. 안나마리아와 함께 방문한 비엘라 지역의 가정에서뿐 아니라, 뒤에 방문하게 된 볼로냐의 한국인 가정에서도 마찬가지였다.

수많은 요구에 대응하려면

건강을 지키려고 또는 회복하려고, 사람들은 여러 가지를 원한다. 가정의는 사람들을 지지해 주고 원하는 바를 얻도록 돕는다. 그러나 가끔은 원하는 것과는 반대 방향으로 사람들을 돌려세우기도 한다.

사적 의료도 활용한다

안나마리아는 처방전으로 두 종류의 용지를 사용한다. 하나는 주정부가 발행한, 처방 코드를 써넣는 네모 칸이 촘촘하고 바코드까지 찍힌 종이고 다른 하나는 단순한 메모지로 의사 이름과 의원 연락처만 귀퉁이에 박혀 있는 백지다. 환자에게 약이나 검사를 처방할 때 대부분 주정부가 발행한 용지('빨간 처방전'이라 한다)에 써주지만, 때로는 백지 메모지에 적어 준다. 물어보니 메모지는 국영의료와 상관없는 사적private 의료를 이용하게 할 때 쓴다고 한다. 부유층으로 보이는 60대 부인이 어깨가 아프다고 왔을 때 물리치료를 받으라고 하면서, 국영의료의 물리치료실은 예약이 밀려서 기다려야 하니 개인이 운영하는 물리치료실에 가라고 메모지에 처방을 써 주는 식이다. 그 부인은 안나마리아의 말에 반가워하며 서둘러 메모지를 들고 진료실을 떠났다.

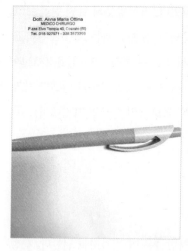
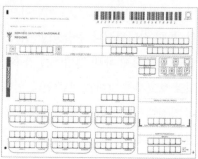

환자에게 약이나 검사를 처방할 때 대부분 주정부
가 발행한 용지(↑)에 써준다. 때로 국영의료와 상
관없는 사적 의료를 이용하게 할 때는 의사 이름
과 연락처가 박힌 메모지(←)에 적어 주었다.

수많은 사람의 수많은 요구를 국영의료가 완벽히 충족하기는 어렵다. 다른 무엇보다, 당일에 이용할 수 있는 서비스가 응급의료와 가정의의 일차의료뿐이라는 것에 사람들의 불만이 크다. 전문적인 검사나 치료를 받으려면, 또 병원의 입원진료를 받으려면 어김없이 대기자 명단에 이름을 올리고 며칠 또는 몇 주를 기다려야 한다. 국영의료제도를 채택한 나라마다 이 '대기자 명단'이 큰 흠이다.

사람들의 요구와 국영의료의 틈새를 사적 의료가 메운다. 웬만한 도시에는 물리치료, 초음파검사, 간단한 수술, 심리상담 등을 '국영의료 바깥에서 빠르고 기분 좋게' 받게 해주는 사립 외래진료기관 또는 사립병원이 몇 개씩 있다. 주로 심장, 내분비, 알레르기, 관절, 비뇨기, 피부, 정신, 성형, 치과 분야를 다룬다. 의료인이 개인적으로 자기 진료실에 환자를 오게 해 진료할 수도 있지만, 대개 민간 회사가 진료 공간을 갖추고 예약을 관리하며 의료인과 계약해 사업을 한다.

사적 의료는 개인 간 거래로 이용된다. 그 장점은 오래 기다리지 않고 매끄러운 서비스를 받을 수 있다는 데 있다. 반면에 단점은 비싸다는 데 있다. 예를 들어, 심장내과 전문의에게 단순히 진찰만 받는 데에도 60유로(약 7만5천 원)가 든다.[42] 이 돈 전부를 환자가 내야 하므로 부유층이 아니면 엄두를 내기 어렵다.

요구를 다 들어줄 수는 없다

안나마리아는 모든 사람을 따뜻이 대하고 상담과 처방을 해주지만, 원하는 대로 다 만족시켜 줄 수는 없다. 그런 사례를 하나 보았다.

60세 넘어 보이는 남자 환자다. 건강이 그리 좋아 보이지 않는다. 혈압 측정 뒤 시작된 의사와 환자의 대화가 끝날 줄을 모른다. 대화하는 모양새에서, 환자가 요청하는 것을 의사가 들어주지 않는 상황임을 넉넉히 알 수 있다. 환자는 작심한 듯 말을 이어가는데 안나마리아는 설명을 거듭할 뿐 처방전을 쓰지 않는다. 수십 년 경력의 가정의답게 환자를 대하는 담담한 표정에는 아무 변화가 없어도 말투가 조금씩 더 단호해진다.

말이 오가는 걸 지켜보며 내 마음이 다소 복잡하다. 대체 이 말을 좀 알아들을 수 있으면 얼마나 좋을까? 우리나라에서 환자가 이 정도로 끈질기게 요청하면 그 요청이 의학적으로 적절하지 않더라도 대개 의사가 '융통성 있게' 들어주지 않을까? 안나마리아가 끝내 거절하면 이 환자가 불만을 품어 다른 가정의에게로 등록을 옮겨 버리지 않을까? 환자가 가정의를 선택해 등록하는데 언제든 다른 의사에게로 옮겨 갈 권리가 있기 때문이다.

팽팽하던 대화가 한참 만에 끝나고 환자가 돌아갔다. 안나마리아가 딱딱한 어조로 최대한 간단히 내게 설명해 준다.

"환자가 운동부하검사를 하고 싶다는데, 심장질환을 앓는 사람이어서 그 검사를 할 수 없어."

운동부하검사는 환자의 가슴에 전극을 부착하고 러닝 머신 위에서 운동하면서 조금씩 강도를 올려 혈압, 맥박, 심전도의 변화를 관찰하는 검사다. 관상동맥질환이나 부정맥의 진단과 치료 경과를 살피는 데에 요긴하지만, 심장 기능이 약한 환자에게는 위험 부담이 있다. 환자가 아무리 원해도 때에 따라서는 막아서는 것이 가정의의 책임이다. 안나마리아가 피곤해 보인다.

틈틈이 환자의 전화를 받는다

대개 오전 시간에 전화가 많이 걸려 온다. 나는 이탈리아어를 알아듣지 못하니 통화 내용을 알 수 없지만, 환자에게서 걸려 오는 전화라는 것은 알 수 있다. 주로 휴대전화가 아닌 진료실 유선전화기로 오고, 사무직원인 실비아가 전화를 연결해 주는데 가끔은 진찰 중에도 받아야 하며, 예약 일정을 정하는지 통화 중에 사무용 수첩을 끌어당겨 날짜를 찾아 메모할 때도 있다.

가정의는 정부와 협약에 따라 '매일 오전 8시에서 10시까지 전화를 받을 의무'가 있다. 사람들이 마음 놓고 자기 가정의에게 전화할 수 있도록, 건강에 관해 문의하거나 왕진을 요청할 수 있도록, 날마다 그 권리를 적어도 두 시간 동안 보장하도록 가정의에게 부과된 의무다.43

찾아오는 이주민

이탈리아 인구의 약 10%가 외국에서 온 이주민이다. 지리적으로 가까운 아프리카, 발칸반도 쪽에서 많이 온다.

아프리카에서 온 어머니

까만 피부의 젊은 여성이 아프리카 전통 옷차림의 중년 여성과 함께 들어온다. 딸을 만나러 모처럼 고국에서 어머니가 오셨다. 어머니의 혈압을 측정하자, 오늘 온 환자의 혈압 중 가장 높은 숫자가 기록된다. 안나마리아의 설명에 딸의 얼굴이 어두워진다. 이탈리아 말을 모르는 어머니는 잠자코 그 모습을 지켜볼 뿐이다.

안나마리아는 이 모녀를 도울 수 있을까? 정착한 이주민인 그 젊은 여성은 이탈리아인과 똑같은 자격으로 국영의료에 등록하고 가정의에게서 일차의료를 이용하지만, 외국인인 어머니에게는 그럴 권리가 없다. 방문 중인 외국인에게는 응급, 분만처럼 긴급한 상황일 때만 인도주의적 견지에서 국영의료 이용이 일시적으로 허용된다. 일차의료를 이용할 권리는 취업, 입양, 난민 인정 등으로 거주 허가를 얻어 국영의료에 등록한 사람에게만 있다.

그러므로 안나마리아가 이 아프리카 중년 여성의 건강을 돌볼 이유가 없어, 정중히 거절하는 게 법적으로 옳다. 혹시 돕고 싶은 마음에 상담을 해주더라도 약이나 검사를 처방하지는 못한다.

그러나 안나마리아는 이 모녀를 여느 환자와 다를 바 없이 대한다. 오히려 다른 환자를 진료할 때보다 시간을 더 들여 이야기를 나눈다. 이윽고 일어나더니 진료실 한쪽에 놓인 선반장을 열어 약 곽을 이것저것 꺼내 본다. 제약회사 영업 사원들이 찾아와 약을 홍보하고 주고 간 본보기 제품을 넣어두는 장이다. 고혈압약을 찾고는 곽째로 내준다. 젊은 여성의 눈이 커진다.

"그라치에! 그라치에!"

약 곽을 가슴에 꼭 끌어안고 연거푸 고맙다고 인사한다. 그의 어머니는 어리둥절해하면서도 희미한 미소로 인사하고 딸에게 이끌려 진료실을 떠난다. 제약회사의 영업용 약이 참으로 요긴하게 사용되었다. 모녀가 돌아간 뒤 안나마리아는 아무 일도 없었다는 듯, 내게 아무 설명도 해주지 않았다.

무슬림 가족, 집시 가족

히잡을 쓰고 발등까지 덮는 옷을 입은 젊은 엄마가 예닐곱 살 되어 보이는 아들과 함께 들어온다. 안나마리아가 잠시 자리를 비운 새 그에게 말을 걸어보니 영어가 통한다. 리비아에서 왔단다. 엄마도 아들도 눈매가 아름답고 표정이 따뜻하다. 한국인 의사가 왜 여기에 왔는지 궁금해하기에 이탈리아 국영의료가 좋은 제도라서 연구하러 왔다고 답하니 고개를 끄덕이며 말한다.

"이탈리아가 좋은 나라예요."

나도 그를 바라보며 고개를 끄덕인다. 더 나은 삶을 찾아 고국을 떠나왔을 그의 마음이 전해진다. 감기 기운이 있다며 진료를 받은 뒤 가면서는 내게 작별 인사를 잊지 않는다.

다른 날 오후에는 작달막한 젊은 여성이 제 키만 한 유아차를 밀고 들어왔다. 유아차에는 생후 4-5개월 되어 보이는 아기가 곤히 잠들어 있다. 여성은 진료실에 자주 왔는지 안나마리아를 대하는 데 스스럼이 없다. 별다른 진료를 받으려는 것은 아닌 듯 유아차 옆에 선 채로 한참을 안나마리아와 대화만 주고받는다. 중간에 안나마리아가 미소를 머금고 아기를 바라보곤 하는 것으로 보아 아기 건강에 관해 이야기를 하는 듯하다.

그런데 0-14세 어린이의 일차의료는 안나마리아 같은 가정의가 아닌, 어린이 일차의료 의사가 따로 맡게 되어 있다. 그 의사는 소아청소년과 전문의로, 신생아 때부터 아기 건강을 돌보고 부모와 상담하며 필수 예방접종을 챙겨 준다. 어린이 일차의료 의사 명단이 시 보건의료본부에 있으니 그중에 한 사람을 부모가 정해 아이를 등록하면 된다.

아마 이 여성은 그런 사실을 모르는 외국인인 듯하다. 유아차에 탄 아기에게 어린이 일차의료 의사를 정해 주지 않은 채 안나마리아에게 상담하러 온 것이, 그래서인 듯하다. 그가 돌아간 뒤 안나마리아에게 묻는다.

"지금 나간 엄마는 이주민인가요?"

"응. 아마 '로마'일 거야."

로마는 고대 국가의 이름이 아니고 떠돌이 민족인 집시를 가리키는 말이다. 이탈리아에는 집시 이주민이 꽤 많다. 대개 무리 지어 살면서 길거리 공연, 올리브 농장의 계절노동, 구걸 등 다양한(?) 생계 활동을 한다. 대개 가난하다. 아까 아기가 타고 있던 유아차는 아마도 시 당국이 지원한 보육 물품이겠다. 그 아기가 어린이 일차의료 의사에게 등록해 전문적인 돌봄을 받으며 건강하게 자라기를 기원한다.

의원 풍경

나라가 다르면 풍경이 달라진다. 의료제도가 다르니 의원 풍경도 우리가 알던 것과 다르다.

주사가 없는 의원

때마침 독감 예방접종 시기로, 접종받을 사람이 오면 안나마리아가 주사를 놔준다. 진료실 벽장 속 조그만 냉장고에서 직접 백신주사를 꺼내 환자의 팔에 놓는다. 일인용 개별 백신이고 주사침까지 붙어 있는 제품이라 꺼내기만 하면 손쉽게 놔줄 수 있다.

가만 보니 의원에 있는 유일한 주사약이 독감백신이다. 그 외에 다른 주사약은 아무것도 비치되어 있지 않다. 지금 같은 시기가 아닌 평소에는 주사를 놔주는 일이 없는 것이다. 몸살감기로 진료받으러 오는 환자가 하루에 한두 명 있지만, 의사는 진찰과 상담을 한 뒤 처방전을 건네줄 뿐이다. 간단한 근육주사도 놓지 않으니 우리가 '링겔'이라 부르는 수액을 정맥주사로 놔주는 일은, 두말할 것도 없이 아예 없다.

있는 것보다 없는 게 많은 공간

의원에 없는 것이 주사뿐이 아니다. 우선, 주사를 놓지 않으니 주사실과 약품 창고가 없고, 기록을 관리하지 않으니 기록 보관실도 없다. 게다가 환자에게 필요한 검사는 모두 외부 센터나 병원에서 하도록 의뢰서만 써줄 뿐이니 엑스선촬영실도, 검사실도 없다. 우리나라 개인 의원에는 엑스선 촬영실이 흔히 있고 위내시경, 초음파 진단기, 골밀도 측정기, 레이저 치료기 등 의료 장비가 많지만, 이곳 의원에서 그런 기계는 눈을 씻고 찾아도 없다.

안나마리아 의원은 그저 조그만 진료실에 낡은 책상을 두고 그와 환자가 마주 앉는 곳, 환자와 가정의가 오랜 관계로 서로 익숙한 곳, 환자와 의사가 서로 귀 기울여 듣고 대화하는 곳, 환자 상담을 자신의 주 업무로 삼는 의사가 있는 곳이다. 그래서 의원에 시설로는 진료실과 복도, 대기실을 겸한 조그만 회의실, 화장실 한 칸이 전부다. 의료 장비로는 청진기, 수동 혈압계, 조그만 심전도 기계, 팩스, 노트북 컴퓨터가 전부다.

다시 말해 안나마리아 의원은 우리나라 개인 의원과 성격이 다른 공간이다. 일차의료제도가 없는 우리나라에서는 찾아보기 어려운, 있는 것보다 없는 게 많은 낯선 공간이다.

환자의 집을
다
알고 있다

비엘라 아슬의 코사토 분소

화요일 아침이다. 두어 시간의 진료를 마친 뒤 안나마리아는 독감백신을 받으러 시 보건의료본부^{ASL}(이하 '아슬'로 줄여 씀)에 같이 가자고 한다.

인구 1만 4천 명을 위한 전문의 외래진료센터

자동차로 5분 만에 도착한 건물 앞에는 대형버스가 서 있고 유방암 조기검진에 관한 홍보 글귀가 양 옆면에 큼지막하게 붙어 있다. 이곳이 질병예방 사업을 하는 데라는 것을 한눈에 보여 주는 검진용 차량이다. 여기가 바로 비엘라 권역에 국영의료 공급을 담당하는 비엘라 아슬의 코사토 분소. 권역 중심인 비엘라시에서 코사토가 12km나 떨어져 있어 분소를 두게 되었다고 안나마리아가 일러 준다.

분소라지만, 3층짜리 건물은 언뜻 보아 우리나라의 시·군·구 보건소보다도 더 큰 듯하다. 1층과 2층은 외래진료센터로 사용되어 심장내과, 피부과, 안과, 치과 등 과목별 전문의 진료실이 있고 엑스선, 초음파 등의 영상의학검사실이 있다. 가정의가 의뢰한 환자를 전문의가 진료하는 곳인데 병원이 아니어서 입원 시설은 없다.

혼자 다 한다

가정의에게 백신을 공급하는 예방사업실은 뒤편 건물에 따로 있어 그쪽으로 가는데 다른 의사 한 사람이 온다. 훤칠한 키에 등산복과 등산화 차림의 남자다. 안나마리아는 그와 반갑게 인사를 나눈 뒤 내게도 소개한다.

"이분은 높은 산꼭대기 마을을 담당하는 의사야. 나도 젊어서는 한때 그 일을 했어."

가파른 알프스 산골을 오르내리며 왕진하는 모습을 상상해 보니 그가 평일 업무 시간인데도 산악인 차림인 게 이해된다.

예방사업실에서 두 가정의는 수령증의 빈칸을 꼼꼼히 채우고 백신을 받는다. 나는 공공 조직이 백신을 직접 공급하는 것을 처음 보고,[44] 의사가 백신을 손수 받아 가는 것도 처음 본다.

원래 이탈리아 가정의는 뭐든 혼자서 하는 것으로 유명하다. 의사 1명이 혼자 의원을 운영하는 것이 보통이고 간호사 등 직원을 거의 쓰지 않는다. 안나마리아 의원에는 그래도 사무직원인 실비아가 있지만, 그조차 두지 않는 의원도 적지 않아 그런 데서는 사무뿐 아니라 청소까지 의사가 손수 한다고 한다. 하물며 자기 환자에게 접종해 줄 백신을 받아 가는 중요한 일에 남의 손을 빌리지 않는 것이야 당연하다고 하겠다.

얼마나 여러 번 왕진한 것일까

오후에는 독감백신을 갖고 가정방문에 나선다. 안나마리아가 운전하는 동안 나는 옆자리에 앉아 알프스 아랫동네를 마음껏 구경한다. 쨍한 햇볕 아래 기와를 얹은 집이 길을 따라 끝없이 이어진다. 대개 1층이나 2층으로 지어 소박한데 그러면서도 개성이 뚜렷하다. 단정하게 정돈된 현관, 햇볕을 즐기는 장소인 테라스, 꽃나무와 과수를 키우는 작은 정원이 저마다 모양이 달라 구경만 해도 즐겁다. 간혹 오래된 농가도 있고 텃밭도 드문드문 보인다.

가난하지 않고 부자도 아니고 중간

가정방문 대상자가 어떤 사람인지 안나마리아에게 물어본다. 국영의료 당국이 비용 문제로 의사의 왕진 횟수를 제한한다는 말을 들은 터라, 가정의가 집에까지 가서 독감백신을 놔주는 대상은 혹시 저소득층인가 싶었기 때문이다. 안나마리아는 한참 생각하더니 대답한다.

"가난하지 않아. 아주 부자도 아니고 중간이야."

이어진 그의 답변을 요약하면 이렇다. 독감백신을 가정방문해 접종하는 대상은 '80세 이상, 만성질환을 앓는 사람'이며 그의 경제 수준과는 상관이 없다.

도착 장소에 가까워지는지 안나마리아는 우리가 만나게 될 환자에 관한 이야기를 들려준다. "그는 참 좋은 사람이야."로 시작해 몇 살인지, 어떤 병을 앓고 있는지, 지금 건강이 어떤지, 누구와 사는지 등. 기록부나 메모를 찾아보는 일은 없고 그저 머릿속 기억을 불러내 들려준다. 환자의 건강과 병력뿐 아니라 인생 여정을 다 기억하는 듯하다.

게다가 환자의 집을 다 알고 있다. 시골이라 이정표가 될 만한 큰 건물이 없고 상점도 거의 없어 언덕을 오르고 모퉁이를 돌아도 내 눈에는 거기가 거기 같은데 그런 길을 안나마리아는 내비게이션도 없이, 전화로 길을 묻는 일도 없이, 마치 날마다 가는 데처럼 운전한다. 얼마나 여러 번 간 것일까.

말이 없는 노부부와 명랑한 여동생이 사는 집

주택가 골목에 이르자 안나마리아는 차를 세운다. 나는 차에서 내리며 안나마리아의 왕진 가방을 챙긴다. 같이 왕진을 다니는 동안 가방을 들어주기로 마음먹어서다. 의원에 출퇴근할 때, 가정방문 때 언제나 갖고 다니는 낡은 가죽 가방이다. 기세 좋게 들다가 예상보다 무거워 깜짝 놀란다. 들여다보니 청진기, 혈압계, 알코올 솜, 업무 수첩, 처방전 용지 묶음, 메모장 등은 기본 물품이고 나와 대화하는 데 쓰려고 준비한 듯 큼직한 이탈리아-영어 사전도 두 개나 들어 있다.

거실 겸 식당이 널찍한 집에 들어선다. 커다란 식탁 앞에 앉은 남자 노인에게 안나마리아가 큰 소리로 반갑게 인사를 건넨다. 의사를 물끄러미 쳐다보는 그 노인은 일어서지도 말을 하지도 않는다. 앞머리가 훌렁 벗어져 이마가 훤한데 오른쪽 눈이 크고 부리부리하나 왼쪽 눈은 찌그러져, 얼핏 보면 온종일 윙크하는 인상인 그는 뇌 기능이 손상된 듯하다. 그의 부인이 천천히 식탁으로 온다. 짧은 머리에 두툼한 스웨터를 입은 이 할머니는 평생 거친 일을 한 듯 손마디가 굵다. 걸음걸이는 자유로우나 세상사에 관심을 다 꺼버린 사람처럼 입을 다문 채 생기가 없다. 이 집에서 생기 있게 움직이고 말을 하는 사람은 단 한 사람, 할머니의 여동생이다. 살림살이를 도맡은 그 역시 나이 많은 노인이라 오늘 백신을 접종받는다.

거실은 깨끗하고 칸막이 너머에 부엌도 정갈해 보인다. 누군가 당뇨병을 앓는 듯, 식탁에는 매일 혈당을 측정한 기록지가 놓여 있어 안나마리아가 살펴본다. 할아버지의 등 뒤로 키 큰 장이 있고 제일 높은 선반에 사진 액자 두 개가 나란히 있다. 수십 년은 되었을 사진 하나에는 숱 많고 까만 머리칼이 이마를 덮은 젊은 남자, 옆 사진에는 턱이 갸름하고 목과 어깨의 선이 고운 젊은 여자 얼굴이 초상화처럼 담겨 있다. 할아버지와 할머니가 젊었을 때 사진관에서 찍은 듯하다. 인생무상이다.

가정의는 진료실 방문이 어려운 고령의 만성질환자의 집을 방문해 혈압을 재고 독감백신 접종을 한다.

할머니의 여동생이 명랑한 목소리로 쉴 새 없이 말을 건네며 손수 만든 주스를 내온다. 안나마리아는 한 사람씩 차례로 혈압을 재고 백신을 놔준다. 일을 마치고 나올 때 집에서 키우는 닭이 낳은 거라며 여동생이 달걀을 싸준다. 대단하다. 건강이 나쁜 노인 둘을 돌보는 일만으로도 힘들 텐데 주스를 만들고 닭까지 키우며 명랑하게 사시다니.

눈빛이 형형한 할머니와 딸 부부가 사는 집

완만한 비탈에 자리 잡은 동네다. 조그만 마당이 있는 집들이 오밀조밀 붙어 있는 모습이 우리나라 주택가에 온 듯하다. 그중 한 집 대문을 들어서는데 갑자기 커다란 개가 나타난다. 나는 놀라서 멈춰 섰는데 안나마리아는 아무렇지도 않은 듯 성큼성큼 걸어 집으로 들어가 버린다. 곧이어 대머리 중년 남자가 나와서 개를 붙잡으며 내게 안심하라는 눈빛을 건넨다. 나는 겨우 입을 뗀다.

"부온 죠르노."

이 집 할머니가 둘째 딸 부부와 함께 산다고 했으니 그는 둘째 사위일 것이다.

집안에 생기가 가득하다. 남쪽 창으로 햇볕이 쏟아지고 큼직한 식탁 위에는 큰 유리병에 담긴 노랑과 초록의 해바라기 조화가 넘실거린다. 할머니와 딸이 왕진 온 의사를 반긴다. 할머니는 눈빛이 형형하고 밝은 표정에 활기찬 목소리로 말도 잘하지만, 거동이 불편해 바퀴 달린 보조기가 없이는 걷지 못한다. 안나마리아는 할머니의 혈압을 재고 백신을 접종한 뒤 식탁 의자에 앉는다.

할머니가 큰 소리로 여러 말씀을 하시고 안나마리아는 그 말에 따뜻하게 답하며 딸 부부와도 대화한다. 일상적인 화제로 환자의 건강 상태를 파악하고, 친밀한 조언으로 건강관리에 도움을 주려는 것을 알 수 있다. 진료실에서와 마찬가지로 가정의는 아무것도 기록하지 않고 오직 환자와 환자 가족과 대화하는 데만 정신을 쏟는다.

왕진 중에 간단히 처방전을 써주는 가정의

식탁에는 평소 할머니가 복용하는 약 곽이 줄지어 놓여 있다. 집에 약이 얼마 남지 않아, 가정의가 온 김에 처방전을 받으려고 미리 준비해 둔 것이다.45

이탈리아 일차의료 현장에서 강한 인상을 받은 것 중 하나가 약 처방이다. 처방에 관련해 가정의의 권한이 정말 크다. 진료실에서나 왕진을 가서나, 약이든 무엇이든 환자에게 필요하다고 판단하면 즉석에서 처방전을 써줄 수 있다. 처방전 발급도 매우 간단해 주정부가 발행한 처방 용지(빨간 처방전), 또는 의사의 이름과 면허 번호를 적어 넣은 백지에 처방 내용을 써주면 그만이다. 우리나라의 처방전에는 교부 번호, 환자의 이름과 주민

가정의는 왕진을 가서 환자와 편안하게 대화하고 그 집 식탁에 앉아 약 곽을 하나하나 살피며
간단히 처방전을 써준다.

등록번호, 의료기관의 이름과 전화번호와 전자우편 주소, 질병분류 기호
등 법적인 필수 기재 사항이 많고 복잡해서 손으로 쓸 엄두를 낼 수 없으니
컴퓨터에 의지해야 한다. 이에 견주면 이탈리아의 처방전은 어이없을 정
도로 간단하다.

안나마리아가 왕진 가서 환자와 편안하게 대화하고 그 집 식탁에서 간
단히 처방전을 써주는 것을 볼 때면 부러웠다. 우리나라에서도 의사가 이
렇게 환자를 왕진할 수 있다면, 환자와 정성껏 대화한 뒤 간단하게 처방전
을 써줄 수 있다면 얼마나 좋을까?

안나마리아가 약 곽을 하나하나 살피며 처방전을 쓴다. 그 모습을 세 사
람이 조용히 지켜본다. 눈빛이 형형한 할머니는 가까이 앉아서, 딸과 사
위는 식탁 건너편에 선 채 미소 띤 얼굴로 바라본다. 모두 만족스러워 보인
다. 몸이 불편한 노인을 우선해 대우하는 의료제도, 예방접종을 해주러 집
으로 찾아오는 가정의, 그의 친절한 언행과 꼼꼼하게 작성하는 처방전, 그

모든 것이 노인과 가족을 따뜻하게 위로하고 있다.

수천 년 된 명약을 좋아해

할머니에게 처방하는 약이 뭔지 궁금해 곽 겉면을 읽어 본다. 혈압 강하제, 혈액응고 방지제, 이뇨제, 식도염 치료제, 담석 방지제, 그리고는 크라타에구스 옥시아칸타라는 이름의 물약 하나. 할머니는 고혈압과 고지혈증뿐 아니라 식도염과 담석증까지 앓고 계신 모양이다. 앞의 약 다섯 가지는 우리나라에서도 흔히 사용되지만 여섯 번째 약은 처음 본다. 이 낯선 물약은 이름도 어려운데 '13.90유로'라고, 다른 약에는 전혀 없는 가격표까지 붙어 있다.

국영의료에서는 주요 질환의 필수 치료약이 무료다. 의사가 써준 처방전을 약국에 내면 약을 내준다. 무료 필수 약에 포함되지 않은 약을 복용할때만 환자가 돈을 낸다.

크라타에구스를 검색해 보니 '서양 산사나무'의 학명이다. 꽃도 열매도예쁘고 약효도 탁월하단다. 수천 년 전 그리스인들이 이 열매로 설사를, 여성질환을 치료했고 아메리카 원주민은 상처를 아물게 했다. 가장 뛰어난 효과는 심장을 튼튼하게 하는 것이며 혈압을 낮추고 콜레스테롤을 줄이고 심장과 뇌에 혈액순환을 왕성하게 하여 협심증, 심근염, 부정맥에 효과가 있다. 그뿐 아니라 피부질환, 알레르기, 천식, 축농증, 과민대장증후군, 완경증후군, 불안, 불면증에 두루 좋다니 명약이 틀림없다. 그러나 안타깝게도 국영의료가 무료로 지급하는 필수 약에는 들지 못해 약 곽에 가격표가 붙게 되었다. 무료가 아니면서도 의사에게 처방받은 환자만 살 수 있는까다로운 약으로 분류된다.

우리의 명약인 인삼이 생각난다. 이탈리아 사람들이 뜻밖에도 인삼을좋아한다. 어떤 카페에는 메뉴판에 에스프레소, 카푸치노 등과 함께 인삼

차도 올라 있을 정도다. 한국을 떠나기 전, 이탈리아 사람에게 줄 선물로 무엇을 준비하면 좋겠는지 물어보니 S는 잠시도 망설이지 않고 '인삼차'라 했다. 인삼 제품은 무엇이든 좋은데 그중에도 가볍고 부담 없는 것이 인삼 차라고, 넉넉히 갖고 가라 했다. 그 말에 나는 조그만 인삼차 상자를 여행 가방 하나에 가득 채우고 비행기를 탔다. 기관을 방문할 때나 도움을 받을 때 감사의 표시로 한 상자씩 선물하는데 역시나 다들 좋아한다. 눈빛이 형형한 할머니도 인삼을 알게 되면 산사나무 열매 물약보다 더 좋아하시지 않을까.

외동딸이 가까이에 살며 부모를 돌보는 집

읍내 중심가의 아파트에도 안나마리아가 방문하는 집이 있다. 노부부 가 사는 집인데 외동딸이 결혼 뒤에도 가까이 살면서 부모님을 돌본다고 한다.

아파트 현관을 딸이 열어 준다. 안나마리아를 이모나 언니 대하듯 반가 워하며 환하고 널찍한 거실로 안내한다. 할아버지는 거실에서 기다리고 있고 할머니는 방에 있다가 거실로 나온다. 할머니는 지팡이에 의지해 간 신히 걸음을 옮기고 어두운 낯빛에 말이 없지만, 할아버지는 거동에 불편 이 없고 쾌활하다. 단정한 셔츠에 넥타이까지 맨 그는 우리에게 반갑게 인 사를 건넨다. 안나마리아가 나를 소개하자 내게 무어라 말한다. 이탈리아 어를 모른다고 하자 잠시 머뭇거리더니 놀랍게도 영어로 말하기 시작한 다. 수십 년 전에 한국과 일본에 가본 적이 있단다. 그의 영어를 알아듣기가 어려워 나는 그저 두루뭉술하게 응답한다. 할아버지는 영어 단어를 떠올 리느라 머리를 갸웃거리고 어렵사리 단어를 찾아내면 즐거워한다. 젊은 시절에 그가 멋졌을 거라는 생각이 문득 든다.

안나마리아는 할머니에게만 독감백신을 접종한 뒤 딸이 건네는 쿠키 꾸러미를 받아 안고 그 집을 나온다. 엘리베이터 문이 닫힌 뒤 나는 할아버지에게는 백신을 접종하지 않는 이유가 무엇인지 물어본다.

"할아버지는 다른 가정의에게 등록했어. 그러니 내가 접종할 수 없어."

아니, 부부가 제각기 가정의를 따로 정했다고? 되묻는 나에게 안나마리아가 빙긋 웃는다.

"전에는 그분도 내 환자였어. 언젠가 다른 의사로 바꾸더라고. 아마 남자 의사로 정했을 거야."

그렇군. 듣고 보니 그럴 수도 있겠구나 싶다.

몸살감기에 걸린 여성이 무관심한 남편과 사는 집

안나마리아가 오전 진료를 마친 뒤 왕진을 요청한 환자가 있다고 서둘러 자동차에 오른다. 몇 분 뒤 도착한 곳은 코사토읍 가장자리 동네에 있는 다소 허술한 아파트다.

현관 벨을 누르자 서른 살 안팎으로 보이는 젊은 여성이 문을 열어 준다. 발갛게 푸석해 보이는 얼굴로 코를 훌쩍인다. 침대에 누워 있다가 겨우 몸을 일으킨 듯, 잠자리 옷 위에 큰 수건을 감아 치마를 대신했다. 안나마리아는 부엌 식탁에 자리를 잡고 상냥하게 환자를 위로하며 대화를 나눈다. 목안의 편도를 살펴본 뒤 처방전을 써준다.

환자의 감사 인사를 받으며 현관으로 나오는데 거실 소파에 앉아 있는 남자가 언뜻 보인다. 텔레비전에 열중해 우리를 쳐다보지도 않는 그는 환자의 남편인 듯하다. 아까 식탁에서 진료할 때 무슨 소리가 계속 들렸는데 그 텔레비전에서 나오는 소리였던 모양이다. 아내가 몸살감기로 아파서 왕진을 받건 말건 관심이 없는 남편이라니. 의원으로 돌아가는 자동차 안에서 안나마리아에게 환자의 남편을 보았다고 하자, 한숨 섞인 답변이 돌아온다.

"그러게 말이야. 그 남편이 전부터 게임에 빠져 있대. 중독 치료도 받는다고 했는데…"

백신 접종과 무관하게 왕진한 곳으로는 이 집이 유일하고, 노인이 아닌 젊은이를 왕진한 곳으로도 이 집이 유일하다. 그런데 노인을 방문한 때보다 마음이 더 무겁다.

의사 등 7개 분야 인력이 집으로 온다

어느 날 해가 뉘엿뉘엿할 때 방문한 곳은 산자락의 막다른 길에 있는 3층 건물. 공동주택인 그 건물의 2층 서쪽 집에 유방암으로 3개월 전에 수술받은 할머니가 사신다. 쇠약한 노인을 뵙는가 싶어 긴장했는데 예상외로 눈을 반짝이는 할머니가 밝은 얼굴로 문을 열어 준다. 인사를 나눈 뒤 부엌 식탁에 자리를 잡고 안나마리아는 할머니와 대화하며 독감백신을 접종한다.

식탁에는 할머니가 준비해둔 노란 비닐 가방이 있다. 안나마리아가 거기서 노란색 서류를 꺼내 펼치더니 줄이 쳐진 종이에 뭔가 글을 쓴다. 다른 집에서는 도무지 하지 않던 서류 작업을 하는 것이 특이해 나도 들여다본다. 겉장에 서류 번호, 할머니 이름인 죠○○○, 의사 이름인 안나마리아, 방문을 시작한 날짜, 재평가하는 날짜, 1년 뒤에 방문을 끝내는 날짜가 적혀 있고 안쪽 '통합 일지'에는 안나마리아가 오늘까지 9회에 걸쳐 매주 할머니를 방문해 남긴 기록이 날짜별로 짤막하게 있다. 통합가정돌봄[ADI] 기록부다. 비엘라 아슬이 만들었다.

중증 만성질환자를 위한 '통합가정돌봄'

바로 이것! 내가 꼭 보고 싶던 통합가정돌봄이다. 이탈리아의 의료제도

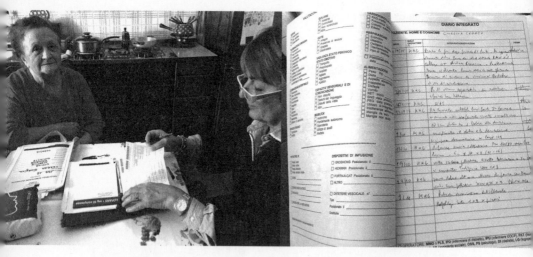

암 수술 후 집에서 지내는 죠○○○ 할머니. 그의 오른손 앞에 통합가정돌봄 기록부가 놓여 있다. 이 기록부에는 의사뿐 아니라 간호사, 물리치료사, 사회복지사, 상담심리사, 영양사, 언어치료사 등 가정을 방문해 돌보는 인력이면 누구나 기록을 남기게 되어 있다. 이탈리아는 가정돌봄을 공공서비스로 활성화한 나라로 손꼽힌다.

에 관한 거의 모든 보고서에 이 돌봄이 빠짐없이 소개된다. 가정의가 시행하는 전통적인 왕진에 방문간호를 비롯한 여러 분야를 연결하고 사회복지서비스까지 통합해 중증 만성질환자를 집에서 돌본다고 했다. 책에 적힌 설명을 읽는 것으로는 궁금증만 커져, 현장을 보고 싶었다.

노란 기록부는 통합 활동의 기록부다웠다. 돌봄에 참여하는 다양한 분야의 인력이 공동으로 사용하는데 의사든 누구든 모든 직종이 다 함께 같은 종이에 기록을 남기게 했다. 각자 관찰한 내용과 시행한 활동을 앞사람이 남긴 글 다음 줄에 적어 넣는 방식이다. 기록에 앞서 자기 분야를 알리는 약어를 반드시 표기하도록, 기록지의 맨 아랫줄에 분야별 약어 안내문이 있다.

시행한 사람: MMG(가정의), PLS(어린이 일차의료 의사), IPD(구역간호사), FKT(물리치료사), AS(사회복지사), OSS(요양보호사),[46] PS(상담심리사), DI(영양사), LG(언어치료사), AL(기타).

유럽 최고의 초고령 사회인 이탈리아에는 만성질환자가 많고 그에 따라 자연히 중증 환자도 많다. 중증 환자의 건강 문제는 복잡하다. 주된 질환뿐 아니라 이에 따르는 합병증이 몇 가지씩 있다. 한편 환자가 아픈 기간이 길어지면서 가족 간 갈등이 생기는 등 병간호에 어려움이 닥치기도 한다. 이런 환자에게는 단순한 질병 치료만으로 도움이 되지 않아 여러 분야가 협력하는 통합돌봄이 필요하다.

죠○○○ 할머니의 기록부에는 지금까지 가정의인 안나마리아의 기록만 있다. 암 환자이기는 해도 수술이 잘 되었고 그 뒤로 특별한 문제가 없음을 보여 준다. 만약에 할머니가 신체 활동이 어려워지거나 심리적으로 문제가 생기거나 가족 관계에 갈등이 생긴다면 이를 도와줄 다른 인력도 방문해야 할 것이다. 돌봄에 다른 인력의 참여가 필요한지 판단하고 아슬이나 시청에 요청하는 것 또한 할머니의 가정의인 안나마리아의 역할이다.[47]

암 환자 할머니와 가족이 퐁뒤 냄비에 둘러앉는다

안나마리아가 죠○○○ 할머니와 대화하는 동안 나는 앉은 채로 조용히 부엌을 구경한다. 식구가 여럿인 듯하다. 벽에 신랑 신부의 결혼사진이 걸려 있고 냉장고 문에는 그 부부의 아이가 그린 것으로 보이는 그림이 두 장 붙어 있다. 한 장에는 뾰족하고 커다란 알프스와 해님이, 다른 한 장에는 알록달록한 풍선 꾸러미 옆에서 다 같이 활짝 웃는 친구들이 있다. '클○○○○'라고 이름도 커다랗게 썼다.

가스레인지 옆에 꼬챙이를 잔뜩 꽂은 퐁뒤 냄비가 눈길을 끈다. 퐁뒤는 이곳 알프스의 대표적인 음식이다. 여럿이 둘러앉아 뜨거운 냄비에 치즈를 녹여 빵이나 채소를 찍어 먹는, 서양에서는 드물게 한 냄비에 공동으로 먹는 음식이다. 할머니와 엄마 아빠와 함께 퐁뒤 냄비를 들여다보며 즐거워할 어린 손녀 클○○○를 상상해 본다. 이제 곧 학교에서 돌아올 테니 할머니에게 한바탕 재잘거리겠지.

순간 우리나라의 시골이 떠오른다. 도시에서 멀리 떨어진 큰 산 아래 있는 집에는 대개 노인만 있다. 노인의 자녀들은 으레 먼 도시에 살고 전화로 안부를 물을 뿐, 두어 달에 한 번도 보기 힘들다. 손주는 도시에서 학교와 학원에 다니느라 바빠 시골 할아버지 할머니와 친해질 겨를이 없다. 노인에게 병이 나면 큰 병원에 가서 진단하고 치료하는 단계를 거쳐 나중에는 대개 요양병원으로 모신다. 자녀가 병든 부모님을 자기 집에 모시고 싶어도 현실에서 넘어야 할 장애물이 한둘이 아니다. 어쩔 수 없이 노인은 낯선 요양병원에서 생애의 마지막을 보내게 된다.

죠○○○ 할머니의 얼굴이 밝은 데는 암 수술이 잘 되어, 병원비가 모두 무료라,[48] 통합돌봄이 정성스러워… 등의 이유가 있을 것이다. 그러나 내 집에서 사랑하는 가족과 함께 살며 날마다 손녀의 머리를 빗겨 주고 때때로 둘러앉아 퐁뒤를 즐기는 것, 아마도 가장 큰 이유는 이것이 아닐까.

산소를 목에 꽂고 빵 가게에 온 노인

성당 옆 장터 광장, 안나마리아는 차를 세우더니 은행에 갔다. 나는 혼자 차 안에 느긋이 앉아 옛 거리를 구경하는데 정면에 빵 가게가 보인다. 출입문 옆에 커다랗게 시계 그림이 있고 글자판이 붙어 있어 그 뜻을 구글 번역기로 알아보니 '뜨겁고 향기로운 갓 구운 빵이 나오는' 시간을 알려 주는 글이다. 마침 점심때라 사람들이 줄지어 드나들며 빵을 사 간다. 곱슬머리

청년, 금발의 젊은 여성, 흰머리 할머니 등 각양각색 사람들을 보는 재미가 쏠쏠하다.

두툼한 잠바를 입은 노인 한 사람이 나온다. 오른손에 큼직한 빵 봉지를 들었는데 왼손에 든 흰 통에서 가느다란 녹색 튜브가 길게 올라와 목에 꽂혀 있다. '어, 산소통, 산소 튜브!' 깜짝 놀라 눈을 크게 뜬 건 내 사정일 뿐, 그는 유유히 걸어간다.

폐나 기관지에 질병이 있는 환자에게 산소를 투입할 때, 코에 산소 튜브를 꽂는 것이 보통이다. 그런데 그 노인의 튜브는 코가 아닌 목에 꽂혔다. 아마 후두암 수술을 받았거나 큰 사고나 화상으로 후두를 다쳤을 것이다. 후두는 혀뿌리 바로 밑에 있어 코나 입으로 들어온 공기가 폐로 들어가는 통로다. 그래서 후두를 제거하고 꿰매는 수술을 받으면 환자는 코나 입으로 숨 쉬지 못하고 대신에 목에 구멍을 뚫어 공기를 받아야 한다. 후두를 제거할 때 성대가 함께 제거되므로 언어 장애도 피할 수 없다. 고달픈 삶을 살아야 하는 것이다.

산소통과 빵 봉지를 들고 유유히 걸어가는 그 노인을 눈으로 뒤따라 간다. 이탈리아 사람은 먹을 것을 살 때 한 끼 분량만 산다는데 그의 빵 봉지는 다른 사람보다 두세 배는 더 커, 같이 먹을 가족이 있음을 알 수 있다. 몸이 불편해도 환자 노릇에만 머물지 않고 빵을 사러 나온 그에게서 강한 기개와 낙천을 느낀다.

죠○○○ 할머니 집에서 본 통합가정돌봄 기록부가 그의 뒷모습에 겹쳐 보인다. 필시 그의 집에도 가정의가 방문하고 간호사, 언어치료사도 찾아올 것이다. 건강 상태를 묻고 복용하는 약을 조절해 주며 가래 관리를 돕고 언어 재활을 도울 것이다. 그 덕분에 그는, 비록 불편하게 호흡하고 산소통 없이는 잠시도 살 수 없지만, 여러 도움에 힘입어 일상을 회복할 수 있었을 것이다.

목에 산소 튜브를 꽂고 갓 구운 빵을 사러 외출한 노인에게서 통합가정돌봄 기록부가 겹쳐 보인다.

"내가 널 위로할게"

녹색 산소 튜브를 꽂고 있는 노인을 보니 미국의 다큐멘터리 〈로큰롤 인생Young@Heart〉이 생각난다. 뉴잉글랜드 지역에서 노인 합창단이 공연을 준비하는 7주간의 모습을 담은 이 다큐멘터리는 여든 살 안팎의 단원들의 모습을 날 것 그대로 보여 준다. 그들은 합창 연습을 수없이 되풀이하며 노래 가사도 리듬도 간신히 익힌다. 연습하는 기간에 남녀 단원이 한두 명씩 세상을 뜨기까지 한다. 이윽고 공연하는 날이 오고, 합창단은 소도시의 문화 회관 무대에 선다. 청중은 주로 평상복을 입은 동네 사람들로 장난꾸러기 아이들과 아빠 엄마들, 드문드문 노인도 보인다. 단원들은 최선을 다해 한 곡 한 곡 노래한다. 특별 순서의 차례가 되자 몸집이 큰 남자 노인 한 사람이 무대로 나온다. 산소통을 들고 녹색 튜브를 코에 꽂은 그는 심장이 나빠 산소를 흡입하지 않으면 잠시도 견딜 수 없는 여든한 살의 프레드다. 서

144

있기도 힘들어 의자에 앉아 그가 부르는 노래는 〈널 위로할게 ^{Fix you}〉.

몸집은 큰데 기력이 쇠한 프레드의 깊고 부드러운 소리, 나지막이 깔리는 합창단의 코러스가 듣는 사람의 마음을 적신다. 노래가 끝나자 온 청중이 박차고 일어나 환호하며 눈물과 박수로 오래도록 화답한다. 그 다큐 최고의 음악, 최고의 명장면이었다.

프레드는 노래를 부를 수 있었다. 비록 심장은 나쁘지만, 성대에 손상이 없었기 때문이다. 그러나 코가 아닌 목에 산소 튜브를 꽂은 저 노인은 노래하지 못한다. 만약 할 수 있다면 어떤 노래를 부르고 싶을까.

약국의 24시간 자판기

점심때면 안나마리아는 가까운 대형 마트에 가서 밥을 먹는다. 의원에서 자동차로 5분 거리인 그곳에는 운동장처럼 넓은 지상 주차장이 있어 차 세우기가 편리하다. 건물 1층, 햇볕 좋고 널찍한 로비에 음식점이 있다. 물건 사러 온 김에 밥 먹는 사람, 우리처럼 얼른 먹고 일터로 돌아가려는 사람들로 날마다 붐빈다. 조리해 둔 음식을 진열장에서 보고 주문하는 방식인데 음식의 신선도와 맛이 놀랄 만큼 좋다.

그 햇살 좋은 주차장 한쪽에 큰 약국이 있다. 약국은 이탈리아나 우리나라나 비슷해서 약사가 처방전을 가져온 환자에게 약을 지어 주고 일반 의약품이나 위생용품도 판매한다. 칫솔, 치약, 염색약, 기능성 화장품, 기저귀, 건강식품 등 물품이 다양하다.

약국 건물은 큼직해서 벽면도 넓은데 길가 벽에 하얀색 붙박이장 같은 것이 있고 문짝 유리에 24시간이라는 글자가 새겨져 있다. 벽장 위쪽 돌출형 팻말에 '야간 판매'라 적혀 있어 밤중에 의약품을 급히 사야 할 때 이용하는 자판기임을 알 수 있다. 우리나라에 아직 없는 약국 자판기를 이참에

약국이 드문 시골 마을 코사토에 새로 들어선 대형 약국. 건물 바깥에는 콘돔, 기저귀 등 일상 물품을 판매하는 자판기도 있다. 사진의 중간에서 왼편으로 하얀 벽장처럼 보이는 것이 자판기다.

자세히 봐 두고 싶어 들여다본다. 오! 역시 이탈리아는 예상치 못한 데서 사람을 놀라게 한다.

자동차로 돌아와 안나마리아에게 말한다.

"저기 약국의 24시간 자판기에 뭐가 있는지 아세요?"

"아기들한테 필요한 기저귀, 상처 소독약, 그런 게 있을걸."

"콘돔이에요! 콘돔의 종류가 수십 가지예요. 종류마다 모양도 달라요!"

킥킥거리며 말했는데 안나마리아는 아무 대꾸도 하지 않는다.

내가 좀 무례하기는 했다. 약장의 왼쪽에는 콘돔이 가득하지만, 오른쪽에는 안나마리아의 말대로 기저귀와 물휴지 등 일상용품이 차곡차곡 진열되어 있었기 때문이다. 어쨌든 필수품을 파는 야간 자판기가 정말 마음에 든다.

단순히 콘돔을 판매해서만은 아니다. 그보다는, 많은 사람이 오가는 탁

트인 길가에 콘돔을 내놓은 것, 수십 가지로 형형색색인 콘돔을 보기 좋게 진열해 누구든 취향대로 고를 수 있게 한 것, 다시 말해 '일상의 필수품'인 콘돔을 그처럼 거리낌 없이 판매하는 것이 마음에 들었다. 당장 쓸 일이 없는 나도 예쁜 걸로 한두 개 사고 싶다는 생각이 들 정도였다.

코사토의
밤
토론회

수요일 밤 9시

내가 다른 의사들을 만나 볼 기회가 마련되었다. 코사토 읍내에서 안나마리아가 가깝게 지내는 의사들이 모이는데 그 모임에서 나를 초대해 준 것이다. 장소는 안나마리아 의원, 시간은 수요일 밤 9시. 우리나라에서 밤 9시라면 모임을 시작하기에 너무 늦지만, 이탈리아에서는 저녁 식사에 초대하는 시간이 보통 밤 8시 30분 또는 9시이고 음식점도 밤 9시는 돼야 붐빈다.

안나마리아의 큰딸 알레산드라

통역을 맡은 알레산드라가 먼저 도착했다. 안나마리아의 큰딸로 영국에서 대학을 다닌 터라 영어를 잘해 이탈리아어-영어 통역을 해주기로 했다. 이탈리아어를 한국어로 통역해 줄 사람이 있으면 더없이 좋겠지만, S와 B 부부가 귀국해 버렸으니 이 시골에서 그런 통역을 구한다는 건 어림도 없다.

비엘라 시내에 가정을 꾸리고 살며 아침마다 엄마에게 전화하는 큰딸을 안나마리아는 자랑스러워했다. 그가 다니는 회사는 치즈를 수출하는데 규모는 작지만 오로지 명품 치즈만 생산해 모두 수출한다고 했다. 퇴근하고 달려온 알레산드라는 엄마가 준비해 둔 조각 피자를 허겁지겁 먹으며 내 질문지를 미리 읽었다. 그 모습을 보자 서울에 있는 우리 딸 생각이 절로 났다. 나이도 비슷하고 엄마가 하는 일을 이해하고 돕는다는 점에서 둘이 닮았다.

의사들이 오기를 기다리며 알레산드라와 이야기를 나눈다. 나보다 영어를 훨씬 더 잘하는 상대를 만나 맘 편히 이것저것 말할 수 있으니 얼마나 좋은지. 겨우 15분 정도 대화했는데도 숨통이 다 뚫리는 것 같다. 그동안 이탈리아어로 얘기하는 사람들 틈에서 말을 못 알아듣고 눈치 보느라 나 자신도 모르게 스트레스가 꽤 쌓였던 모양이다.

소박한 차림새의 의사들

다양한 연령층의 남녀 의사가 반가운 인사를 나누며 차례로 들어선다. 열두 명이 자리에 앉자 조그만 회의실이 가득 찬다. 모두 이 지역의 가정의다. 흰머리에 허리가 구부정한 노인이 계신가 하면 맵시 있는 하얀 바지에 빨강과 하양이 물결치는 구두를 신은 젊은 남자도 있다. 정장을 입어 넥타이를 맨 사람은 하나뿐이고 나머지는 남녀 불문하고 스웨터에 바지 차림이다. 사람들의 키나 몸집이 한국인과 거의 비슷한 데다 그 소박한 차림새가 나를 편안하게 한다.

아홉이 남성이고 여성은 안나마리아를 포함해 셋뿐이다. 이탈리아의 전체 의사 중 남녀 비가 대강 6대4인 것을 생각하면 여성의 참석이 적었다. 어느 나라에서나 여성의 사정이 비슷하기 때문이리라 짐작한다. 아이를 키우는 여성은 직업 세계에서 한창 성장할 시기에 엄마 노릇이라는 중책까

밤 9시부터 토론을 벌인 코사토 가정의 열두 명과 함께. 오른쪽에서 두 번째가 안나마리아, 다섯 번째가 나. 이탈리아어-영어 통역을 해준 알레산드라가 찍었다.

지 짊어진다. 직장 일이 끝나면 서둘러 집에 가서 엄마가 되어야 하니 활동이 제약된다. 어려운 시간을 내서 와 주었을 여성 참석자에게 눈인사로 고마움을 표한다.

한국 의료제도

나는 대한민국, 그러니까 한반도 남쪽에서 가정의학과 의사이자 의료정책을 공부하는 사람이고, 이탈리아의 국영의료제도를 연구하러 이곳에 왔다고 소개한다.

한국에 관해

이탈리아 의사들은 매우 궁금해하며 질문을 던진다.

"이탈리아 국영의료를 연구하는 이유가 뭔가요?"

이에 대답하려면 한국의 의료제도가 이탈리아와 어떻게 다른지부터 말해야 한다.

우선 한국에 관해 설명한다. 남한과 북한의 관계, 한국의 산업화와 민주화, 주요 사망 원인 및 인구의 고령화 등을 짤막하게 얘기한다. 다음으로는 의료 현황이다. 한국에 의료기관과 의과대학이 많고 사람들이 의료를 활발하게 이용한다는 것, 그런데 대형병원과 중소병원과 개인 의원 모두가 서로 경쟁 관계에 있다는 것, 이는 의료제도에 일차의료가 없고 또 병의원이 크든 작든 그 기능에 구분이 없기 때문이라고 설명한다.

수익성 논리가 지배하는 시장

의아한 표정으로 의사들이 묻는다.

"한국에 의료보장이 없어요?"

정부가 운영하고 국민 누구나 가입하는 보편적 의료보험이 한국에 있다고 나는 답한다. 뭐라고? 그들은 헷갈린다. 앞뒤가 맞지 않는다는 반응이 온 방에 퍼지며 질문이 쏟아진다. 조금 전에 당신은 한국에서 의료기관 간에 기능을 분담하는 체계가 없다고 말했다. 그런데 의료보장제도가 있다고? 정부가 의료보장을 운영하는데도 병원과 의원이 기능 중복으로 서로 경쟁을 한다고? 그건 좀 이상한데?

이 의문을 풀려면 한국의 의료보장이 그들 나라의 국영의료와 다르다는 것을 설명해야 한다. 국영의료는 국가가 세금으로 소방, 치안, 국방을 운영하듯이 의료체계를 직접 운영하는 제도다. 그 토대는 일차의료로, 동네에서 가정의가 기본적인 상담과 진료를 제공해 시민의 건강을 보호한다. 병원의 기능은 입원·수술·분만·응급에 집중되며 외래진료 기능은 아주 적다. 일차의료체계를 정부가 관리하며 병원도 대부분 정부 예산으로 운영되는 공립기관이다. 이런 제도에서 일차의료 의원과 병원에 기능 중복은 없다.

그러나 한국에서 의원과 병원은 거의 전부가 사립 기관이며 의료는 시장형 환경 안에 있다. 시장에서 물건을 사는 것처럼 사람들은 자기 판단에 따라 병의원을 이용한다. 여기서 장점은 선택과 이용이 자유롭다는 데 있다. 반면에, 의료가 사고파는 상품으로 취급되는 데서 비롯되는 단점이 있다. 바로 소비자의 선택과 여기서 생기는 수익을 둘러싸고 의료기관이 무한 경쟁에 빠져드는 현상이다. 경쟁의 부작용으로 대표적인 것이 고가 의료 장비가 너무 많이 설치되어 초음파검사, 엠아르아이 등 값비싼 검사가 과잉으로 이용되는 것이다. 그런가 하면 꼭 있어야 하는 것이 찬밥 신세로 쪼그라들기도 한다. 바로 2015년 메르스 사태에서 드러난, 감염병을 관리하는 예방 서비스가 대표적이다. 이런 의료서비스는 반드시 있어야 하지만 시장에서 외면당해 지나치게 적게 공급된다. 이익을 남길 수 없는, 즉 수익성이 낮은 서비스이기 때문이다.

이처럼 수익성이 최고 가치인 시장에서 사립 기관인 의원, 병원의 기능이 중복되지 않게 하는 것은 대단히 어렵다. 기능마다 수익성이 다른데 어떤 기관이든지 수익성이 높은 기능을 맡고 싶어 하기 때문이다. 수익성의 논리는 게다가 아픈 사람을 구매력이 큰 사람과 작은 사람으로 구분해 차별한다. 의료서비스 구매에 돈을 얼마나 쓸 수 있는지에 따라 사람들의 건강에 불평등이 생겨난다.

한국에서 국민건강보험은 이런 시장형 환경 안에 있다. 건강보험은 국영의료제도와 달라서 그 기능이 돈을 관리하는 것으로, 즉 보험료를 거두고 의료비를 지불하는 것으로 제한된다. 따라서 시장형 의료 환경의 문제와 씨름하며 보험 기능을 통해 힘겹게 의료보장을 이행한다. 그 결과, 의료 서비스의 과잉 또는 과소 공급의 논란이 끊이지 않고, 병원과 의원의 기능 중복이 해결되지 않고, 계층 간 건강 불평등도 고질적으로 지속된다.

다행히도 '미국식'은 아니다

경제적 계층에 따라 건강 불평등이 있다고? 이탈리아 의사들은 다시 묻는다.

"그러면 한국 의료제도는 미국식인가요?"

시장형 의료제도로 유명한 나라가 미국이다. 미국에서 의료는 거대한 시장에서 거래된다. 특히 중요한 상품이 의료보험이다. 수많은 민간 회사가 경쟁적으로 보험을 판매하며 보험료는 엄청 비싸다. 국가가 관리하는 의료보장이 없지는 않으나, 극히 가난한 일부 계층과 노인만 보호 대상이라 대다수 국민은 비싼 민간 보험을 이용해야 한다. 형편이 어려운 사람은 아예 의료보험 가입을 포기할 수밖에 없고 이들에게 의료는 악몽과도 같다.

나는 한국 의료제도가 '미국식'은 아니라고 답한다. 한국에는 국민건강 보험이 있고 전 국민이 여기에 가입해 의료보장을 받는다는 점에서 미국과 크게 다르다. 그래서 한국에서 사람들은 미국에서처럼 비싼 민간 보험에 울며 겨자 먹기로 가입할 필요가 없다. 내 대답을 듣고도 이탈리아 의사들은 고개를 갸우뚱거린다. 그들이 상식적으로 알고 있는 어떤 유형에도 한국이 들어맞지 않기 때문이다.

그룹 진료를 요구받는 이탈리아 가정의

이제 내가 질문할 차례다. 먼저 그룹 진료에 관해 물어보려 한다. 이 문제는 가정의의 진료실 운영 방식, 그리고 이탈리아의 인구 고령화와 관계된다.

전통적으로 혼자 개원한다

이탈리아에서 가정의는 전통적으로 혼자서 개원하여 일주일에 5일간, 하루에 보통 2-3시간, 많으면 4-5시간씩 진료실을 연다. 그 외 시간에는 가정방문을 하거나 다른 일을 하므로 환자가 의사를 만나려면 진료실이 열리는 시간에 맞춰 가야 한다.

그런데 고령 인구가 크게 늘어 만성질환자가 증가하면서 가정의의 진료 시간이 국가적으로 중요한 문제가 되었다. 만성질환을 관리해 합병증을 예방하는 데 일차의료가 매우 효과적이기 때문이다. 만성질환을 잘 관리할 수 있게 가정의의 진료 시간을 연장해야 한다는 요구가 커졌다.

그룹 진료 요구가 커지다

이 문제를 해결하는 방안이 그룹 진료다. 여러 가정의가 모여 그룹을 만들면 그룹 단위로 진료실 운영 시간을 연장할 수 있다. A, B, C 가정의가 그룹이 되면 A 의사가 진료하지 않는 시간에 B 의사가 진료하고 A와 B 의사가 모두 진료하지 않는 시간에 C 의사가 진료한다. 그러므로 환자는 자기 가정의가 진료하지 않을 때에도 그룹 내 다른 의사에게 진료받을 수 있어, 적어도 평일의 일과 시간에는 언제든 일차의료를 이용할 수 있다.[49]

그래서 그룹 진료를 강력하게 권장하고 그룹을 만든 가정의에게 추가 보수를 지급한다.[50] 의사들이 그룹 단위로 모이고 서로 협력해 일차의료를 활발하게 공급하면 만성질환자의 건강 수준이 높아져 환자가 병원에 입원하거나 응급실을 이용하는 횟수가 줄어들고, 응급의료와 입원진료라는 값비싼 의료를 이용하는 환자가 줄면 병원 운영에 드는 국영의료 지출이 줄어든다. 정부가 그룹 가정의에게 추가 보수를 지급하는 까닭이다.

썰렁한 '무인' 진료소

안나마리아 역시 '혼자 개원'한 가정의지만, 한편으로 그룹 진료에도 참여한다. 그룹의 공동 진료소가 코사토 변두리에 있어 하루걸러 한 번씩 저녁이면 그곳에 가서 한두 시간 진료실을 지키곤 했다. 나도 그를 따라 이틀간 가 있었다.

진료소는 새로 단장한 건물로 현관을 열고 들어서면 널찍하게 로비이자 대기실이 있고 빙 둘러 진료실이 있는데 진료실 5개의 출입문에 그 방을 쓰는 의사의 이름, 연락처, 진료하는 요일과 시간을 알리는 안내문이 붙어 있었다. 의사 2명이 한 방에 배정되어 번갈아 사용하는 방식이었다.

널찍하고 반짝반짝할 만큼 깨끗했지만, 그룹 진료소에는 아무도 없었다. 근무하는 직원이 아무도 없이 일종의 '무인' 진료소였고 안나마리아가 있는 동안 다른 의사는 오지 않았다. 안나마리아는 책상에 앉아 핸드폰을 들여다볼 뿐 환자가 오기를 기대하는 것 같지도 않았다. 휑하고 썰렁했다.

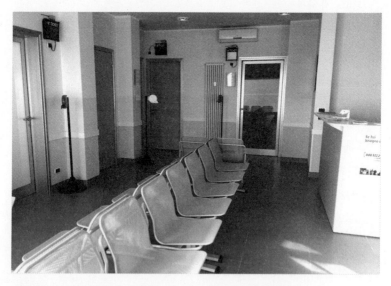
그룹 진료소. 넓고 깔끔하나 사람의 온기가 느껴지지 않는 휑한 공간이다.

과연 그룹 진료를 권장하는 정책으로 거두는 효과가 있는지, 가정의들은 이에 관해 어떻게 생각하는지 궁금했다.

"환자와 일대일 관계가 무엇보다 소중하다"

열두 명의 가정의에게 물어본다.

"이탈리아처럼 국영의료를 운영하는 나라가 영국입니다. 과거에 영국에서 가정의는 이탈리아 가정의와 마찬가지로 혼자서 개원했습니다. 그런데 이제 여러 명이 그룹으로 개원하는 방식을 보편화했다고 합니다. 최근에는 이탈리아 정부도 환자가 일차의료를 이용하기 쉽도록 가정의에게 그룹 진료를 권장한다고 들었습니다. 이를 어떻게 생각하시나요?"

오랜 유대 관계를 통해 신뢰를 얻는다

이 주제는 이미 오랜 논쟁거리인 듯, 한꺼번에 여기저기서 말이 튀어나온다. 그룹 진료에 관한 의견을 물었는데 '일차의료란'으로 시작하는 답변을 내놓는다. 여러 사람의 답변을 꿰뚫는 공통 줄기는 '의사-환자의 관계'다.

의사-환자의 관계가 일차의료의 중심이에요. 오랜 관계를 통해서 가정의는 등록한 환자의 건강뿐 아니라 가족, 직업, 주거 환경 등 생활 여건 전반을 이해하게 돼요. 건강 보호에 책임을 지는 일차의료는 이와 같은 관계의 토대 위에서만 가능해요. 환자의 편에서도 마찬가지예요. 오랜 유대 관계가 있을 때 의사를 신뢰할 수 있습니다. 가정의는 전통적으로 '혼자 개원'해 자기에게 등록한 환자와 일대일 관계를 맺어 왔어요.

그 답변은 정확히 안나마리아가 자기 환자와 맺는 관계를 묘사한다. 안나마리아에게 환자는 '잘 아는 사람'이다. 그의 이름과 나이, 건강, 치료의 경과뿐 아니라 살아가는 형편까지 기억한다. 자료를 찾거나 데이터를 확인하지 않고도 '한 인간인 환자'를 알고 있다. 안나마리아가 진료실을 여는 시간은 하루에 두서너 시간으로 비록 짧지만, 그곳에는 오랜 세월에 걸쳐 다져진 관계가 있고 환자에 대한 가정의의 묵직한 책임감이 있다.

책임과 신뢰의 관계는 나누거나 맞바꿀 수 없다

반면에 영국에서 가정의는 이제 큰 규모의 그룹 의원에 소속된다. 그룹 의원에는 가정의가 여러 명 있고 매일 아침부터 저녁까지 진료실이 열린다. 각 가정의는 자기가 맡은 시간에 진료하며 자기의 등록 환자뿐 아니라 그 시간에 부득이하게 찾아온, 다른 가정의의 등록 환자까지도 진료해 준다. 환자가 언제든 진료받기에 편리하지만, 그러나 의사-환자의 일대일 관

계는 지켜지지 않는다. 의사는 환자의 이름도 기억하지 못한다.51

열두 명의 코사토 가정의들은 영국의 이런 변화에 비판적이다.

> 일차의료는 단순히 환자를 진료하는 것만을 뜻하지 않아요. 의사와 환자의
> 관계를 튼튼히 하지 않으면서 일차의료의 효과를 기대할 수는 없어요.

그 맥락에서, 이탈리아 정부가 가정의에게 그룹 진료를 권장하는 정책을 다소 복잡한 시선으로 바라본다.

> 그룹 진료를 하면 환자가 진료실을 이용할 수 있는 시간이 확대되지요. 그건
> 필요해요. 그렇지만 지금의 정책이 의료비 절약에 치우쳐 있는 것은 문제예
> 요. 일차의료에서는 무엇보다 의사-환자의 관계에 초점을 맞추어야 해요.
> 정부의 목표가 진정으로 일차의료를 강화하는 데 있다면 말이지요.

의사들의 말을 들으며 아무도 오지 않아 썰렁하던 그룹 진료소를 떠올린다. 이해할 듯하다.

가정의는 매일 자기 환자와 관계를 맺고 키운다. 오랜 유대 관계로 환자의 신뢰를 얻고 그의 건강관리를 책임지는 것으로 그 신뢰에 보답한다. 책임과 신뢰는 의사-환자 관계에서 시간과 함께 자라나며 다른 사람과 나누거나 맞바꾸거나 할 수 있는 게 아니다.

가정의는, 적어도 여기 모인 의사 열두 명은 관계가 희석되는 변화를 바라지 않는다. 고령 인구가 많아짐에 따라 만성질환 관리가 더욱 중요하게 되었지만, 이에 관련해 그룹 진료에 장점이 있지만, 관계를 잃어버리는 변화라면 가정의가 받아들이기 어렵다.

진료실을 여는 시간이 짧아도 만성질환 관리가 뛰어나다

우리나라의 개인 의원, 아침부터 저녁까지 종일 진료실이 열리는 그곳을 떠올린다. 의원의 진료 시간을 조사하면 OECD 회원국 중 한국이 가장 길 것이다. 월요일에서 토요일까지 일주일에 5-6일간, 아침 9시나 10시에 열어 저녁 7시쯤 닫으니 하루에 보통 9시간을 운영한다. 이렇게 장시간 근무하느라 힘들지만, 경쟁이 심한 환경 때문에 이웃 병의원보다 진료 시간을 줄이기는 어렵다. 심지어 일주일에 한두 번씩 야간진료를 하는 곳까지 있다.

진료실을 열어 두는 시간의 길이로 의료의 효과가 결정된다면 한국은 최고의 의료, 최고 수준의 건강 상태를 보일 것이다. 그러나 결과는 그렇지 않다. 2017년 OECD 자료를 보면 한국에서 자신의 건강 상태가 양호하다고 응답한 사람의 비율(32.5%)이 이탈리아(66.6%)의 절반에 미치지 못하고, OECD 회원국 중에 꼴찌다. 또 만성질환자가 병이 악화해 입원하는 숫자가 한국에서는 인구 10만 명 당 당뇨병 281명, 기관지 천식 309명으로 많은데 이탈리아에서는 각각 40명, 64명에 그친다. 이 점에서 이탈리아는 OECD 회원국 중에 일차의료가 가장 뛰어나다고 인정받는다.[52]

이탈리아에서 가정의가 하루에 두서너 시간만 진료하면서 환자의 건강을 높은 수준으로 지킬 수 있는 비결은 과연 무엇일까. 이 밤에 모인 가정의 열두 사람이 한목소리로 강조하는 것은 '의사-환자의 관계'다. 이것이 그대로 답이거나, 혹은, 적어도 답을 찾을 실마리일 것이다.

'나를 잘 아는 의사'가 우리에게도 필요하건만

한국에서 의사-환자의 관계는 그 말조차 낯설다. 사고파는 시장과 같은 한국의 의료 환경에서 사람 간에 관계를 맺기란 애초에 헛된 꿈인지도 모른다. 관계의 공백을 상술이 파고든다. 매스컴이 쏟아내는 의료 홍보가 사람 사이의 관계를 대신하고, 떠도는 말과 영상 속에서 환자는 길을 잃는다. 의료기관이 많고 진료실 문은 오래 열려 있지만, 환자는 갈 곳을 알지 못한다. 의사가 많아도 '나를 잘 아는 의사'가 없어 사람들은 건강 문제로 불안하다. 언제쯤 우리도 의사-환자의 관계를 키울까. 어떻게 하면 그 시기가 앞당겨질까.

환자가 마지막을 집에서 가족과 지내게

다음 질문은 통합가정돌봄에 관해서다. 이 돌봄은 전날 안나마리아와 함께 방문한, 유방암을 수술한 죠○○○ 할머니처럼 암 등 중증질환을 앓는 환자, 또는 건강이 나빠 혼자 몸을 추스를 수 없는 환자가 자기 집에서 진료받고 간호받고 전문 치료도 받는 종합적인 서비스다. 국영의료가 보장하는 필수 무료 서비스에 포함된다.

의료와 복지의 다양한 전문가가 함께

시 보건의료본부(의료를 공급)와 시청(복지를 공급)이 공동으로 이 돌봄을 운영한다.53 환자를 방문하는 주된 인력은 가정의, 간호사, 요양보호사지만 필요에 따라 사회복지사, 물리치료사, 약사, 영양사, 상담심리사, 언어치료사도 참여하며 과목별 전문의가 환자를 찾아가기도 한다.

전통적으로 일차의료는 가벼운 질환이나 초기 질환 상태의 환자를 대상으로 했고 가정의가 혼자 제공하는 의료였다. 그러나 이 돌봄이 시작되면서 중증 환자까지 일차의료의 혜택을 받게 되고 가정의뿐 아니라 다양한 분야의 전문가가 함께하게 되었다. 이에 관한 가정의의 경험과 의견을 듣고 싶었다.

중증 환자도 가족과 함께 지낼 권리가 있다

"암 수술을 받고 퇴원한 환자가 집에서 통합가정돌봄을 받는 것을 보았습니다. 이 돌봄이 중요한 이유가 무엇인가요?"

가정의들은 내가 너무도 당연한 것을 묻는다는 반응을 보인다.

> 통합가정돌봄을 받는 환자는 대개 노인이고 80세가 넘은 사람이 많아요. 인생의 마지막 시기에 다다른 분들이지요. 그들이 자기 집에서 가족과 함께 지낼 수 있게 돕는 것은 당연하고 그래서 중요해요. 아무리 환자라 해도, 거동이 불편해졌어도 사랑하는 사람 곁에서 자기 인생을 살 권리가 있어요.

자기 집의 환한 거실에서 안나마리아를 반기던 노인들의 모습이 떠오른다. 자기에게 익숙한 장소에서 오래 손길이 닿던 물건을 쓰고 가족의 도움을 받으며 인생을 마무리하는 노인들. 찾아온 의사도 오랫동안 관계를 맺은 가정의다.

통합가정돌봄을 제공할지 판단할 권한이 가정의에게 있다. 환자에게 돌봄이 필요한지, 어떤 서비스를 제공해야 할지 판단해 아슬에 요청하며, 돌봄이 시작된 뒤에는 적절히 진행되는지 감독도 한다. 돌봄의 필요를 판단하는 기준이 무엇인지 묻자 의사들은 환자와 가족의 뜻에 따르는 것이라 답한다.

> 환자가 가정돌봄을 받기 원하는지, 가족이 동의하는지를 살펴서 정해요. 집에서 돌보게 되면 환자 수발에 대한 책임을 가족 중에 누군가 맡아야 하니 결심이 필요하지요.

아무리 가족이라 해도 제 몸을 스스로 추스를 수 없게 된 환자, 뇌 기능이 손상된 환자를 돌보기는 쉽지 않다. 보조 인력을 고용한다 해도 하루에 몇 시간만 도움을 받을 뿐이니 가족이 짊어지는 부담이 크다. 가정방문하면서 본, 노인을 돌보는 가족의 모습이 떠올랐다. 말이 없는 노인 부부를 돌보는 자기 또한 노인인 여동생, 거동이 불편한 어머니와 함께 지내는 둘째 딸 부부, 노쇠한 부모 가까이에 살며 돌보는 외동딸 등. 모두 힘든 일을 맡고 있다.

환자를 돌보는 가족이 지치지 않게

이탈리아에서는 지금도 다수의 사람이 태어난 지역에서 평생 살아가고, 남녀 누구나 가정을 중요시하고, 독립한 커플이 수시로 부모 집 식탁에서 밥을 먹고, 친구와 친척과 심지어 사돈까지도 부엌을 드나들면서 시끌벅적하게 지낸다. 그리고 다수의 가정에서 쇠약한 노인이나 임종을 앞둔 환자를 마지막까지 돌본다. 환자를 돌보는 가정에는 정부가 동반자 수당이라 하여 월 514유로(2014년 기준, 우리 돈으로 약 70만 원)를 보조한다.54 가정의도 돕는다.

가정의는 환자뿐 아니라 가족에게도 관심을 가져야 해요. 집에서 환자 수발을 책임지는 돌보미는 큰 부담을 지고 있어요. 그가 지치거나 건강을 잃지 않도록 살피는 것도 의사의 몫이에요.

가족의 부담이 너무 크면 가정의가 사회복지사에게 요청해 부담을 덜어 줄 방법을 찾기도 한다. 이른바 의료와 사회복지를 이어 주는 가교 역할이다.

소통과 조정이 필수일 텐데

통합가정돌봄에는 다양한 인력이 참여한다. 여러 인력이 모여 이루는 팀 활동에서 가정의가 다른 인력과 어떻게 관계를 맺는지, 어떻게 협력하는지 듣고 싶었다. 30년 전 완주군 산골에서 내가 지역보건 활동가들과 함께 마을을 다니며 환자를 방문하던 그 경험과 일맥상통하리라 싶었다.

팀 리더를 맡고 싶지 않다

"통합가정돌봄에 다양한 분야의 인력이 참여해 협력한다는 것이 인상적입니다. 여러 인력이 함께할 때 가정의의 역할은 팀 리더이자 조정자라고, 이탈리아 의료제도를 소개하는 여러 자료에서 읽었습니다. 그 역할은 구체적으로 어떤 건지요?"

그런데 분위기가 달라졌다. 내 질문이 끝나기가 무섭게 갑자기 몇몇 사람이 빠른 어조로 연달아 말한다. 나는 알아듣지 못하지만, 알레산드라가 통역을 멈추고 난감한 표정을 짓는 것을 보니 비판적이고 거친 말이 있는 듯하다. 뜻밖이다. 팀 활동의 다양한 경험, 여러 인력이 서로 협력하게 조정하면서 느낀 보람 등을 듣게 되리라 기대한 때문이다. 이렇게 부정적인 반응이 나오리라고는, 그것도 거의 모든 사람에게서 그러하리라고는 예상하지 못했다.

알레산드라가 요약해서 전해 준, 그들의 답변 내용은 이렇다.

의사가 책임져야 할 일은 어디까지나 진료인 거요.

물론 진료가 가장 중요하다. 의사는 이 진료만으로도 무거운 책임을 진다. 진료를 통해 환자의 병세에 직접 도움을 주고 환자 상태에 관해 의학적 판단을 내려 돌봄에 참여하는 다른 인력이 참고할 기준을 제시한다. 간호사가 놓아 줄 주사약의 용량, 물리치료사가 시술할 재활 운동의 범위, 영양사가 구성할 식단의 식품량과 영양소 구성 등 여러 활동에 의사의 판단이 기준이 된다. 게다가 통합돌봄에서는 의사가 진료해야 할 범위도 넓다. 병세가 안정된 환자뿐 아니라 병세가 나빠진 환자, 임종을 앞둔 환자도 돌보기 때문이다. 환자 상태에 따라서는 거의 매일 왕진해야 하는 경우도 있어 의사에게 부담이 크다.

그렇지만 바로 그런 까닭에 여러 인력의 팀 활동이 필요한 것이 아닐까. 진료하는 범위가 넓을수록, 환자의 상태가 중할수록, 환자가 필요로 하는 것을 가정의가 혼자 채워 주기는 힘들 것이다. 그래서 간호사 등 다른 여러 인력과 협력이 필수일 것이고 그 협력 관계는 크든 작든 중요하다. 나는 이와 같은 의견을 조심스럽게 내놓았다.

이탈리아어로 토론이 벌어진다. 기다리고 있으니 얼마 뒤 알레산드라가 요약해 내게 전해 준다.

당신이 어디서 무슨 얘기를 들었는지 모르겠지만, 환자를 진료하는 가정의에게 통합돌봄의 관리까지 맡기려는 정부의 움직임을 경계해야 해요.

의사가 진료만으로도 상당한 책임을 져야 하는데 거기에다 더 큰 부담을 떠안기를 원치 않는다는 말이다. 이해할 수 있다. 어찌 보면 당연하다.

그러나 난감한 일이다. 통합가정돌봄이 제공되려면 여러 인력의 활동이 서로 맞물려야 하기 때문이다. 돌봄에 참여하는 인력은 자기 일정에 따라 환자를 방문해 자기가 맡은 일을 한 뒤 돌아간다. 제각기 자율적으로 일하는 것인데 그러면서도 서로 조화를 이루어야 한다. 죠○○○ 할머니 집에서 본 통합 기록부에는 방문한 인력이 자기 기록을 남겨 뒤에 오는 사람에게 정보를 전하게 되어 있지만, 그것만으로 충분할 리 없다. 어떻게든 소통이 있어야 할 테고 때로는 사람들 사이에 조정이 필요할 것이다. 그 역할을 가정의가 하지 않는다면 누가 할 수 있을까? 나는 다시 한번 조심스럽게 그 점에 관해 되물었다.

지금까지 우리가 했던 일과는 다르다

대답이 금방 나오지 않았다. 잠시 뒤에 그동안 젊은 사람들이 토론하는 것을 지켜보며 듣고만 있던, 안나마리아와 비슷하게 연배가 높은 남자가 처음으로 입을 연다.

> 우리는 팀 리더의 역할에 익숙하지 않아요. 당신도 의사이니 이해할 거요. 리더에게 맡겨지는 팀 관리란 지금까지 우리가 했던 일과는 다르고 만만치 않아요.

차분한 그의 말을 들으니 이 열띤 논쟁의 배경을 알 듯하다. 의사에게 그 역할이 낯설다. 홀로 자기 일을 책임지는 전문가로 양성되기 때문이다. 의사는 환자의 병세를 혼자 진단하고, 환자를 치료할 처방을 혼자 결정하도록 훈련받는다. 의과대학의 교육이나 전문의 수련 과정 모두가 그러하다. 병원에 간호사, 의료기사 등 여러 다른 인력이 있어도 의사에게는 보조 역할에 머문다.

내가 예수병원의 완주군 사업에서 팀 활동을 경험한 것은 선교 사업의 전통을 가진 그 병원이 외국 선교 재단의 후원으로 농촌 지역보건사업을 벌였기 때문이다. 수련 장소로 그 병원을 선택함에 따라 나는 엉겁결에 지역보건 활동에 참여하는 특별한 기회를 얻었다.

이탈리아에 '통합가정돌봄' 법률이 만들어진 때는 1999년이다. 2015년 가을 현재, 열여섯 해가 지나도 풀리지 않는 쟁점을 내가 건드린 모양이다. 정부나 대학이 작성한 문서에는 한결같이 가정의가 돌봄의 중심이며 분야 간 조정 역할을 한다고 쓰여 있는데, 이날 모인 가정의들은 이에 대해 불편한 마음을 드러낸다.

감사 인사로 마무리

더 길게 더 많은 이야기를 듣고 싶지만, 이미 밤 11시를 훌쩍 넘겼으니 아쉬워도 마무리해야 할 시간이다. 토론을 마치기로 하고 열두 명의 의사에게 정중하게 감사의 뜻을 표한다. 긴 시간 동안 진지하고 솔직하게 의견을 들려준 데 대해, 보고서나 자료만 읽어서는 도저히 알 수 없을 이탈리아 일차의료의 속내와 고민거리를 드러내 보여 준 것에 거듭 감사한다. 기념사진을 갖고 싶어, 다 같이 사진 한 장 찍자고 제안하니 의사들은 어색해하면서도 응해 준다.

헤어지기에 앞서 알레산드라를 얼싸안는다. 그는 두 시간이 넘는 동안 한순간도 쉬지 않고 통역해 주었다. 그러면서도 오히려 나를 염려해 내가 토론의 비판적인 분위기에 마음을 상하지는 않았는지 물어 주었다. 나는 그저 고맙기만 했다. 하루 저녁 시간을 온전히 내준 그 덕분에, 이렇게 멋진 딸을 둔 안나마리아 덕분에 나는 어디서도 얻지 못할 소중한 경험을 얻었다.

환자가 가장 환영하는 서비스입니다

몇 달 뒤, 우연한 기회에 이탈리아 모데나 의과대학의 2013년도 일차의료-지역사회의학 강의록을 접하게 되었다. 통합가정돌봄을 설명하는 첫 줄에 이렇게 적혀 있었다.

통합가정돌봄은 환자가 가장 환영하는 서비스입니다.

의사의 역할이 어디까지인가에 관한 논쟁이 어떠하든, 팀 리더의 역할
을 누가 하든, 가정의와 여러 전문 인력이 이미 충실히 돌봄을 수행하고
있음을, 서로 협력해 환자에게 큰 도움을 주고 있음을 말해 주는 글이었다.
나는 오래도록 그 강의록에서 눈을 떼지 못했다. 글자 위에 코사토의 가
정의들, 그 순간에도 환자에게 열과 성을 다하고 있을 의사 열두 명의 모습
이 어른거렸다.

이탈리아 가정의

건강 보호에 책임을 진다

이탈리아에서 일차의료 의사를 부를 때 가장 널리 쓰는 말이 가정의 medico di famiglia다. 그밖에 일반의medico di medicina generale, 기초 의사medico di base, 믿는 의사medico di fiducia, 돌보는 의사medico curante라고도 한다. 행정적으로는 MMGmedico di medicina generale라는 약어를 흔히 쓴다.

시민에게 의료 이용의 길잡이다

가정의는 자기를 선택해 등록한 개인과 가족에게 질병 진단과 치료, 재활, 예방, 보건교육을 하여 건강을 보호할 책임을 진다. 또한 의학적 판단에 따라 약이나 검사를 처방하고 병원에 입원을 의뢰할 권한이 있다. 가정의는 대중과 전문적인 의료를 이어 주는 통로이자 국영의료 이용을 안내하는 길잡이다.

국영의료에 등록과 동시에 가정의를 정한다

이탈리아에 거주할 자격이 있는 사람은 누구나 국영의료에 등록할 수 있다. 외국인도 사업, 취업, 가족 합류, 입양, 망명 등으로 체류를 허가받으면 국영의료에 등록할 권리가 있다.

국영의료에 등록하는 동시에 가정의를 정한다. 아슬(권역 보건의료본부)^{ASL}에서 가정의 명단을 보고 의사 이름, 의원 주소, 진료실 운영 시간 등을 참고해 자기가 원하는 의사로 선택한다. 0-14세 어린이를 위한 어린이 일차의료 의사 명단도 있다.

국영의료에 등록한 사람에게 카드가 발급되며 카드에는 등록번호, 이름, 본인부담금 면제 대상 여부와 함께 가정의 이름도 인쇄된다. 선택한 가정의를 바꾸고 싶으면 언제든 바꿀 수 있다.[55]

진료, 상담, 처방, 의뢰 등 모든 것을 무료로 해준다

등록한 사람은 가정의에게서 언제든 건강에 관련된 도움을 받을 수 있다. 가정의의 진료실에 가기 어려울 만큼 아프면 왕진을 요청할 수 있다.

가정의는 진료와 상담을 한 뒤 약을 처방하거나, 건강증명서를 발급하거나, 다른 전문의에게 검사나 치료를 받게 하거나, 병원에 입원하도록 의뢰해 준다. 가정의가 해주는 모든 것이 무료다. 가정의가 쓴 처방전이 있으면 필수 약품을 약국에서 무료로 받고 전문적인 검사나 치료도 법정 부담금만 내고 받으며 병원에 입원해 무료로 치료받는다.

국영의료의 중심이다

일차의료에 전문가

5-6년 과정의 의과대학을 졸업한 의사가 3년간 일차의료 수련을 마쳐야 가정의 자격을 얻는다. 각 지역에서 주정부가 의사 단체와 협력해 수련 과정을 운영한다. 종합병원에서 내과(심장, 호흡기, 소화기, 내분비, 신장, 종양), 응급의료, 외과, 산부인과, 소아청소년과에 관해 18개월을 수련한 뒤 동네 외래진료센터, 가족상담실, 정신건강센터, 공중보건사업부, 아슬의

일차의료부, 주정부의 보건부에서 18개월을 더 수련한다.[56]

어린이 일차의료 의사는 5년간 소아청소년과를 수련한 전문의다. 소아청소년과 수련 과정은 우리나라와 마찬가지로 대학병원 등 큰 종합병원이 운영한다.

정부와 협약을 맺은 의사

전국에 가정의가 45,200명, 어린이 일차의료 의사가 7,700명으로 일차의료를 담당하는 의사가 총 52,900명이며 전체 의사 중 약 30%를 차지한다(2016).[57] 가정의와 어린이 일차의료 의사는 모두 자영 직업인이며, 대부분 혼자 개원하며, 국영의료와는 고용이 아닌 협약 관계에 있다. 가정의연맹과 중앙정부가 3년 주기로 협약을 맺어 의사당 등록받는 인원의 상한선, 필수 진료 날짜와 시간, 필수 활동, 추가 활동, 보수 등을 정한다.

아슬이 정원을 관리하는 의사

가정의 자격을 새로 획득한 의사는 자기가 일하고 싶은 권역에 가서 그곳의 아슬에서 대기한다. 아슬이 관할하는 인구 규모 등에 따라 가정의 정원이 정해지므로 빈 자리가 있어야 신참 의사가 배치되어 활동한다. 기존 가정의가 은퇴하면 아슬이 대기 중인 의사를 평점 순으로 배치한다. 학교 성적, 그 권역에 거주한 햇수, 휴가를 떠난 가정의를 대신해 진료 공백을 메워준 대진 횟수, 교도소에 진료 봉사 횟수 등이 평점으로 환산된다.

등록 환자의 진료에 규칙이 있다

가정의당 등록 인원은 평균 1천여 명이다

가정의 한 사람당 등록할 수 있는 인원 상한선이 1,500명, 실제 등록한 인원은 평균 1,160명이다. 어린이 일차의료 의사당 등록할 수 있는 인원의 상한선이 800명, 실제 등록한 어린이가 평균 890명이다(2016년).[58] 0-6세의 어린이는 반드시 어린이 일차의료 의사에게 등록해야 하나 7-14세의 소아청소년은 가정의에게 등록해도 된다.

한 주간에 5일, 하루에 적어도 1-3시간씩 진료실을 연다

가정의는 한 주간의 7일 중 5일은 반드시 진료실을 열어야 한다. 진료하는 시간은 등록 인원이 5백 명보다 적으면 하루에 적어도 1시간, 1천 명까지는 2시간, 1천 명이 넘으면 하루에 3시간 이상이다. 진료실을 여는 요일과 시간은 가정의가 자율로 정해 게시하고 아슬에 알린다.[59]

등록한 환자의 전화 문의를 받는다

가정의에게는 전화 문의를 받을 의무도 있다. 평일 오전 8시부터 오전 10시까지는 등록한 환자가 전화하면 반드시 받는다. 왕진 요청이 오전 10시 전에 접수되면 당일 오후 2시 전에, 오전 10시 이후에 접수되면 가능한 한 이른 시간에 왕진한다.[60]

야간과 휴일에는 당직 전담 의사가 대신한다

가정의 외에 당직 전담 의사가 아슬에 있어, 야간과 휴일 등 업무 외 시간에 일차의료를 담당한다. 이 의사는 평일 저녁 8시부터 다음 날 아침 8시까지, 토요일 아침 10시부터 월요일 아침 8시까지 전화 상담, 진료, 왕진을

맡는다. 전국의 아슬에 모두 11,500명이 있다(2016년).[61]

제한된 조건 안에서 사적 의료를 할 수 있다

가정의가 초음파검사, 침술 치료 등 사적 의료를 시행할 수 있다. 다만, 다음의 제한 규정을 지켜야 한다. 가정의로서 진료하는 시간에는 오직 국 영의료에만 종사해야 하고, 사적 의료에는 그 외 다른 시간을 써야 한다. 한 주간에 5시간 이내만 사적 의료에 사용할 수 있으며, 그보다 많은 시간 을 쓰려면 아슬에 알려야 한다. 사적 의료에 많은 시간을 쓰는 가정의에게 는 아슬이 등록 인원의 상한선을 줄인다.[62]

정부가 보수를 지급한다

인두제 보수가 연봉의 70%

국영의료 당국이 가정의의 보수를 지급한다. 국영의료의 운영을 중앙 정부, 주정부, 권역 보건의료본부인 아슬이 나누어 맡으며 가정의를 관리 하는 일은 아슬의 몫이므로, 아슬이 중앙정부의 기준과 주정부의 방침에 따라 가정의에게 보수를 지급한다.

등록 인원당 정액을 지급하는 인두제capitation 보수가 연봉의 기본이고 여기에 의료 활동마다 단가를 매겨 지급하는 행위별 보수가 추가된다. 인 두제 보수가 연봉의 약 70%를 차지할 정도로 크다.[63]

인두제 보수에 기본 정액과 가산 정액

인두제 보수 중 기본 정액은 등록 인원당 40.05유로 지급에서 출발한 다.[64] 여기에 가정의의 경력과 등록 인원에 따라 보정한 금액을 더한다. 경력이 길수록, 등록한 인원이 적을수록 높게 보정된다. 갓 수련을 마친 가정의가 1천4백 명이 넘는 인원을 등록받았다면 보정 값이 1.91유로로 아주 적다. 그러나 27년 경력의 가정의가 5백 명에 못 미치는 적은 인원만 등록받았다면 보정 값이 18.46유로로 높다. 어린이를 돌보는 일차의료 의사에게는 출발선과 보정 값이 모두 가정의가 받는 금액의 약 2배로, 높은 보수를 준다.[65]

가산 정액은 정책 수용을 돕는 유인책으로 지급된다. 그룹 진료를 장려하는 가산금이 대표적이다. 전통적으로 가정의는 '혼자 개원, 하루에 두세 시간만 진료, 환자의 정보를 독점'하는 방식으로 활동해 왔다. 그러나 환자들은 가정의를 더 쉽게 만날 수 있기를, 가정의가 제공하는 일차의료를 언제든 이용할 수 있기를 바랐다. 정부 또한 일차의료를 확대해 만성질환자 증가에 따르는 의료비 증가를 막을 수 있기를 바랐다. 이에 따라 인두제의 기본 정액에 더해 그룹 진료 및 팀 활동에 관련한 가산금을 지급하게 되었다.

가정의가 몇 명씩 그룹을 결성해 공동으로 학습과 연구 활동에 참여하면[66] 등록 인원당 2.58유로가 가산된다. 환자의 전자 의무 기록을 그룹 내에 공유하면 등록 인원당 4.7유로, 진료실을 공동 사용하는 그룹 개원을 하면 등록 인원당 7.0유로가 가산된다. 진료실에 사무직원을 고용하면 3.5유로, 간호사를 고용하면 4.0유로가 등록 인원당 가산되고 주정부의 온라인 의료정보체계를 도입하면 월정액으로 77.5유로가 추가로 지급된다.[67]

행위별 수가에 의한 보수

가정의가 외과적 치료, 왕진, 예방접종을 시행하면 따로 행위별 보수를 지급한다. 이는 시술, 약, 재료 물품마다 단가를 정해 두고 이를 시행한 횟수

또는 사용한 개수를 곱한 금액을 지급하는 방식이다. 우리나라에서 건강보험공단이 병의원에 진료비를 지급할 때 주로 이 방식의 수가를 적용한다.

비용 절감 사업의 보상금

가정의가 만성질환자나 장애 환자를 위한 가정돌봄에 참가하면 따로 보상금을 받는다. 만성질환자나 장애 환자가 가정돌봄을 받으면 건강 수준이 향상되고 합병증이 예방되어 병원에 입원하는 횟수나 응급실을 이용하는 횟수가 줄어 국영의료의 운영비가 절감된다. 그렇게 절감된 예산이 가정의에게 보상금으로 돌아간다.

볼로냐 아슬이 2015년에 가정의에게 지급한 보수는 등록 인원당 평균 150유로

에밀리아로마냐주 정부 산하에 있는 볼로냐 아슬에 방문했을 때 가정의에게 지급한 보수 금액을 문의했다. 그 아슬은 2015년에 가정의에게 인두제 보수, 행위별 수가, 보상금을 합해 연봉으로 등록 인원 당 평균 150유로(약 20만 원)를 지급했다고 답변했다.

OECD 최고의 일차의료를 제공한다

일차의료의 성과가 높을수록 평상시 건강관리 수준이 높아져 환자들의 입원 횟수가 줄어든다. 이탈리아는 당뇨병 환자의 입원율이 OECD 회원국 중에 가장 낮고 만성 폐쇄성 폐질환 및 천식 환자의 입원율도 두 번째로 낮아, 가정의가 제공하는 일차의료가 뛰어나다고 인정받는다.68

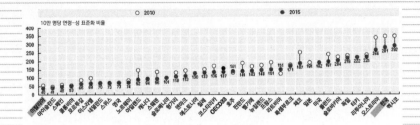

당뇨병 환자의 입원율 비교(2010년, 2015년). 이탈리아의 당뇨병 입원율이 회원국 중 가장 낮아 맨 왼쪽에 있고 우리나라 입원율은 매우 높아 맨 오른쪽에서 두 번째에 있다.

출처 : OECD(2017). *Health at a Glance 2017: OECD Indicators.* p.107.

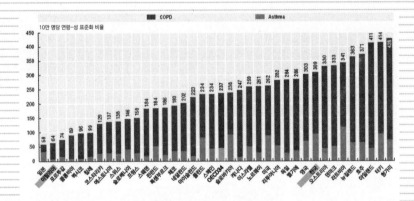

만성 폐쇄성 폐질환(COPD) 환자 및 천식(Asthma) 환자의 입원율 비교(2015년). 이탈리아의 입원율이 매우 낮아 맨 왼쪽에서 두 번째에 있고 우리나라의 입원율은 높아 오른쪽에서 아홉 번째에 있다.

출처 : OECD(2017). *Health at a Glance 2017: OECD Indicators.* p.105.

뚜벅뚜벅
이탈리아
공공의료

3

동네
의료

동네에서 건강을 지키다
건강의집

동네에서 건강을 지키다

드디어, 접속

친애하는 정주,
나는 알바의 친구입니다. 당신이 나를 만나려 한다고 들었습니다. 당신의 메일을 내가 받지 못했는데 아마도 우리 기관의 메일 서버 스팸으로 걸러 낸 때문일 거예요. 지금 이 글에 답장하면 내가 받을 수 있습니다. 나는 월요일 12시에서 16시 사이에 시간을 낼 수 있어요. 여기에 올 시간을 당신이 정하기 바랍니다. 주소는 페폴리가 5번지입니다.
안녕히, 가브리엘레.

반갑고도 반가운 편지가 전자우편함에 당도해 있다. 며칠을 애타게 기다렸다. 마침내 '접속'했다는 안도감, 만나고 싶은 사람을 만나게 되었다는 생각에 마음이 들뜬다. 생면부지의 외국인에게 이처럼 따뜻한 메일을 보내다니, 이 사람은 대체 어떻게 생겼을까.

179

피에몬테주 코사토에서 한 주간 동안 안나마리아 곁에서 가정의의 일차 의료 활동을 지켜보고 에밀리아로마냐주 볼로냐에 돌아와 있다. 이제 이 도시에서 국영의료의 다양한 모습을 견학할 참이다. 메일에 등장하는 알바, 가브리엘레는 모두 이곳 국영의료에 관련된 공직에서 삼십 년 넘게 일해 온 의사들이다. 알바는 여자이고 에밀리아로마냐 주정부에서 일한다. 그는 몇 해 전 국제 학회에서 잠시 만난 인연만으로 국영의료 현장을 견학하고 싶다는 내 메일에 답신을 주고 도와주었다. 가브리엘레는 남자이고 에밀리아로마냐주 볼로냐 아슬에 있다.

에밀리아로마냐주

이탈리아 북부를 가로질러 흐르는 포 강의 동남쪽 평야를 차지한 주가 에밀리아로마냐다. 전국의 20개 주 가운데 면적이 여섯 번째로 넓고 인구도 여섯 번째로 많아 주민이 445만여 명에 이른다. 농업과 축산업이 발달한 이 주에는 수도인 볼로냐, 파르메산 치즈와 프로슈토 햄의 원산지인 파르마, 발사믹 식초의 본고장인 모데나, 동로마 시대의 비잔틴 유적을 보유한 라벤나 등 유서 깊은 도시가 많다. 또 이름난 스포츠카인 페라리, 람보르기니를 만드는 회사가 모두 이 주에 있을 만큼 기계 산업 분야도 뛰어나다. 밀라노가 있는 롬바르디아주와 함께 이탈리아에서 가장 부유한 지역이다.

주별 자치

이탈리아에는 북부의 피에몬테에서 남부의 시칠리아까지 20개 주가 있다. 주별 평균 넓이가 1만 5천km²로 우리나라의 강원도 면적과 비슷하고 인구는 평균 300만 명으로 강원도 인구의 두 배인 경상남도 인구와 비

발레다오스타
트렌티노
알토아디제
프리울리
베네치아줄리아
롬바르디아
베네토
피에몬테
에밀리아-로마냐
리구리아
아드리아해
토스카나
마르케
움브리아
로마
아브르초
라치오
몰리세
사르데냐
티레니아해
칼파니아
풀리아
바실리카타
칼라브리아
이오니아해
시칠리아
지중해

greenblog.co.kr

숫하다. 그런데 이 나라에서 주는 단순히 행정적으로 나뉜 구획이 아니다. 주마다 고유한 역사와 전통, 산업, 음식과 옷이 있고 심지어 언어도 일부 주에서는 상당한 차이가 있다. 5세기에 이탈리아반도에서 로마제국이 사라진 뒤 크고 작은 여러 국가로 나뉘어 제각기 다른 길을 걸었던 천 년 역사에서 비롯된 차이로, 그런 만큼 지역별 정체성이 뚜렷하다.

19세기 통일운동 때 지역별로 자치권을 갖는 연방 형식의 국가를 세우려는 열망이 있었다. 그러나 통일 뒤에 탄생한 이탈리아왕국은 강력한 중앙집권제를 도입했고 20세기 들어 파시스트 무솔리니가 애국과 민족 부흥을 명목으로 중앙 권력을 더욱 강화했다. 제2차 세계대전이 끝난 뒤 군주제를 폐하고 공화국을 만들면서야 헌법에 자치 분권 조항을 넣게 되었다. 그러나 이후로도 정당 간 이해관계와 대립에 가로막혀 시행이 지연되다가 1970년에 이르러 주별 자치가 시작되었다. 그 뒤로는 점차 주의 입법 권한을 확대하며 자치를 강화하고 있다.

그렇게 우여곡절을 겪었지만, 실제로는 이탈리아에서 지방자치가 법적 규정에 상관없이 일상에 깊이 뿌리박혀 있다. 사람들의 관심은 자기가 사는 동네, 도시, 넓게 잡아도 그 도시가 소속된 주를 벗어나지 않는다. 심지어 전문가조차도 그 점에서는 크게 다르지 않은 듯하다. 물론 전문가는 범국가적인, 유럽연합 차원의, 범세계적인 인식을 갖추고 있다. 그러나 관심의 주된 초점은 자기가 사는 도시와 주에 맞춰진다. 온갖 통계가 지역 단위로 생산되고 지역 언론이 활발하며 지역의 기자, 전문가, 작가가 쓴 지역 기사와 칼럼이 풍성하다. 주정부도 지역 대학과 긴밀히 협력하고 그 학문적 결실을 정책에 흡수한다.

뛰어난 성취를 이룩한 에밀리아로마냐주

이탈리아의 지역 간 차이를 연구한 학자가 미국의 정치학자이자 하버드대학교 교수인 로버트 퍼트넘$^{Robert\ Putnam}$이다. 시민 참여 등 시민 생활의 근원을 탐구하려 한 그는 1970년부터 20여 년에 걸쳐 이탈리아의 여러 곳을 현지 조사해 관찰한 뒤 그 결과를 저서 《사회적 자본과 민주주의 Making democracy work》(1994)에 담았다.

연구 결과, 북부 주가 높은 수준의 제도적 성취를 이룬 반면에 남부 주는 성취가 낮았다. 1인당 소득, 지역 총생산, 안정된 중산층 크기로 표현되는 경제적 근대성에서 일관되게 그랬고 자치적인 입법 혁신, 시민에 대한 관료의 반응성, 주택과 도시 개발 등의 영역에서도 마찬가지였다. 특히 눈길을 끈 것은 북부 중에도 에밀리아로마냐주에서 관찰되는 뛰어난 성취였다.[69]

퍼트넘은 에밀리아로마냐주가 이룬 성취의 근원에 '시민공동체'가 있음을 알아냈다. 그에 따르면 이 주는 "지구상에서 가장 근대적이고 분주하고 풍요로운 선진 기술 사회"이며, 사회적 연대의 네트워크가 유난히 많고, 공동의 논의에 시민이 적극적으로 참여하며, 시민 각자가 사적 이해관계가 아닌 공공의 관점을 지키며, 공정과 평등과 협력을 중요하게 여긴다.

'콤뮨'의 전통에서 비롯된 협동과 진보

에밀리아로마냐주에는 공동체를 이루며 살아온 수백 년의 역사가 있다. 중세부터 근세까지 이곳을 교황령이라 하여 교황이 지배권을 행사했으나 일상에서는 사람들이 스스로 다른 방식으로 삶을 꾸렸다. 12세기에서 16세기까지 시민 공동의 자치로 도시를 운영했던 '콤뮨'이 그것이다. 콤뮨은 계약과 법을 기반하는 공공 행정을 시행했으며 신용 제도를 확립해 금융과 산업을 발달시켰다. 16세기에 신성로마제국과 프랑스가 이탈리아 반도에서 수십 년 동안 벌인 전쟁 끝에 콤뮨이 몰락했으나, 그 뒤에도 전통으로 남아 소작인의 농사 품앗이, 도시의 도로 관리와 자선병원의 공동 운영 등에서 시민 자치의 맥을 이어갔다.[70]

19세기에 이탈리아 통일 혁명이 시작되자 에밀리아로마냐 사람들은 적극 협력했다. 비밀 결사, 교육 결사 등을 조직해 혁명 활동에 가담했으며 1860년에 마침내 통일왕국에 합류했다. 통일 뒤에 이곳에는 수많은 협동조합이 생겨났다. 농업, 노동, 양조장, 목장, 신용, 소비자 등 경제의 거의 모든 분야에서 결성된 협동조합은 시민 스스로 삶의 조건을 높이려는 노력이었다.[71]

에밀리아로마냐주 수도 볼로냐 ⓒPxhere

　20세기에 에밀리아로마냐주 시민들은 파시스트와 나치스에 맞섰다. 제2차 세계대전 때 시민 저항군의 주요 거점이 이 지역의 중심 도시인 볼로냐였다. 전쟁이 끝나자 항쟁을 이끈 공산당을 지지하며 정치적으로 진보의 자리를 택했다. 1946년에 '군주제냐 공화정이냐'를 묻는 국민투표에 이곳 유권자의 77%가 공화정을 지지했고(전국적으로는 54%) 이후 거의 모든 선거에서 공산당에게 표를 몰아주었다.72

　주별 자치가 1970년에 시작되자 이곳에서는 예상대로 공산당이 집권하게 되었다. 주의회 의석의 압도적 다수를 차지해 강력한 집권당이 된 공산당은 주정부를 대대적으로 혁신했다. 시민에게 행정 정보를 공개하고 통계를 제공하며 새로 법률을 제정해 경제·토지·환경·사회보장·노동·상업 전반을 혁신하고 공직자가 시민의 문의에 신속히 반응하게 했다.

　1980년대 말 소련이 해체되고 베를린 장벽이 무너졌을 때 이탈리아 공

산당은 스스로 이념의 틀을 벗고 당명도 민주당으로 바꿨다. 이 변화 또한 에밀리아로마냐 시민의 지지를 받았다. 선거에서 민주당이 주의회의 다수당 지위를 이어받았고 지금까지 변함없이 집권하고 있다. 그 결과 이곳은 다른 데서 찾기 어려운, 좌파 정치와 자본주의 경제가 안정적으로 결합돼 그 체제를 통해 고도의 산업화에 성공한 사회로 주목받게 되었다.

볼로냐시

처음 시내에 들어섰을 때 갑자기 과거로 돌아간 듯했다. 붉은 기와지붕, 끝없이 이어지는 벽돌집, 중세풍의 기둥이 줄지은 길, 차림새도 인종도 각양각색인 사람들, 좁아터진 도로에 느리게 가는 자동차. 이제껏 내가 살아온 세상과는 다른 세상이었다. 바로, 에밀리아로마냐주의 수도인 볼로냐.

빨강

온 도시가 빨갛거나 불그스름하다. 이곳의 붉은 색은 아주 유명해서 볼로냐의 3대 별명 중 첫 번째로 꼽힌다. 애초에 지붕 색깔에서 비롯되었다지만, 지금은 이 도시의 정치적 이념에 대한 상징이라 여겨진다.

빨간색 이념의 실재를 생생히 느끼게 하는 전시물이 마조레 광장에 있다. 도시 한복판에서 볼로냐를 대표하는 광장, 거기서도 사람들의 이목이 집중되는 바다의 신 넵튠 조각상, 그 바로 옆 벽면이다. '볼로냐 1943년 9월-1945년 4월. 자유와 정의를 위한, 이 땅의 명예와 독립을 위한 저항군의 희생'이라는 글귀 아래 수많은 사람의 얼굴 사진이 촘촘히 붙어 있다. 파시스트와 나치스에 맞선 항쟁에서 죽어간 2,059명을 추모한다. 사진 속 남녀 얼굴은 대부분 젊고 강한 신념을 느끼게 하는데 밝게 웃는 사진도 간혹 보인다. 흑백 사진이지만 마치 붉은 피가 뚝뚝 듣는 듯하다.

학자

볼로냐의 두 번째 별명이 '학자'다. 1088년에 교황청이 이 도시에 유럽 최초로 대학을 설립한 데서 비롯되었다. 법학을 가르치는 학교로 시작한 볼로냐 대학에 유럽 각지에서 유학생이 모여들었다. 단테,[73] 페트라르카,[74] 코페르니쿠스[75]가 이곳에서 공부했으며 수많은 법학자가 배출돼 유럽의 다른 대학에 법학부를 열게 했다.[76]

이 대학은 의학에서도 권위가 높았다. '공개 해부 시연'을 할 만큼 해부학으로 명성이 높았고 외과 수술, 병리학, 감염학, 직업의학에도 선구적인 역할을 했다. 말피기,[77] 모르가니,[78] 갈바니[79] 등 뛰어난 학자를 배출하며 18세기까지 유럽 학계를 주도했다.[80]

대학의 역사는 이제 천 년을 바라보고 오래된 건물과 좁은 길은 낡은 티가 역력한데 대학가에는 놀랍게도 활기찬 분위기가 넘친다. 음악당, 도서

볼로냐를 대표하는 마조레 광장. 바다의 신 넵튠상 바로 옆면에는 파시스트와 나치스에 맞선
항쟁에서 죽어간 2,059명을 추모하는 얼굴 사진이 붙어 있다. ⓒ steven gillis hd9 imaging/
Alamy Stock Photo

관, 서점, 출판 협동조합으로 둘러싸인 대학 광장에 날마다 청년들이 가득
하고 오가는 골목에서 마주치는 그들의 표정은 진지하다. 이곳에 세계적
인 기호학자 움베르토 에코가 1975년부터 40년을 교수로 몸담았다는 데
생각이 미치면 과거, 현재, 미래가 종횡무진으로 교차하는 토론이 어디선
가 들려오는 듯하다.

　그런데 이 도시에 학문이 대학 안에만 있는 것은 아니다. 시내 곳곳에
공공 도서관과 책방이 있고 남녀노소 할 것 없이 수많은 사람이 드나든다.
밤늦게 책방 앞을 지나다 안에서 작은 강연회가 열리는 광경을 접하고는
대학의 연구자뿐 아니라 볼로냐의 시민 모두가 '학자'인가 싶었다.

뚱뚱이

볼로냐의 세 번째 별명이 '뚱뚱이'다. 사람이 뚱뚱하다기보다는 맛있고 풍요로운 음식을 상징한다.

대표 음식이 밀가루에 달걀을 넣어 반죽한 노르스름한 생면 탈리아텔레, 고기를 갈아서 토마토소스에 넣고 끓인 라구, 탈리아텔레에 라구를 얹고 파르메산 치즈 가루를 듬뿍 뿌린 파스타다. 맛있는 파스타지만, 기름진 데다 음식점에서 1인분으로 주는 양이 너무 많아 내게는 부담스러웠다.

그다음으로 유명한 것이 모르타델라라고 부르는 소시지다. 돼지고기를 곱게 갈아서 돼지비계 조각, 피스타치오 같은 견과류, 과일잼, 통후추, 소금을 넣어 섞은 뒤 꽁꽁 묶어 70°C에 7시간을 익힌 다음 차게 식혀 내놓는다. 이건 혼자서 끼니를 해결해야 했던 내게 딱 좋은 음식이었다. 얇게 썬 조각을 그냥 먹든, 빵에 끼워 먹든, 채소나 치즈나 견과류와 같이 먹든, 어떻게 먹어도 맛있었다. 값도 비싸지 않다. 여기에 람브루스코 와인이 어울린다기에 전통 시장 골목에서 모르타델라 한 조각에 한 잔 마셔 봤다. 그 맛을 뭐라 표현해야 할지 모르겠지만, 좋은 술이란 마음을 즐겁게 해준다는 걸 실감했다.

협동조합으로 살아가는 동네

모르타델라를 사러 드나드는 슈퍼마켓이 코프COOP라는 간판을 단 협동조합 매장이다. 내가 머무는 동네 입구에도 있고 시내 곳곳에도 있다. 물건의 품질이 좋고 값이 싸서 장보기가 즐겁다. 치즈, 파스타, 올리브, 와인, 과일 등 이탈리아의 갖가지 식품을 실물로 구경하는 것만도 재미있다. 매장에 익숙해지니 점차 직원이 일하는 방식이나 분위기에 눈길이 갔다.

우선, 일요일마다 꼬박꼬박 쉰다. 나는 처음에 그걸 몰라서 배고픈 주말을 견뎌야 했다. 주택가의 슈퍼가 일요일에 문을 닫으리라고는 미처 생각지 못한 탓이다. 그러나 곧 적응해, 코프 직원이 일요일을 즐기며 만족한 삶을 누려야 이 매장이 기분 좋은 장소가 되고 소비자도 행복할 수 있다는 것을 되새겼다.

여성 계산원이 따로 없다. 모든 직원이 교대로 계산대에 앉는다. 물건을 운반하거나 진열대를 점검하다가도 자기 차례가 되면 손님의 돈을 받고 잔돈을 거슬러 준다. 머리가 희끗희끗한 남자 직원도 어김없이 계산대 일을 교대하는 것으로 보아 성별이나 연령으로 업무에 차별을 두지 않음을 알 수 있다.

직원 누구에게든 뭘 물어봐도 잘 알고 있어 즉시 안내해 준다. 고객을 대하는 태도가 친절하면서도 당당해, 주인 의식을 느끼게 한다. 아마도 직원 모두가 장기 근속하는 정규직인 때문으로 생각된다.

이런 것이 협동조합이구나 싶다. 볼로냐의 유명한 '협동조합에 기반을 둔, 실업률이 매우 낮은 경제'는 이처럼 소박하고 즐겁고 당당하다. 멀리 갈 것 없이 평범한 동네 어귀의 슈퍼마켓에, 평범한 시민의 일상에 스며 있다.

국영의료의 몸통인 아슬

드디어 월요일. 따뜻한 메일을 보내 준 가브리엘레를 만나는 날이다. 페폴리가 5번지, 볼로냐 아슬을 찾아간다. 볼로냐 도심을 둘러싼 성곽 유적의 경계에 있어, 내가 사는 집에서 걸어갈 수 있다. 벽돌담 안쪽으로 나무가 무성하고 대문이 거창한데 커다란 구식 건물의 오른쪽 절반을 아슬이 사용하고 있다.

가브리엘레는 흰 머리가 듬성듬성한 60대 초반으로 사색적인 느낌이 드는 사람이다. 유창한 영어로 따뜻한 환영의 말을 건넨다. 국영의료에 관해 어떤 것을 알고 싶으냐는 물음에 내가 미리 준비한 질문지를 내놓자 "이렇게 질문이 많아서 언제 다 하겠냐"며 웃는다. 그러더니 이내 정색을 하고 설명을 시작한다. 마치 누가 뒤에서 쫓아오기라도 하는 것처럼 빠른 속도로, 둘만의 대화인데도 마치 대학원 강의를 하는 것처럼 체계적으로 풀어나간다. 종이에 그림까지 그려 가며 설명하는 그에 맞춰 나도 노트를 꺼내 메모하며 온정신을 집중한다.

주영 국영의료

가브리엘레는 먼저 국영의료의 자치 분권적 체계를 설명한다.

이탈리아 국영의료는 각 주가 자치적으로 운영하는, 어찌 보면 '주영' 의료라 할 수 있어요. 주가 20개니 나라 안에 20개 주영 의료가 있는 셈이지요.

1978년에 국영의료가 출발할 때부터 운영 체계는 분권적이었다. 중앙 정부가 국가적 계획과 재정 배분을, 주정부가 지역계획과 조직 구성을, 지방 사업 기구가 세세한 사업 시행을 맡아 책임과 권한을 나누었다. 그 뒤 1997년에 이르러 이탈리아 의회가 주의 자치권을 한층 더 높이는 데 합의함에 따라 국영의료에 대한 주의 자율성과 책임도 더욱 커졌다.

중앙정부가 국영의료의 목표, 원칙, 필수 서비스 범위를 정해요. 모든 주가 이를 준수해야 합니다. 그러나 그 틀 안에서 법을 만들고 재정을 관리하며 의료 조직을 구성하고 작동하게 하는 일은 전적으로 주의 몫이에요. 그래서 주정부 정책에 따라 주마다 의료 수준과 이용 여건이 달라집니다. 다만 그 결과로 주와 주 사이에 격차가 커진다는, 걱정스러운 점도 있어요.

의료를 충실하게 제공하는 주가 있는가 하면 의료체계가 부실해 간단한 검사나 치료를 받는데도 오래 기다려야 하는 주가 있다. 북부의 여러 주에서는 의료 조직이 튼튼하고 시민이 편리하게 이용하지만, 남부의 몇몇 주에서는 그렇지 못하다. 에밀리아로마냐주는 퍼트넘의 연구에서 행정과 경제와 도시 개발 등 여러 부문에 최고였던 것처럼 의료에서도 최고 수준이다.

보건의료사업의 몸통, 아슬

주정부의 의료 운영에 양대 축이 있다고 가브리엘레는 말한다. 사업 기관인 아슬과 지역계획이다.

우선, 주정부가 권역별로 아슬을 설립합니다. 대개 주의 큰 행정 단위인 현과 아슬의 권역을 일치시키죠. 에밀리아로마냐주 정부 산하에는 아슬이 8개 있는데 그중 하나가 지금 이 볼로냐 아슬이에요.

다음으로, 3년마다 지역계획을 세웁니다. 중앙에서 결정한 국영의료계획의 틀 안에서 주의 계획을 만드는 거예요. 수요를 알기 위해 시민의 요구를 조사하고 이에 근거해 공급을 계획합니다. 그 과정에 기초 자치단체의 의견을 받고, 시민단체의 대표로 구성된 시민위원회의 자문도 받아요. 계획이 완성되면 사업 기관인 아슬이 실행하게 되지요.

주정부가 머리, 아슬이 몸통인 셈이다. 처음에는 이렇지 않았다고 했다. 1978년에 국영의료가 처음 도입되었을 때는 작은 지방마다 일일이 사업 기구를 두고 자치적으로 운영하게 했다. 그러나 불행히도 지방의 토호 세력에 휘둘려 사업이 제대로 되지 않고 부패와 비리가 무성했다. 그래서 1992년, 중앙정부가 과감히 손을 대 아슬을 주정부 소속으로 옮기고 자치

기구가 아닌 사업 기관으로 성격을 바꿨다. 대표자를 지방 정치인이 아닌 보건의료 전문가로 임명하고 사업의 성과를 주정부가 직접 감독하게 했다. 이른바 1992년의 개혁이다.[81]

그때부터 아슬이 지방의 정치적 세력 관계에서 벗어났어요. 주정부의 계획 범위 안에서 전문 기관으로서 자율성을 갖게 되었고요. 그래서 인력, 재정, 의료 자원을 스스로 관리해 사업을 시행하지요. 대신에 공급되는 의료의 질을 책임집니다.

주정부는 사업의 효율을 높이기 위해 권역의 단위 면적을 넓혀 아슬의 수를 줄였다. 이 변화는 전국적으로 추진돼 1992년에 전국에 아슬이 659개였으나 1995년에 228개, 2013년에 143개가 되었고, 이와 함께 아슬의 조직 규모가 커졌다.[82]

직원 8천 명, 연간 예산 2조 원

가브리엘레는 내가 아슬의 실제 모습을 가늠할 수 있게 숫자를 일러 준다.

볼로냐 아슬이 담당하는 인구가 87만 명이에요. 전국의 평균치보다 큰 아슬이라 할 수 있어요. 관할 면적 안에 기초 자치단체가 46개나 있으니 말이죠. 이 아슬에 직영병원이 9개, 외래진료센터가 54개입니다. 직원이 모두 8,200명인데 그중 1,300명이 의사고 4,200명이 간호사 등 의료 분야의 인력이에요. 직원 외에도 계약을 맺은 가정의가 588명, 어린이 일차의료 의사가 122명, 외래진료 전문의가 349명 있고요.

아슬의 예산은 주정부가 인구를 기준으로 지급해요. 볼로냐 아슬의 올해 총예산이 17억 유로(약 2조1천억 원)입니다.[83]

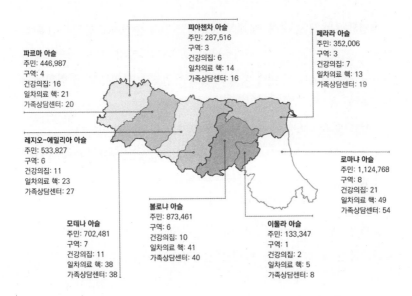

에밀리아로마냐 아슬(2016)

피아첸차 아슬
주민: 287,516
구역: 3
건강의집: 6
일차의료 핵: 14
가족상담센터: 16

페라라 아슬
주민: 352,006
구역: 3
건강의집: 7
일차의료 핵: 13
가족상담센터: 19

파르마 아슬
주민: 446,987
구역: 4
건강의집: 16
일차의료 핵: 21
가족상담센터: 20

레지오-에밀리아 아슬
주민: 533,827
구역: 6
건강의집: 11
일차의료 핵: 23
가족상담센터: 27

로마냐 아슬
주민: 1,124,768
구역: 8
건강의집: 21
일차의료 핵: 49
가족상담센터: 54

모데나 아슬
주민: 702,481
구역: 7
건강의집: 11
일차의료 핵: 38
가족상담센터: 38

볼로냐 아슬
주민: 873,461
구역: 6
건강의집: 10
일차의료 핵: 41
가족상담센터: 40

이몰라 아슬
주민: 133,347
구역: 1
건강의집: 2
일차의료 핵: 5
가족상담센터: 8

직원이 8천 명이고 그중 의사가 1천 명이 넘는다고? 연간 예산이 우리 돈으로 치면 2조 원? 볼로냐 아슬이 관할하는 인구는 겨우 87만 명으로 우리나라에서 중급 도시의 크기일 뿐인데? 깜짝 놀라 잘못 들었나 싶어 가브리엘레에게 확인한다. 그대로다. 애초에 이 학자풍의 공직자가 허투루 말할 리도 없다.

내 예상을 뛰어넘을 만큼 큰 조직이다. 직원 수도 많지만, 직영하는 의료 기관이 수십 개나 되니 우리나라의 보건소와는 비교할 수도 없을 만큼 크다. 그 엄청난 차이에 놀라면서 한편으로 마땅히 그렇겠다는 생각이 든다. 국영 의료가, 우리가 한 번도 경험해 보지 못한 제도이기 때문이다. 제도 자체가 낯선 것이니 국영의료를 실행하는 아슬 또한 우리가 봐왔던 조직과는 근본적으로 다르다.

동네에서 쉽게 이용하는 동네의료

국영의료는 그 법에서 "신체적 정신적 건강을 증진하고 유지하며 회복하게 하는 모든 기능·시설·서비스·활동"으로 정의된다. 즉 보건의료의 전 범위를 끌어안는다.84 이에 따라 아슬의 사업도 보건의료의 전 범위에서 시행된다.

가브리엘레는 아슬의 사업 범주가 셋으로 나뉜다고 말한다.

첫째 범주는 공중보건. 이는 인구 집단의 건강을 보호하고 향상케 하는 활동으로 건강증진, 보건교육, 전염병 예방, 환경보건, 식품위생, 산업보건 등을 넓게 아우른다.85

둘째는 '테리토리 의료'. 일차의료, 전문의 외래진료, 요양 등을 시민이 일상에서 손쉽게 이용하도록 제공하는 것으로 아슬의 가장 큰 사업 범주다.86

셋째는 병원의료. 병원에서 시행하는 입원, 수술, 분만, 응급의료 등이 이에 해당한다.87

건강을 동네에서 쉽게 누리게

아슬의 사업 중 테리토리 의료는 내게 생소한 말이었다. 테리토리가 영토나 영역을 뜻한다고 알고 있을 뿐, 의료에 관련해 사용되는 것을 들어본 적이 없기 때문이다.88 그런데 이탈리아에서 만난 전문가들은 너나없이 이 말을 즐겨 입에 올리곤 했다.

테리토리 의료가 국영의료를 탄생시킨 헌법 정신을 가장 잘 구현하는 의료라고, 가브리엘레가 설명한다.

국영의료는 헌법의 정신에 따라 '건강을 개인의 기본권이자 집단 공동의 관

심사로 보호'합니다. 그러려면 누구나 쉽게 필수 서비스를 이용할 수 있어야
해요. 언제든 전화하고 이용하는 일차의료, 가까이에 있는 전문의 진료실과
검사실, 집으로 찾아오는 가정돌봄, 이웃처럼 이용하는 요양시설 등이 필요
하지요. 시민의 생활 반경 안에 이런 서비스를 공급하는 것이 테리토리 의료
입니다.

들어보니 낯설지 않다. 오히려, 그가 말하는 내용은 내가 이미 알고 있는
어떤 것을 가리킨다. 의료가 사람들의 생활에 어떻게 접목해야 할지에 관
해 일러 주는 개념, 바로 세계보건기구가 정의하는 '지역사회에 기반을 둔
보건의료'다. 즉 "각자 살아가는 장소에서 건강을 증진하고 유지하며 회복
하게 하는, 개인의 자율을 북돋우고 가족 관계를 뒷받침하는 방식으로 공
급되는, 보건의료에 복지를 아우르는 서비스"다.[89]

이 개념은 국제적으로 통용된다. 우리나라에서도 일부 농촌에서 의과
대학이 시행한 지역보건사업이나 정부가 보건소 조직을 통해 시행하는 지
역 정책에 녹아들어 있다. 나도 완주군 사업에서 지역 활동에 참여할 때
이 개념을 접했다. 그 뒤 공무원이 되어 보건소와 보건의료원에서 일할 때
맡은 일의 본래 목적과 나아가야 할 바를 이해하는 데 그 개념이 방향을
잡아 주었다.

테리토리 의료는 바로 '지역사회에 기반을 둔 보건의료'의 이탈리아식
표현이고 동시에 이를 실현하는 사업 체계라 할 수 있다. 우리말로는 '동네
의료'가 적당할 듯싶다. 지리적으로 일상생활의 반경 안에 담기는 의료서
비스라는 것을 중심에 둔 번역이다. 정리하면 동네의료는 "시민이 자기 동
네에서 의료 전문가의 도움을 받아 자율적으로 건강을 누리게 하는 의료",
또는 그냥 "동네에서 쉽게 이용하는 의료"다.

가정의, 전문의, 간호사, 조산사, 사회복지사, 상담심리사

동네의료는 구역을 단위로 공급된다. 아슬이 관할하는 면적을 생활 반경에 맞추어 더 작게 나눈 것이 '의료구역'으로, 볼로냐 아슬에는 6개 구역이 있고 그중에 인구가 가장 많은 '볼로냐시 의료구역'의 감독이 바로 가브리엘레다.

그의 일은 구역 인구를 헤아려 가정의를 확보하는 데에서 시작된다.

인구 1천 명당 1명 정도씩 가정의가 필요해요. 그 숫자에 비례해서 전문의, 간호사와 조산사, 사회복지사, 상담심리사의 인원을 정하지요. 가정의와 전문의는 계약으로 확보하고 간호사 등 다른 인력은 직원으로 고용합니다.

아까 수천 명이라고 한 아슬 직원이 어떤 사람들로 구성되는지 대강 알 수 있다. 저마다 전문 자격을 갖춘 인력이니 인건비가 만만치 않겠다.

가브리엘레는 '그래도 병원에 비교하면 동네의료가 경제적'이라 한다. 질병 예방과 조기 진단, 조기 치료로 거두는 건강 수준 향상의 효과가 큰데, 그런 사업에 들어가는 인건비와 사업비를 다 합해도 병원 운영비보다 적은 까닭이다.

동네의료의 반대편이 병원의료예요. 동네의료가 효과적일수록 병원의료 이용이 줄어듭니다. 우선 사람들이 건강해지니까요. 게다가 동네에서 의료를 편리하게 이용하고, 그 서비스가 다양하고, 질이 높으면 굳이 병원에 갈 필요가 없어요. 특히 응급실에 가는 환자가 줄어들지요. 입원환자도 줄고요. 그러면 아슬이 병원 운영에 써야 하는 돈이 줄어 재정에 여유가 생겨요. 그 돈으로 동네의료에 더 많이 투자합니다.

놀랍다. 아슬의 사업 범위가 넓고 책임이 무겁지만, 동시에 상당한 자율권이 있음을 엿볼 수 있다.

전문의 외래진료

전문의 역시 동네에 필요하다. 사람들이 의사를 찾는 문제 중 상당수는 가정의의 일차의료로 해결되지만, 일부 환자에게는 전문적인 검사나 치료가 필요하기 때문이다. 동네에 필요한 진료 과목별로, 필요한 인원만큼 전문의를 확보해 계약을 맺는다.

전문의는 가정의가 의뢰한 환자를 진료한다. 먼저 검사나 치료를 한 뒤 결과를 보아 입원해야 할지 판단한다. 입원해야 하면 환자를 병원으로 보내고, 아니면 진료 결과 보고서와 함께 가정의에게 돌려보낸다.

전문의 외래진료가 일차의료와 크게 다른 점은 무료가 아니라는 것이다. 아슬이 발행하는 '티켓'을 환자가 사야, 즉 본인부담금을 내야 진료를 받는다. 티켓 값은 검사나 치료의 종류에 따라 다른데 36.15유로(약 4만6천 원)가 최대 금액이다.[90]

'티켓'을 사는 것이 우리나라에서 환자가 병의원에 돈을 내는 것과 비슷해 보이나 실은 그렇지 않다. 티켓은 첫째, 금액이 최대 4만6천 원까지로 정해져 있다. 혈액검사를 하든 엠아르아이를 찍든 마찬가지다. 둘째, 돈이 아슬의 금고로 들어간다. 아슬이 발행하는 티켓을 환자가 사는 방식이므로 돈이 아슬에 입금될 뿐 병의원이나 의사에게 수익이 되지 않는다. 셋째, 전문의 외래진료와 검사를 받을 때만 티켓이 필요하다. 가정의가 담당하는 일차의료는 환자에게 무상이고 병원의료도 무상이다. 환자가 병원에 입원해 관절 수술을 받든 암 치료를 받든 얼마나 오래 입원하든 아무 부담금이 없다.[91]

어쨌든 환자에게 일부나마 부담금을 물린다는 점에서, 건강을 개인의

기본권으로 보호하는 국영의료의 원래 목적에 어긋난다고 가브리엘레는
말한다.

> 처음에 국영의료는 환자가 돈을 전혀 내지 않는 무상의료로 설계했어요. 그
> 런데 정부 재정이 충분하지 않아 결국 전문의 외래진료와 일부 약값에 본인
> 부담금을 내게 되었지요. 취약한 계층에게 이 부담금은 의료 이용을 어렵게
> 하는 문턱이에요.

물론 본인부담금을 면제받는 사람도 있다. 65세 이상의 노인과 6세 이
하의 어린이, 가족의 소득수준이 높지 않은 환자, 실직자, 임신한 여성, 만
성질환자나 희귀질환자, 장애인, 산재환자, HIV(에이즈) 환자, 장기 기증
자다.

> 최근에 경제위기를 겪으면서 중앙정부가 본인부담금을 인상하는 법률을 만
> 들었어요. 그러나 우리 주의 방침은 다릅니다. 환자가 돈 문제로 의료를 제때
> 이용하지 못하면 질병을 키워 나중에 더 큰 비용이 들게 마련이에요. 그래서
> 우리 주는 본인부담금을 인상하지 않았어요.

에밀리아로마냐 주정부는 재정이 튼튼해 그렇게 할 수 있었지만, 남부의
가난한 주에서는 본인부담금을 인상했다고 한다. 가난한 지역에 사는 시민
이 부담을 덜기는커녕 의료 이용에 돈을 더 내야 한다니 걱정할 일이다.

동네 외래진료센터
동네에 있는 의료기관으로 대표적인 곳이 외래진료센터다.[92] 이곳에는
과목별 진료실이 있어 전문의가 환자를 진료한다. 엑스선촬영 등을 하는

영상의학검사실, 환자의 혈액을 채취하는 채혈실, 물리치료실 등이 있다.[93] 우리나라 종합병원에서 외래진료 시설만 따로 떼어 독립시킨 듯한 곳으로, 안나마리아가 독감백신을 가지러 갈 때 같이 방문한 코사토 분소가 여기에 해당한다.

인구 약 2만 명에 한 곳씩 외래진료센터를 설치해요. 센터의 크기나 구성은 동네마다 다르고요. 인구 규모와 지리적 여건을 고려하지요.

인구 2만여 명마다 외래진료센터를 둔다면 서울에는? 인구가 약 1천만 명이니 500개소가 필요하겠다. 그러나 지금 서울에 공공 외래진료 시설은 25개 구에 하나씩 있는 보건소, 하나씩 설치된 보건분소뿐이다.[94]

센터에 어떤 과목의 진료실을 둘지, 전문의가 몇 사람이 필요할지, 영상의학검사실을 어느 정도의 규모로 할지 등은 그 동네의 수요에 맞춰 정합니다. 어느 곳에나 심장병과 고혈압 환자가 많으니 심장내과는 필수지요.[95] 당뇨병을 진료하는 내분비내과도 그렇고요. 그 외에 정신과, 안과, 재활의학과, 알레르기내과도 필요해요.

심장내과, 내분비내과로 잘게 나눠 분과 전문의가 진료한다는 말에 나는 문득 의문이 든다. 동네마다 두는 작은 센터라면 굳이 분과로 나누지 말고 '내과' 전문의가 통틀어 진료해도 충분하지 않을까? 분야를 세부적으로 나누면 전문성을 높일 수는 있지만, 칸막이 진료에 따르는 비효율도 있다. 그래서 우리나라에서는 큰 대학병원에서나 세부 분과로 구분하며 작은 병원에서는 '내과' 전문의가 고혈압, 당뇨병, 위장병 등을 두루 진료한다. 그러다가 아차, 알아차린다.

이곳과 우리나라는 의료제도가 다르다. 가장 큰 차이가 '일차의료제도가 있는가'에 있다. 일차의료제도가 없는 우리나라에서 전문의는 자기 분야에 해당하는 환자를 골라서 의뢰해 주는 가정의가 없어, 환자가 찾아오는 대로 진료해야 한다. 그러니 어떤 전문의든 넓은 범위에서 진료할 수밖에 없다. 그가 심장내과, 내분비내과 등 세부 분과 전문의 자격을 가졌더라도 사정은 마찬가지다. 따라서 우리나라에서는 큰 대학병원을 벗어나면 전문의의 분과별 구분에 의미가 없어진다. 그러나 이탈리아는 일차의료가 뿌리내린 사회로, 전문의는 세부적이고 기술적인 진료를 맡는다. 즉, 넓은 범위에서 환자를 보는 초기 진료를 가정의가 맡고 가정의가 환자를 전문의에게 의뢰할 때는 세부 분야를 지정해 보낸다. 그러니 동네의 작은 외래센터에도 심장, 내분비, 알레르기 등 세부 분과별 전문의가 있어야 한다.

모성보호 가족상담실

이 상담실은 일찍이, 국영의료가 도입되기에 앞서 설립된 공공기관이다. 1975년에 여성의 건강을 보호하는 법률이 제정되고 이에 근거해 설립되기 시작했다.

> 가족상담실은 모성에 관련해 여성의 건강과 사회적 권리를 보호합니다. 조산사와 사회복지사가 여성을 상담하고 의사가 진료하지요. 임신, 출산, 산후 돌보기, 임신 중단, 피임, 입양, 성병, 성교육, 가정 폭력, 위기 가정 등에 관해 상담하고 진료해요. 누구에게나 무료입니다. 외국에서 이주한 여성이 가장 많이 이용하는 기관이에요.

조산사의 서비스 영역이 확고하다. 이탈리아어로 산부인과 의사를 오스테트리코(남성), 조산사를 오스테트리카(여성)라 쓰는데 이 둘은 똑같은

국영의료 안내서. 외국인에게 국영의료 이용 방법을 설명하는 책자다. 전체 25쪽 중 10쪽이 여성을 위한 내용으로, 특히 모성보호 가족상담실에 관해 자세히 안내한다. 이탈리아어 외에도 8개 국어(알바니아어, 아랍어, 중국어, 프랑스어, 영어, 루마니아어, 스페인어, 우크라이나어) 판이 나와 있다
© Ministero della Salute

낱말이다. 다만 남자 이름을 안토니오, 카를로, 로베르토처럼 오°로 끝맺고 여자 이름을 마리아, 소피아, 베로니카처럼 아ᵃ로 끝맺는 언어 관행에 맞추어 끝자리 철자에 차이를 두었을 뿐이다.[96] 이 명칭이 자리 잡던 옛 시대에 의사와 조산사는 그 역할과 사회적 신뢰 등에서 거의 같던 것이 아닐까 짐작하게 한다. 어쩌면 임신과 출산이 여성의 몸에 일어나는 것이니만큼, 여성인 조산사의 역할이 의사보다 더 컸을지도 모른다. 그 오랜 전통의 조산사가 지금도 가족상담실에서 가장 먼저 여성을 상담하고 돌본다.

눈길을 끄는 것이 임신 중단이다. 임신한 지 90일 이내에는 여성이 임신을 중단할 권리가 법률로 보호되므로 여성이 원하면 상담과 진료를 거친 뒤 사후피임약을 받거나 중절 수술을 받을 수 있다. 의사가 증명서를 발급하고 병원을 추천해 무료로 수술받게 해준다.[97] 에밀리아로마냐주에서

2015년 한 해 동안 가족상담실이 시행한 임신 중단이 17,000건을 웃돈다.[98] 가톨릭의 본고장인 이 나라에서 여성이 임신을 중단할 권리를 국가가 보호하게 되기까지 얼마나 많은 논쟁을 거쳤을까.

동네 장기요양시설

이탈리아 사람들은 장수한다. 평균 기대수명이 82.6세(2015년)로 OECD 회원국 중 일본, 스페인, 스위스와 함께 최고 그룹에 속한다.[99] 노인의 요양 서비스가 중요할 수밖에 없다.

장기요양시설에는 낮에만 이용하는 데이케어센터와 24시간 운영하는 요양원이 있어요. 양쪽 모두 간호, 재활, 돌봄을 제공하지요.
데이케어센터를 이용자는 장애인이 50%, 고령층이 35%, 정신질환이나 중독증을 앓는 사람이 10%입니다. 요양원에는 75%가 고령층이고요.

아슬이 직접 운영하는 장기요양시설도 있고 사립 기관이 운영하는 곳도 있다. 사립이라도 주정부의 공인 절차를 통과하면 아슬이 계약해 활용한다.

요양시설을 이용해야 할 환자가 있으면 가정의가 아슬에 의뢰합니다. 아슬의 평가 부서가 한 번 더 종합적으로 평가한 뒤 서비스 제공을 결정해요. 요양하는 사람의 평균 나이는 85세랍니다. 90세에 가까워질수록 요양 서비스 이용이 급격히 늘어요. 최대한 자기 동네에 있는 시설을 이용하게 해 노인이 가족과 사회에서 소외되지 않게 합니다.
장기요양 비용을 환자가 일부 부담해요. 환자의 소득수준이 어떠한지, 이용해야 할 서비스가 무엇인지, 동네의 기초 자치단체인 코무네에서 장기요양 비용을 지원하는지에 따라 환자가 내야 할 금액이 정해집니다.

전통적으로 가족의 결속이 강한 이탈리아인지라 거동이 불편한 노인을 가정에서 돌보는 예가 많다. 그러나 90세를 넘어서는 초고령 인구가 늘고 몸을 추스르기조차 어려운 중증 환자가 많아지면서 조금씩 장기요양시설의 이용이 늘어난다고 했다.

동네의료의 중심, 일차의료

가브리엘레가 칠판 대신으로 쓰던 종이를 새것으로 바꾸고 첫머리에 크게 MMG^{Medico Medicina Generale}(가정의)라 적는다. 가정의를 화두로 하여 그가 들려줄 이야기는 무엇일까.

가정의가 문이다

시작은 평범했다. 가정의를 '문'에 비유했다.

국영의료에 들어가는 문이 가정의예요. 시민이 가장 가까이에서 손쉽게 이용하는 문이지요. 이 문은 간단한 일차의료와 전문적인 의료 사이를 이어 주는 길이 되기도 해요.

사회에 고령층이 많아지고 만성질환자가 많아지면서 이처럼 '길을 열어 주는 문'인 가정의의 역할이 전보다 더 중요하게 되었다고 했다.

고령 인구가 많아지면서 만성질환자가 크게 늘었어요. 만성질환자의 건강 문제는 복합적입니다. 같은 질환을 앓아도 환자마다 병세가 다르고 의료 요구가 다르지요. 단순하고 획일적인 서비스로는 대응하기 어려워요.
만성질환의 악화를 예방하고 환자의 요구를 충족하려면, 다층적이고 입체적인 서비스가 필요해요. 그래서 가정의가 제공하는 일차의료가 예전보다 더 중요하게 되었어요. 다른 여러 분야를 연결해 통합하는 접점이 될 수 있으니까요.

피에몬테주, 에밀리아로마냐주를 가릴 것 없이 만성질환자가 늘고 있으며 이에 대한 대응 또한 공통된 과제인 것을 새삼 확인한다.

거의 모든 가정의가 그룹을 결성하다

에밀리아로마냐주는 일찍이 〈1999-2001 지역보건의료계획〉에 일차의료 정책의 밑그림을 담았다.

그때 처음으로 아슬에 일차의료부를 신설했어요. 그 부는 무엇보다 먼저, 가정의를 그룹으로 조직하는 일을 시작했고요.
  가정의가 그룹이 되면 아침부터 저녁까지 공백 시간 없이 일차의료를 환자에게 제공할 수 있어요. 그뿐 아니라 그룹을 단위로 해서 다른 분야와 연결하기 쉽게 돼요. 만성질환자에게 필요한 여러 서비스를 통합해 제공할 수 있는 거죠.

몇 해가 지나 2007년에 드디어 에밀리아로마냐주 가정의연맹과 주정부가 그룹 결성에 관해 협약을 맺었다. 그때부터 동네마다 가정의가 그룹을 만들었다.

우리 주 가정의의 90% 이상이 그룹을 결성했어요. 인구가 적은 산골짜기 동네에서는 의사 서너 명이 그룹을 만들고, 인구가 밀집한 도시의 주거지에서는 스무 명이 넘는 의사가 한 그룹에 모이기도 해요. 이 그룹을 '일차의료 핵'이라 부릅니다. 핵이 생명체의 중심인 것처럼 이 그룹이 동네의료의 중심이에요. 시민이 국영의료를 쉽게 이용하고 통합된 서비스를 제공받도록 보장하는 약속이고요.

에밀리아로마냐주의 연간 보고서에 따르면 2007년에 가정의는 모두 3,221명이었는데 그중 3,013명(94%)이 그룹을 만드는 데 참여해 214개 '일차의료 핵'이 결성되었다.[100]

복잡한 마음이 든다. 피에몬테주 코사토에서 가정의 열두 명과 토론했을 때, 그 의사들은 그룹 진료가 필요하다는 데 공감하면서도 의사-환자 관계가 손상될 것을 우려했고 통합가정돌봄을 위한 팀 활동에 심한 거부감을 보였다. 불과 몇 주 전 일이다. 그런데 지금 에밀리아로마냐주 볼로냐 아슬에서는 전혀 다른 이야기를 듣는다. 이 주에서는 통합 서비스를 목적으로 그룹 결성에 관해 가정의연맹과 주정부가 협약을 맺었고 거의 모든 가정의가 그룹에 참여한다는 설명이다. 어떻게 된 걸까. 피에몬테주와 에밀리아로마냐주 사이에 정책적으로 차이가 있어 결과가 달라진 걸까? 아니면 양쪽 주 정책에는 다를 바 없고 다만 현장에 있는 가정의의 생각과 아슬에 있는 정책 관리자의 생각이 서로 다르다는 현실을 내가 목도하고 있는 걸까?

직원을 배치하고 시설을 제공한다

그때 가브리엘레가 종이에 숫자를 적기 시작한다. '가정의 그룹에 배치되는 직원들'이라 한다.

아슬이 그룹에 직원을 배치합니다. 그룹 규모에 맞춰 직원 수가 달라지지요. 가정의가 5-7명일 때 조산사를 포함해 간호사 3-4명, 사회복지사 1명, 상담심리사 1명이 배치돼요. 간호사 중에 한 사람이 직원을 관리하는 코디네이터를 맡고요. 그룹 가정의와 아슬 직원이 팀을 이루는 거죠.

아, 이건 피에몬테주에 없는 일이다. 피에몬테주 코사토의 그룹 진료소에는 직원이 없다. 접수 직원조차 없이 가정의는 혼자서 환자를 기다린다. 그러나 지금, 에밀리아로마냐주에서는 그룹에 아슬 소속의 간호사, 사회복지사, 상담심리사를 배치해 가정의와 팀이 되게 한다고 설명한다. 배치되는 사람이 모두 분야별 전문직이므로 팀 내 활동만으로도 환자에게 상당한 정도의 통합 서비스를 제공할 수 있겠다. 아까 가브리엘레가 가정의 그룹을 '일차의료 핵'이라 불렀는데 생명체의 핵처럼 그걸 중심으로 여러 활동이 일어난다는 뜻인가 싶다. 가브리엘레는 이어서 말한다.

우리 주는 '일차의료 핵' 그룹 활동을 위한 건물을 새롭게 만들기로 했어요. 거기서 시민이 아무 때라도 가정의를 만날 수 있고 여러 분야의 전문 인력이 모이고 접촉하게 되니, 이에 맞춰 공간을 디자인했지요.

그 안에 반드시 있어야 하는 기본 시설이 안내, 예약 접수처, 가정의 진료실, 어린이 일차의료 진료실, 조산사 진료실, 간호사 진료실, 채혈실, 사회복지실, 회의실, 다목적실이에요.

동네마다 인구 규모나 여건이 다르므로 그룹 건물에도 대·중·소 유형을 두었어요. 소형에는 기본적인 시설만 있으면 되지만 중형이 되면 심장내과나 내분비내과 같은 전문의 진료실, 영상의학검사실, 물리치료실, 모성보호 가족상담실을 더해 기존 외래진료센터를 대신하게 했어요. 대형에는 노인이나 장애인을 위한 데이케어센터와 요양원까지 설치하고요.

이것 역시 피에몬테주와는 다르다. 코사토의 그룹 진료소에 설치된 것은 대기용 의자가 놓인 로비, 진료실뿐이다. 환자가 거기 오면 가정의를

만나는 것 외에는 달리 이용할 수 있는 서비스가 전혀 없다. 그러나 에밀리
아로마냐주에서는 그룹이 사용할 건물을 만들면서 가정의 진료실 외에도
간호사와 사회복지사의 상담실, 검사실, 과목별 전문의 외래, 물리치료실
등 다양한 시설을 넣는다. 환자에게 이른바 원스톱 서비스를 제공할 만하
다. 동네에 세워지는 건물이지만, 중형이나 대형쯤 되면 우리나라의 웬만
한 종합병원 외래진료부와 비슷한 규모다.

  기본 시설에 있는 다목적실이 무엇인지 물으니 시민의 참여 공간이라
한다.

다목적실은 시민에게 열려 있어요. 건강에 관련해 시민이 역량을 키우고 지
역의 건강 문제에 참여하도록 돕는 공간이에요. 건강에 관한 학습이나 단체
활동을 거기서 할 수 있어요. 다목적 체육실이 따로 있기도 해요.

  공간 구성에서 에밀리아로마냐주의 일차의료 정책을 실물로 본다. 시
민의 접근권 보장, 일차의료의 범위 확대, 여러 분야 간에 맞물림과 통합,
건강 문제에 시민의 참여 등을 이루려는 정책이다.

여기서 매일 12시간씩 진료합니다. 대개 평일 아침 8시부터 밤 8시까지예요.
당직 전담 의사실이 있는 곳에서는 휴일 없이 24시간 진료하고요. 동네 시민
에게 이곳은 건강을 지키는 요새나 다름없어요.

  이와 같은 일차의료 그룹 건물을 주 전체에 모두 122개소 세운다고 했
다. 에밀리아로마냐주 인구가 약 445만 명이므로 줄잡아 4만 명에 1개소
씩 세워지는 셈이다. 서울로 말하면 동마다 1개소 정도가 된다. 2015년
당시에 이미 80개소를 준공하여 운영 중이고, 해마다 10개소 정도를 새로
건축한다.

간호사가 통합 서비스의 연결과 소통을 담당해

아슬이 가정의 그룹에 배치하는 직원 중에 가장 많은 인원이 간호사다. 그룹에서 간호사가 어떤 일을 하는지 물어본다.

간호사는 주로 만성질환 관리를 담당해요. 환자에게 자가관리 기술을 가르쳐 주고, 병원에서 퇴원한 환자를 일정 기간 집으로 방문해 회복 과정을 돕고요. 환자에게 복합적인 문제가 있어 통합 서비스를 제공하게 되면 간호사가 그 사례 관리를 맡아요. 의사 등 전문가의 결정에 따라 여러 분야를 연결하는 실무를 하는 거죠.

과거에 간호사의 역할은 보조적이었지만, 최근에는 자율성이 커지고 있어요. 점점 더 중요해질 거예요.

예상을 넘어서는 답변이다. 간호사가 많은 역할을 하리라 물론 예상했지만, 가브리엘레의 말에는 훨씬 더 적극적인 내용이 담겨 있다.

다시 한번 에밀리아로마냐주와 피에몬테주 간에 다른 점을 발견한다. 피에몬테주 코사토에서 중증 환자에게 제공되는 통합가정돌봄을 보았고 맞춤형 서비스인 그 돌봄이 환자에게 큰 도움이 됨을 알 수 있었으나, 거기에 참여하는 여러 분야 간에 원활한 소통이나 연결에는 의문이 남았다. 그런데 에밀리아로마냐주에서는 가정의 그룹에서 만성질환을 관리하는 간호사가 통합 서비스의 사례 관리를 맡는다. 환자에게 어떤 분야의 서비스가 필요하고 어떤 형태로 통합돼야 할지를 의사 등 전문가가 결정하면 그에 따라 분야 간 연결 실무를 책임지는 관리자가 있는 것이다.

이런 여건에서는 통합 서비스와 관련해 다음과 같이 기대해도 될 것이다. "여러 분야 간 소통이 원활하다. 팀의 협력 수준이 높으며 팀 리더가 맡는 '분야 간 조정'도 순탄하다. 환자의 건강에 좋은 결과가 나타나고 가정의를 비롯해 참여한 인력이 느끼는 보람도 크다.”

가정의에게 그룹을 만들게 하고 일차의료에 다양한 서비스를 연결해 만성질환 관리 수준을 높이는 정책의 기본 틀에서는 피에몬테주와 에밀리아로마냐주가 일치하지만, 결국 양쪽 주에 정책적으로 뚜렷한 차이가 있음을 확인한다. 에밀리아로마냐주는 이에 더해 가정의 그룹에 아슬 소속의 여러 전문직을 배치해 일차의료 활동 자체를 확장하고, 다양한 활동이 안정적으로 일어나게 다양한 시설을 갖춘 건물을 제공하며, 간호사의 역할을 새롭게 해석해 통합 서비스의 사례 관리를 맡긴다. 더 적극적이고 한발 앞서 있다.

건강의집

그 일차의료 그룹 건물에 이름이 있다.

2010년에 새로 이름을 정했어요. ‘건강의집Casa della Salute’예요.

아, 건강의집! 그 이름을 이미 여러 자료에서 보았다. 이탈리아 의료제도에 관해 알아보려고 찾은 보고서와 논문에, 특히 최근 자료는 어떤 것에든 건강의집에 관한 소개가 있었다. 일차의료에 관련해 새롭고 중요한 시도가 담긴 집인 것을 알 수 있었으나, 어디서 어떤 맥락에서 만들게 되었는지를 알려 주는 글을 찾지 못해 늘 궁금했다. 그런데 그 집이 바로 에밀리아로마냐주에서 창안되었다니. 내가 우연히(?) 견학하러 온 이곳에서, 아마도 처음부터 그 집을 만드는 일에 참여했을 사람에게서 직접 설명을 듣다니. 이런 게 행운이지 싶다. 이탈리아에서 내게 행운이 잇따른다.

그 이름에서 다른 ‘집’이 떠오른다. 19세기 말부터 북부 이탈리아의 곳곳에 있었다는, 가난한 노동자와 소작인이 하루 일이 끝나면 거기에 모이곤 했다는, 조합을 만들고 정치 토론을 했다는, 읽을 줄 모르는 이에게 글을 깨우쳐 주었다는, 흥이 나면 다 같이 노래와 춤을 즐겼다는, '민중의집 Casa del Popolo'이다. 힘없는 사람들이 서로 의지해 불평등에 대항한 장소다.

수명이 길어진 시대에 사람들은 이제 만성질환에 맞서야 한다. 이들 또한 모이고 서로 의지해야 이겨낼 수 있다는 생각을 건강의집, 일차의료 그룹 건물을 부르는 새 이름에서 읽는다.

건강의집 견학

건강의집을 견학하게 해달라고 부탁하자 가브리엘레는 고개를 끄덕인다. 그러더니 당부하듯 덧붙인다.

건강의집은 건물이 아니고 네트워크입니다. 건물도 물론 있지만, 그건 시민에게 보이는 상징으로서 의미가 있고 그 건물을 중심으로 엮인 네트워크가 진정한 건강의집이에요. 가서 보면 알 거예요.

회의를 시작해야 한다고 사람들이 가브리엘레를 부르러 왔다. 한두 번와서 신호를 주었는데도 가브리엘레가 자리에서 일어나지 않자 나중에 온 사람은 아예 문을 열고 지켜선 채 가지 않는다. 아쉽지만 대화를 마쳐야 한다. 그런 중에도 가브리엘레는 핸드폰을 꺼내 건강의집 견학을 주선해 준다. 어딘가에 전화하는데 상대방은 간단한 몇 마디 말만 듣고도 금방 동의한 듯하다. 전화기 너머 그 사람은 내가 묵는 곳이 어딘지 묻더니 어떤 버스를 어디서 타고 어느 정류장에 내려야 한다는 것까지 일러 준다. 가브리엘레 또한 그 중요한 정보를 꼼꼼히 적어 내게 건네준다.

우리에겐 영국의 대처 총리가 없어서요

질문이 하나 더 있다. 가브리엘레만큼 고위직에 있는 사람과 대화할 기회가 또 있을 것 같지 않으니 이때를 놓칠 수는 없다.

1948년에 세계 최초로 국영의료를 시작한 나라가 영국이고, 이탈리아가 1978년에 국영의료를 도입할 때 참고한 나라도 영국이다. 그 영국에서 국영의료가 위기에 처했다. 정부가 재정 적자를 이유로 국영의료 예산을 줄이고 민간 자본을 끌어들여 민영화를 추진한다. 효율성을 높인다는 목표 아래 공공병원을 사립병원과 비용에서 경쟁하게 해, 의료의 질이 좋아지게 하는 것보다는 운영비 줄이기에 전념하게 만든다. 이대로 가면 이윤을 노리는 민간 자본의 입김으로 국영의료가 위축되리라는 우려가 크다.

그런데 재정적 어려움을 겪는 나라가 영국만이 아니다. 2008년에 미국의 금융위기에서 시작한 경기 침체로 이탈리아 경제도 크게 타격을 입었다고 알려져 있다.

"미국의 금융위기가 세계경제에 큰 영향을 미쳤다고 합니다. 영국이 민영화를 추진하는 것처럼 이탈리아도 국영의료를 축소하고 민영화하려는 움직임이 있나요?"

가브리엘레는 껄껄 웃는다.

"아니요. 다행히도 우리에겐 영국의 대처 총리가 없어서요."[101]

마가렛 대처Margaret Thatcher(1925-2013). 그는 1980년대를 주름잡은 영국 총리로 민영화를 강력하게 밀어붙인 '철의 여인'이다. 정부 기능을 줄이고 시장경제를 강화하며 사회복지를 축소했다.

나도 웃으며 가브리엘레에게 화답했다.

"아, 그렇군요. 참말로 다행이군요."

건강
의
집

'카사 델라 살루테'를 찾아서

아침부터 내리는 비는 그칠 줄 모르고 바람까지 불었다. 기대한 견학에
나서는데 해님이 반겨 주면 좋으련만 이곳의 가을은 하필 비 오는 절기다.
버스에 올라 볼로냐의 중세 유적 지역을 벗어나자 넓은 도로가 시원하게
펼쳐진다. 도심과는 판이한 현대식 시가지다.

버스에서

구글 지도에는 이 길을 따라가면 모터사이클 제조 회사인 두카티 본사
가 있다고 나와 있다. 두카티가 어떤 회사인지 검색해 보니 1926년에 창립
돼 고성능 모터사이클을 생산하는 세계적 기업이다.

'고성능 제품을 만드는 오래된 회사'라는 말에 퍼트넘의 연구가 떠오른
다. 그에 따르면, 공동체적 공화제의 전통이 강한 에밀리아로마냐 지역에
서는 같은 일을 하는 작은 회사끼리 조합을 만든다. 조합을 통해 행정, 원자

212

재 구매, 금융, 연구에 협력하는 한편 새로운 디자인 개발이나 기술 연마 등에는 서로 치열하게 경쟁한다. 경쟁이 협력과 공존하는 이와 같은 경제 구조 덕분에 대기업이 전혀 없는 상태에서도 고도의 발전과 번영을 이뤘다.[102] 이 길에 있다는 모터사이클 회사의 90년 역사도 이와 무관하지 않으리라 싶다.

목적지를 두어 정류장쯤 앞두고 있을 때 금발의 젊은 엄마가 유아차를 밀고 버스에 오른다. 이탈리아 버스는 바닥이 낮아 유아차나 휠체어가 오르고 내리기 쉽다. 귀여운 아기 얼굴을 보고 싶어 유아차를 바라보다가 문득 머리를 스치는 생각이 있다. 이렇게 비바람이 치는 날씨에 굳이 젖먹이를 데리고 어딘가에 가야 한다면 그건 혹시 예방접종? 그러다 혼자 피식 웃는다. 웬 직업의식이람.

90년 역사의 모터사이클 제조사인 두카티 본사가 있는 볼로냐에서 흔히 볼 수 있는 거리 풍경
ⓒGetty Images Bank

버스에서 내린 뒤 한 손으로 우산을 쓰고 한 손으로는 핸드폰 앱을 움직여 방향을 찾는다. 앱을 보며 걷다가 디지털 정보만으로는 아무래도 마음이 놓이지 않아 길가 식료품 가게에 물어본다.

"실례합니다. 폴리암불라토리오(외래진료센터)가 어느 쪽인가요?"

'카사 델라 살루테(건강의집)'라 하면 혹시 모를까 봐 더 오래된 이름으로 묻는다. 인도계 이주민으로 보이는 가게 주인장은 곧바로 앞 건물을 가리킨다. 그야말로 코앞에서 물어본 셈이다. 이탈리아는 어떤 기관에도 큰 간판을 쓰는 법이 없고 길모퉁이 안내판도 조그매서 어딘가를 찾아갈 때 애를 좀 먹는다.

현관이 5개나 있는 건물

보르고-레노 건강의집은 현대식 2층 건물로 아름드리나무와 풀밭에 둘러싸여 있다. 현관이 보여 들어서려다 어쩐지 정문이 아닌 듯 느껴져 되돌아 나온다. 건물을 빙 돌아 걸어가니 예상대로 더 넓은 현관이 있고 들어서자 정면에 커다란 안내대가 있다. 로비에는 사람이 꽤 많이 북적인다. 안내대 너머로 영상의학검사실, 재활의학과, 물리치료실 등의 팻말이 보인다. '루카 선생을 찾아왔다.'고 안내 직원에게 말하려는 순간, 쾌활한 목소리가 뒤에서 들린다.

"문 선생이신가요?"

돌아보니 콧수염과 구레나룻이 보기 좋은 남자가 계단을 내려오고 있다. 내가 올 때가 되어 마중을 나왔단다. 인사를 나눈 뒤, 저쪽 문으로 들어왔더라면 당신을 이렇게 만나지 못할 뻔했다고 농담 삼아 말하니 그가 하는 말,

"이 건물에 현관이 5개랍니다."

5개나? 현관이 그렇게 여럿 있어야 하냐고 묻자 빙긋 웃는다.

이 안에 정신건강센터가 있거든요. 정신과 진료실을 매일 12시간씩 아침부터 저녁까지 여는 센터예요. 환자가 그곳을 쉽게 이용하려면 가까이에 현관이 따로 있어야 하는데 그쪽에만 입구를 따로 두면 정신과 환자를 분리하고 차별한다는 느낌을 줄 수 있겠지요. 그래서 아예 현관을 더 많이 만들었어요. 어느 쪽에서든 쉽게 들어올 수 있고 누구도 차별받지 않으니 좋아요.

선 채로 벌써 견학 시작이다. 그런데 가만있자, 정신건강센터가 있다고? 건강의집이 동네 외래진료센터를 겸하는 곳이므로 전문 과목별 진료실이 있는 건 당연하다. 그러나 정신건강센터는 단순히 정신과 진료만 하는 데가 아니다. 정신질환을 예방하는 상담, 위기 환자의 사례 관리, 지속적인 치료, 사회생활에 밀착한 적응 프로그램 제공 등 많은 일을 하는 곳이다.

우리나라에도 이런 일을 하는 정신건강복지센터가 시·군·구에 1곳씩 있다. 관청이 설립해 운영하는 공공기관이다. 그런데 안타깝게도 사정이 열악하다. 서울 25개 구에 있는 센터 중 거의 전부가 민간에 위탁된 상태로 운영이 불안정하고 정신보건 간호사, 사회복지사, 임상심리사의 인원이 적어 사람마다 맡은 일이 태산이다. 감독권을 쥔 구청이 관심을 두는 것은 대개 몇 건 상담, 몇 명 관리, 몇 명 자살 등 숫자로 나오는 실적이다. 그러면서 인건비를 줄여라, 비용을 절감하라는 요구가 끊이지 않아 일하는 사람의 정신 건강이 위태로울 지경이다. 대개 입사한 지 2년이면 태반이 사직하고 나간다.103

볼로냐의 정신건강센터는 어떨까? 정신과 환자가 차별을 느끼지 않게 하려고 현관을 5개나 만들었다는 루카의 말이 묵직하게 다가온다.

모든 사람을 환영하는 집
루카는 의사이자 볼로냐 아슬의 공직자이며 보르고-레노 건강의집을

보르고-레노 건강의집에는 현관이 다섯 개다. 아침부터 밤까지 12시간씩 열어 두는 정신과 진료실이 있는데, 이곳에 오는 환자가 자기를 다른 사람과 차별한다고 느끼지 않도록 현관을 일부러 여럿 뒀다.

대표하는 관리자다. 영어를 자유롭게 구사하고 불청객이나 다름없는 나를 마치 반가운 손님처럼 대한다.

보르고-레노 건강의집은 2000년에 개관했어요. 볼로냐에 첫 번째로 만든 일차의료 그룹 건물이지요. 전에 있던 동네 외래진료센터를 헐고 새로 지었어요. 외래진료센터 시절에 이곳은 전문의 진료실이 몇 개 있고 영상의학검사나 혈액검사로 질병을 진단하고 치료하는 의료기관일 뿐이었어요. 하지만 건강의집은 그것 이상이랍니다.

루카는 우선 이 집을 둘러보잔다. 첫 순서로 안내대 담당 직원을 소개한다. 아까 나처럼, 현관을 들어서는 방문객이 맨 먼저 마주치는 사람이다. 중년 여성으로 평상복 차림인 그는 동네 사람처럼 인상이 친근하다.

"매우 중요한 분이에요. 이 집에 오는 모든 사람을 환영하지요."

루카는 내게 한 말을 이탈리아어로 바꾸어 직원에게도 들려준다. 내가 내민 손을 영문도 모르고 잡던 그는 루카의 말에 쑥스러워한다.

사람들은 검사, 진단, 재활 치료, 상담 등 저마다 다른 목적으로 이 집에 와요. 그래도 공통으로 원하는 것이 건강과 의료에 관한 정보예요. 정보를 얻도록 돕는 곳이 이 안내대랍니다. 무엇을 알고 싶은지 듣고 무슨 정보가 도움이 될지, 어디에 있는지, 어떻게 이용하면 좋은지 알려 주지요.

간단한 길 안내나 소소한 친절을 베푸는 안내대일 줄 생각했는데 그게 아니다. 사람들에게 정보를 안내하려면 일차의료, 전문의 진료, 가정돌봄 등 동네의료 전반을 알아야 하고 볼로냐 아슬의 사업에 관해서도 꿰고 있어야 한다. 그러니 동네 사람처럼 보이는 이분이 실은 경력이 오랜 베테랑 직원일 것이다.

이 집을 개관하고 1년 뒤에 방문객의 소감이나 의견을 간단한 메모로 받아 보았어요. 좋았다는 소감을 가장 많이 받은 데가 이 안내대예요. '우리를 환영하는 천사가 있어서 행운이었다, 중요한 정보를 제공해 주었다, 많은 도움이 되었다'는 소감이 줄을 이었지요.

'환영하는 천사'를 뵙게 되어 내게도 영광이다. 낯선 데서 현관을 들어서자마자 베테랑 직원이 눈을 맞추고 말을 건네 도와준다면, 문제를 안고 찾아온 사람에게는 천사를 만난 것과 다르지 않겠다.

구역 어린이 의사를 만나러 온 엄마 아빠

통로를 지나자 대기 공간이 나온다. 맞은 편에 열려 있는 방으로 루카가 성큼 들어선다. 긴 탁자와 의자가 줄지어 놓인 회의실인데 유아차를 밀거나 아기를 품에 안은 부모가 모여드는 중이다. 여기서 예방접종을 한다고 한다.

흰 가운을 입은 젊은 여자 의사가 선 채로 부모들을 맞이하다가 루카를 보고 미소 짓는다. 아! 의사 옆에, 아까 버스에서 본 금발의 엄마가 유아차를 탄 아기와 함께 있다. 이 날씨에 아기를 데리고 길을 나선 것은 역시 예방접종 때문이었다!

아빠와 엄마가 같이

때는 화요일 오전 11시. 그런데 놀랍게도 아빠와 엄마가 같이 온 집이 대부분이다. 우리나라에서라면 직장인이 일터를 결코 벗어나지 못할 평일 낮에, 젊은 남자들이 아기 예방접종에 같이 왔을 뿐 아니라 익숙한 솜씨로 아기를 돌보고 있다. 아빠들의 모습에 어색함이나 시간에 쫓기는 초조함은 없고 아내와 함께 아기에게 눈 맞추는 품이 즐거워 보이기까지 한다.

우리나라에서 아기의 예방접종은 '집에 있는 엄마'의 몫이다. 혹시 아빠가 같이하고 싶어도, 아기의 예방접종에 다녀오게 시간을 내주는 직장이 거의 없다. 엄마는 힘들고 아빠는 소외되는 이른바 '독박 육아'가 우리에게 상식이기 때문이다. 남편이 동참하기를 바라는 엄마들은 남편이 출근하지 않는 토요일에 맞춰 접종 날짜를 잡는다. 접종 뒤 아기에게 혹시 있을 부작용이나 이상 반응에 대처하려면 평일에 하는 편이 좋다는 것을 알지만, 게다가 토요일에 병의원 대기실에는 사람이 많아 복닥거리고 접종하기까지 '기다림의 지옥'이 따로 없지만, 남편과 함께하고 싶은 마음에 견뎌 낸다.

구역 어린이 의사

우리와는 대조적인 이곳 화요일 오전의 아빠 엄마를 복잡한 심경으로 바라보는데 의사가 다가온다. 루카가 통역한다.

나는 소아청소년과 전문의이고 볼로냐 아슬의 '구역 어린이 의사'입니다. 이

218

구역에서 아기 예방접종, 학교의 감염병 관리와 건강교육, 만성질환을 앓는 아이의 학교생활 지원을 해요.[104]

마침 예방접종을 하는 날에 오셨네요. 저는 정기적으로 날을 정해서 접종합니다. 접종에 앞서 부모 교육을 하고요. 아기에게 맞혀야 할 예방접종에 무엇이 있는지, 몇 번씩 언제 접종하는지, 접종한 뒤에 주의할 점이 무언지, 아기가 병을 앓고 있다면 접종을 어떻게 할지 등을 부모가 알아야 하니까요.

구역 어린이 의사가 있구나. 아이들에게 일차의료를 제공하는 의사 외에도 예방접종을 해주고 학교생활을 보살피는 의사가 더 있구나. 내 심경은 아까보다 더 복잡해진다.

교육-예방접종-상담을 느긋하게

환한 미소가 아름다운 그 의사에게 물어본다. 예방접종을 하면 보통 이렇게 부모가 같이 오는지?

아, 부모 교육 때문이에요. 나는 엄마와 아빠 두 사람이 모두 교육에 참석하라고 권해요.

중소기업의 고장인 에밀리아로마냐에서 사람들은 대개 작고 평범한 직장에 다닌다. 평범한 직장을 다니는 평범한 사람이 아기 예방접종 날에 부모 교육을 받으러 시간을 낼 수 있는 사회, 남자든 여자든 육아의 부담과 즐거움을 더불어 나누는 사회가 부럽다.

그곳을 떠났다가 한참 뒤 다시 지나게 되었는데, 대기실에 엄마 아빠들이 여전히 아기와 함께 있다. 부모 교육은 끝났고 의사가 아기를 한 명씩 접종하면서 부모와 상담하는 중이라며 차례가 되기를 기다린다. 부모 교육

-예방접종 -상담으로 이어지는, 식사로 말하면 풀코스 만찬이 이어지는 셈이다.

두 시간이 족히 지났지만 아직도 일고여덟 집이 남았다. 의사가 상담에 시간을 넉넉히 들이는 모양이다. 점심때가 지나가고 있는데 차례를 기다리는 사람들은 그저 느긋했다.

과목별 전문의 진료

로비 한쪽으로 칸막이가 세워진 안쪽에 접수대와 대기 의자 여남은 개가 놓여 있다. 진료나 검사를 예약하는 접수처라고 한다. 전화나 인터넷으로도 할 수 있지만, 직접 와서 예약하는 사람이 지금도 많다고 루카는 빙긋 웃는다.

다양한 진료를 예약제로 이용한다

전문의 진료실이 줄지어 있는 복도다. 진료실은 어림잡아 열 개가 넘어 보인다. 전문의 진료는 철저한 예약제다. 일차의료 의사가 전문의 진료를 의뢰하면 환자가 예약해 진료 날짜와 시간, 장소를 지정받고 이곳에 온다.

보르고-레노 건강의집에 심장내과, 내분비내과, 산부인과, 피부과, 정형외과, 류머티즘과, 재활의학과, 신경과, 안과, 이비인후과, 정신과, 소아신경정신과, 치과가 있다.105 환자가 가장 많이 찾는 과목이 무엇인지 루카에게 물어본다.

심장병이나 고혈압 환자, 당뇨병 환자가 많아요. 평소에 일차의료 의사가 환자에게 약을 처방하고 건강관리를 지도하지만, 건강 상태에 변화가 있거나 심장초음파 같은 검사가 필요하면 환자를 심장내과 전문의에게 의뢰해요. 마찬가지로 당뇨병 환자는 내분비내과에 의뢰하고요.

볼로냐시 인구의 24%가 65세 이상이에요. 초고령 사회지요. 그래서 내과 외에도 관절염을 치료하는 류머티즘과, 다치거나 중증질환을 앓는 환자에게 몸의 기능을 되찾게 해주는 재활의학과가 중요해요.

설명을 듣고 보니 진료 과목이 많은데 외과계 과목에는 정형외과 하나뿐이다. 이 정도 규모의 진료센터라면 일반외과, 신경외과, 비뇨기과도 있어야 하지 않을까? 그러다 아차, 내 안에 있는 '익숙한 오해'가 또 한번 튀어나왔음을 깨닫는다.

이곳은 병원이 아닌 건강의집, 즉 동네의료의 거점이다. 동네의료에서는 시민이 자기가 사는 동네에서 생활에 병행해 외래나 왕진 방식으로 의료를 이용하게 돕는다. 입원·수술을 해야 하는 환자가 있으면 의사들이 판단해 병원으로 가게 한다. 그러니 건강의집에는 병원과 달리, 주로 입원시켜 수술할 환자를 진료하는 외과계 진료실이 거의 필요하지 않다. 대신에 내과계, 재활의학, 정신과 등에 진료실을 많이 두어야 한다. 나는 우리나라식 종합병원 내부의 외래 체계에 익숙하다 보니 그걸 자꾸 잊어버린다.

안과 진료실

루카는 내게 진료실 안을 보여 주려고 잠시 복도를 서성거린다. 그때 마침 누군가 문을 열고 들어가는 방이 있어 재빨리 따라 들어간다. 안과 진료실이다. 막 전등을 켜던 남자 의사는 놀란 얼굴로 우리와 인사를 나눈다. 햇빛이 차단된 방 안에는 눈을 진찰하는 세극등과 시력검사기 같은 안과 진료 장비가 있다. 주로 어떤 환자가 안과에 오는지 의사에게 물어본다.

안경을 맞추려고 시력검사를 하러 오는 사람이 많지요. 그리고 노인 환자가 많아요. 고령층에는 안과 질환이 흔히 있으니까요. 눈물관이 막혀 염증이 생기거나, 당뇨병을 앓는 환자에게 망막 이상이 생겨서 오기도 해요. 또 녹내장도 있고요.

의사가 말하는 안과 진료의 양상이 우리나라와 비슷하다. 그러나 한편 다른 점도 있다. 출근한 의사가 잠긴 문을 혼자 열고 들어가 전등을 켠다는 점이다. 우리나라에서라면 진료실에 의사를 보조할 간호사나 간호조무사가 배치되어 미리 방문을 열고 진료 준비를 하겠으나, 여기는 그렇지 않다 (이후 다른 곳도 견학하며 느낀 바로는 이 건강의집뿐 아니라 이탈리아의 의료기관 어디서도, 의사들 자신도, 외래진료하는 의사에게 간호 직원의 보조가 필요하다고 생각하지 않는 것 같다).

산부인과 진료실

루카는 산부인과 진료실에 꼭 들어가 봐야 한다며 진료 중인 방을 노크하더니 문을 밀고 들어간다. 나이가 지긋한 여자 의사는 무단 침입한 우리에게 고맙게도 너그러운 미소를 지어 준다.

산부인과라지만, 몸에 대한 진찰은 옆방에서 따로 하는 듯 그 방에 아무 의료 장비가 없다. 탁자를 사이에 두고 의사와 환자가 마주 앉은 방은 그저 단순하고 정갈하다. 루카가 환자에게 양해를 구한 뒤 의사에게 산부인과 진료에 관한 설명을 부탁한다.

네, 나는 산부인과 전문의랍니다. 임신을 진단하고 산전 진찰을 해서 여성과 태아의 건강을 돌봐요. 분만 서비스는 여기서 직접 하지 않고 아슬이 직영하는 마조레 종합병원을 이용하게 하고요. 출산 뒤에는 다시 아기 엄마의 산후 관리와 모유수유 교육을 여기서 합니다. 병원에서는 분만만 하는 거지요.

루카가 그 말을 통역하며 덧붙인다.

가족상담실을 알고 있나요? 건강의집이나 외래진료센터에 있는 상담실이에
요. 여성을 조산사와 사회복지사가 상담하고 건강 문제뿐 아니라 경제나
주거 같은 사회적인 어려움도 해결하게 도와줘요. 산부인과 진료실이 가족상
담실과 통합되어 있답니다. 진료실 전문의가 가족상담실 의사를 겸해요.
    산부인과 진료에는 가정의의 의뢰가 필요 없어 어떤 여성이든 쉽게 이용할
수 있어요. 또 거의 모든 검사나 치료가 무료여서 돈이 없는 환자도 걱정 없이
올 수 있고요.

　　이탈리아 국영의료가 모성보호를 다른 무엇보다 중요하게 여김을 알 수
있다. 원칙적으로 국영의료는 전문의 진료에 관하여 엄격하다. 가정의의
의뢰가 없으면 진료를 받을 수 없어 예약도 안 된다. 또한 유료 서비스이므
로 환자는 아슬이 판매하는 티켓을 반드시 사야 전문의를 만난다. 그런데
산부인과에 대해서만은 이 두 가지 규칙을 허물어 여성이 쉽게 진료받게
했다. 그뿐 아니라 모성보호 가족상담실을 통해 건강 문제 외의 어려움에
대해서도 돕는다.
　　의사가 잔잔한 미소를 머금고 진료에 관한 설명을 이어간다.

임신과 출산 다음으로는 암 검진을 하러 오는 사람이 많아요. 무료검진을
제공하니까요. 자궁암검사를 25-64세 여성이 3년마다 하고, 유방촬영검사
를 45-74세 여성이 1-2년마다 하게 해요. 아슬이 홍보를 하지만, 시민도
스스로 암 검진에 관심이 커서 정기검진을 놓치지 않아요.

그 외에 감염증 같은 부인과 질환을 치료하거나 피임약 처방이나 자궁 내 장치 등 피임 시술을 받으려고도 많이 와요. 또 그보다는 적지만, 심리적인 문제나 완경기 증세, 임신 중단 때문에 오기도 하고요. 몇 년 전부터는 불임에 관한 상담과 진료도 합니다.

산부인과에서 무료로 제공하는 진료 범위가 넓다. 어려운 처지의 여성, 특히 이주민 여성에게 더없이 고마운 장소일 것이다.

의사에게 인사하고 진료실을 나오면서 환자에게도 인사한다. 진료 도중에 기다리게 해서 미안했다. 젊은 여성이었는데 무슨 진료를 받으러 왔을까. 혹시 임신해서 온 걸까. 고요한 이 방에서 의사를 만나면 누구에게도 보이지 못한 속마음을 털어놓게 될 성싶다. 루카가 이 방을 꼭 보여 주려던 이유도 그것이 아닐까.

치과 진료실

모퉁이를 돌자 널찍하게 구획된 별도 공간이 나타난다. 대기실을 가운데 두고 빙 둘러 진료실이 몇 개 있고 흰색 유니폼을 입은 직원이 이쪽저쪽으로 오간다. 치과다. 진료실 문이 다 열려 있어서 안이 보인다. 모든 방에서 진료 중이다. 진료에 열중한 치과의사와 직원들은 루카가 던진 인사에도 그저 힐끗 눈을 맞출 뿐이다.

대기실에 무슬림 가족이 보인다. 히잡을 쓴 엄마와 노동자 차림의 아빠가 일고여덟 살로 보이는 아들과 함께 있다. 아이는 두리번거리고 엄마 아빠는 치과 직원과 이야기를 나눈다. 아이의 진료 결과를 설명 듣는 듯한데 젊은 엄마의 얼굴에 환한 미소와 함께 기쁨이 가득하다. 진료 결과가 만족스러울 뿐 아니라 비용 문제도 해결되었음을 그 표정이 말해 준다. 루카도 그 가족을 흘깃 보며 말한다.

아이들의 치과 진료에는 걱정이 없어요. 0세에서 14세의 아이에게는 정기 구강 검진과 예방적 서비스가 무료고, 이를 뽑거나 충치 치료를 할 때도 약간의 비용만 부담하면 되니까요.

그런데 성인에게는 국영의료에 치과 서비스가 거의 없어 문제라고 한다.

성인이 되면 희귀질환, 약물중독, 장기이식, 면역결핍증 환자일 때에만 국영의료의 무료 치과 진료를 받을 수 있어요.
그래서 우리 주에서는 치과 진료를 돕는 프로그램을 따로 만들었어요. 가족의 연간 소득이 8천 유로보다 적으면 무료, 8천에서 2만 유로까지는 일부 비용만 환자가 부담하고 치과 서비스를 받을 수 있게 말이지요.

그러나 소득이 웬만큼만 되면 이에 해당하지 않아 성인 대부분이 치과를 사적 서비스로 이용해야 한다. 치과 의원은 많지만 진료비가 비싸 시민의 부담이 크단다. 국영의료가 해결해야 할 과제다.

전문의 진료와 대기 환자

보르고-레노 건강의집에서 외래진료 시간이 평일은 아침 7시 20분에서 저녁 7시 20분까지, 토요일은 아침 7시 20분에서 오후 1시 20분까지다. 평일에 열두 시간씩이면 매우 긴데 전문의들이 그 시간 내내 근무하는지 물어본다.

의사는 자기에게 정해진 요일, 정해진 시간에만 와서 진료합니다. 아슬과 계약할 때 진료 시간을 정하지요.

우리에게는 매우 생소한 전문의 근무 방식이다. 우리나라와 달리 이탈리아에서 전문의는 가정의가 의뢰한 환자를, 철저한 예약제로 진료한다는 사실을 나는 새삼 떠올린다. 루카도 제도적 요소를 짚어 준다.

> 아 참, 외래진료 전문의가 일차의료 의사와 마찬가지로 독립 직업인이라는 것, 아슬과는 고용이 아닌 계약 관계에 있다는 걸 알지요? 전문의 보수는 시간당 정액으로 정해지고요.[106]

전문의는 독립 직업인이며 외래진료 시간당 정액을, 즉 환자를 몇 명 보는지에 관계없이 진료 시간의 길이로 보수를 받는다. 이런 보수 체계에서 의사는 환자의 말에 귀 기울이고 또 상세히 설명하는 데 넉넉한 시간을 쓸 수 있다. 한편, 진료에 진행 속도가 느려 예약한 환자가 진료받기까지 대기 기간이 길어질 우려도 있겠다.

어떤 진료과에 대기 환자가 많아질 때 어떻게 하는지 물어본다.

> 그럴 때는 그 과목에 일시적으로라도 전문의를 더 많이 확보해야 해요. 그건 중요한 문제예요. 환자가 너무 오래 대기하지 않고 진료받을 수 있도록, 아슬이 환자의 예약과 대기 상황을 모니터링한답니다.

국영의료를 비판할 때 첫손에 꼽는 문제가 대기 기간이 길다는 점이다. 이탈리아에서도 영국에서도 이에 관련한 비판과 불만이 있다. 이탈리아에서는 특히 전문의 외래진료에 대기 기간이 길다고 한다.

환자의 대기 기간을 줄이기 위해, 이미 계약된 전문의가 더 많은 환자를 볼 수 있도록 진료 시간을 늘리게 하기도 하는지? 이 질문에 루카는 머리를 갸웃한다.

산도나토–산비탈레 건강의집. 에밀리아로마냐주에는 건강의집이 109개소가 있다(2019년 8월 현재). ⓒ Azienda USL di Bologna

그렇게 할 수도 있지만, 전문의의 진료 시간을 늘리는 게 간단치 않답니다. 전문의는 여기 외에 다른 외래진료센터에서도 진료하거든요. 병원에서 시간제 진료를 하기도 하고, 사립병원이나 사립 외래진료센터에서 사적으로 환자를 진료하기도 해요. 사적 의료에서는 환자가 접수하면 대개 며칠 내로 원하는 진료를 받게 해주지요. 대신에 비싼 진료비를 받아요. 전문의도 거기서는 보수를 많이 받고요.

전문의의 활동 방식이 단순치 않음을 알게 된다. 독립 직업인으로서 전문의는 국영의료와 사적 의료 양쪽에서 진료할 수 있다. 아슬의 외래진료센터나 건강의집에서 국영의료 진료를 하지만, 한편으로 사적 의료기관과도 계약해 일한다.

때로 환자는 전문의 진료를 받으려 할 때 국영의료와 사적 의료를 두고 고민하게 되겠다. 특히 국영의료에서 대기 기간이 길 때 그럴 것이다.

일차의료를 확장하는 공간들

위층으로 올라간다. 층 전체가 일차의료 공간이라 한다. 건강의집이 애초에 '일차의료 그룹 건물'로 탄생했음을 생각하면 나는 지금 보르고-레노 건강의집에서 핵심 공간에 들어선 셈이다.

간호사 진료실

계단이 끝나고 로비처럼 트인 곳에 안내대가 놓여 있다. '간호사 진료실'이다. 나이가 지긋한 간호사 한 사람이 분주히 오가며 뭔가 하는 중이다. 간단히 인사를 나눈 뒤 이곳에서 하는 일을 소개해 달라고 하자 그는 어리둥절해한다. 루카가 먼저 설명을 시작한다.

과거에 간호사는 주로 병원에서 입원환자를 돌보는 일만 했어요. 동네의료에서 역할은 거의 없었지요. 그러나 고령 인구가 많아지고 만성질환자가 늘면서 상황이 달라졌어요.

1994년에 간호사의 전문성을 넓게 정의하는 법령을 제정했답니다. 대학을 졸업해 자격을 취득한 간호사가 질병 예방, 환자 돌봄, 보건교육의 넓은 영역에서 전문 인력이라고 법으로 인정한 거예요. 그때부터 간호사가 병원 입원환자의 간호뿐 아니라 동네에서 하는 만성질환 관리, 가정돌봄 등으로 활동 범위를 넓히게 되었어요. 독립 직업인이므로 단독 개업도 할 수 있고요.

건강의집에서도 간호사의 활동 범위가 넓어요. 진료실, 가정돌봄, 사례 관리, 다분야 팀 활동 등 여러 역할을 맡으니까요. 그중에 간호사 진료실은 가장 기본적인 의료를 제공하는 곳이에요.

루카가 내게 진지하게 설명해 주는 모습을 보고 마음이 놓였는지 이 장소의 주인장인 간호사가 자기 일에 관해 말해 준다.

먼저, 주사 처방전을 받아 온 환자에게 주사를 놓아 줍니다. 근육주사든 정맥주사든 여기서 놓아요.
다음으로는 혈액검사를 처방받은 환자에게서 채혈합니다. 채혈한 검체는 보관했다가 매일 오후에 마조레 종합병원의 검사실로 보내요.
피부의 상처를 치료합니다. 다친 상처든 수술 후 봉합 부위든 소독하고 드레싱을 해줍니다.
부착 장치를 사용하는 환자에게 사용법을 가르쳐 줍니다. 대장을 수술해 인공항문에 배변 주머니를 사용하는 환자 등이지요. 환자가 스스로 관리할 수 있도록 방법을 알려 줘요.
환자 관찰실을 관리합니다. 의사에게서 검사나 치료를 받은 뒤 안정이 필요한 환자를 이곳 관찰실 침대에 머물게 하지요.

간호사가 서 있는 바로 옆으로 침상이 두어 개 놓인 관찰실이 보인다. 간호사 진료실에서 담당하는 일은 언뜻 단순해 보이지만, 환자를 진단하고 치료하는 데 어느 것 하나 빠져서는 안 되는 필수 시술이다. 동네에서 이런 시술을 받을 수 있어야 종합병원에 가는 수고를 던다.

간호사의 당뇨병 자가관리 교육
간호사 진료실에서 담당하는 중요한 서비스가 하나 더 있다. 당뇨병 환자를 위한 교육이다. 루카가 설명한다.

당뇨 환자의 자가관리 교육을 간호사가 맡고 있어요. 환자가 혈당을 스스로 관리할 수 있게 일대일로 지도하는 교육이에요. 의사가 환자를 의뢰하면 간호사가 환자를 상담하고 정확한 관리 방법을 익히게 해요. 채혈침과 혈당 측정기를 사용하는 법, 인슐린 주사를 놓는 법, 인슐린 펌프를 사용하는 법을 가르쳐 주지요. 교육을 마치면 환자에게 인슐린 펌프와 혈당 측정기 같은 장비와 소모품을 제공하고요.

혈당 관리에 서툰 환자가 간호사의 개인 지도로 기술과 요령을 익히는 광경을 떠올려 본다. 처음 관리를 시작하는 환자뿐 아니라 정기적으로 소모품을 보충하는 환자도 간호사를 만나 자가관리 상황을 점검할 수 있어 도움이 될 것이다.

유료인지 궁금하다. 환자가 간호사 진료실에 올 때 티켓 구매, 즉 본인부담금을 내야 하는지?

티켓? 아니에요, 간호사의 서비스는 어떤 것이든 환자에게 무료입니다. 의사가 쓴 의뢰서나 처방전만 제시하면 돼요. 다만 당뇨병 교육에 예약은 필수고요.

아무 부담이 없으니 환자에게는 더욱 좋겠다. 하나 더 묻는다. 당뇨병 환자를 위한 교육을 가정방문으로도 해주는지?

물론이지요. 여기에 직접 오기 어려운 환자에게는 가정돌봄 간호사가 집에 가서 자가관리 방법을 가르쳐 줘요. 주사, 채혈, 상처 치료도 마찬가지예요.

가정의가 내준 가정돌봄 처방전을 환자나 가족이 접수창구에 제시하면
돼요. 건강의집에 창구가 있고 전화로도 신청할 수 있어요.

이 또한 무료다. 거동이 불편한 환자가 자기 집 침대에서 아무런 비용
부담이 없이 간호사의 방문 돌봄을 받을 수 있다. 혈당 관리 상태를 점검해
주고 물품을 가져다주기까지 한다.

가브리엘레의 말을 떠올린다. 동네의료에 적지 않은 예산이 들어가지
만, 질병 예방과 조기 치료의 효과가 크고 병원의료에 의존도를 낮추므로
오히려 경제적이라 했다. 그처럼 분명한 확신이 있어, 이렇게 적극적으로
동네의료 활동을 벌이는 것이겠다.

회의실의 다분야 전문가팀

복도로 들어서며 루카가 문 하나를 슬며시 연다. 긴 탁자가 놓인 회의실
이다. 빙 둘러앉아 큰 소리로 말을 주고받던 예닐곱 사람이 일제히 이쪽으
로 고개를 돌린다.

다분야 전문가팀이 만성질환자 사례를 두고 회의하는 중이라 한다. 가
정의, 간호사, 물리치료사, 사회복지사, 정신과 전문의, 필요하면 다른 전
문의까지 포함하는 팀이다. 팀원에 여성이 많으나 남성도 몇 있고 연령층
은 20대 후반에서 60대까지로 다양해 보인다. 흰색 의료용 가운을 입은
이는 아무도 없고 대부분 평상복 바지에 가벼운 윗옷, 조끼, 점퍼를 걸친
차림새에서 금방이라도 자동차에 시동을 걸고 달려 나갈 듯 역동성이 느껴
진다.

루카와 가벼운 인사를 나누기가 무섭게 그들은 다시 고개를 돌려 회의
를 계속한다. 루카는 내가 관찰할 수 있도록 잠시 문을 열어 둔다. 가운데쯤
에 앉은, 심각한 표정에 눈이 부리부리하고 목소리가 큰 여성이 회의를 이

끄는데 이쪽저쪽에서 빠른 속도로 발언이 나온다. 잠깐의 관찰이지만, 참석자가 저마다 적극적이고 서로 수평적이며 매우 진지해 보인다. 루카가 문을 닫은 뒤 말한다.

다분야 전문가팀은 매주 10-12명의 중증 환자 사례를 다뤄요. 환자에게 필요한 여러 서비스가 통합되도록 회의에서 논의하고 조정하는 거예요. 인구가 고령화하면서 당뇨병, 심부전을 앓는 환자가 많아졌고 그중 상당수에서는 건강 문제가 복합적이라 그 질환 환자를 집중적으로 돌보고 있어요.
　동네에서 이렇게 돌보다가 환자의 병세가 나빠지면 병원에 입원하게 됩니다. 그러면 이 팀은 병원 의료진과 협력해 입원 중인 환자의 경과를 관찰하고, 퇴원할 때 다시 환자에 대한 책임을 넘겨받고, 가정돌봄을 포함해 통합 서비스를 제공하고, 환자의 건강 상태가 안정기에 들어설 때까지 계속 돌봐요.

통합가정돌봄을 위한 정예부대라 할 만했다. 그동안 상상으로만 그려본 통합가정돌봄팀, 다분야 전문가팀을 이 회의실에서 생생하게 보았다.

가정의 그룹 진료실

조금 더 가니 진료실이 여러 개 잇달아 있다. 한쪽 진료실에서 문이 열리고 환자가 나가자, 루카가 얼른 그 방을 들여다보며 의사에게 인사를 건넨다. 컴퓨터 모니터를 보던 여자 의사가 밝은 미소로 화답하는 동안 나도 방 안을 잠시 들여다본다. 진료용 책상과 의자가 놓인 평범한 진찰실이다. 문을 닫고 조용한 복도를 지나며 루카가 말한다.

이곳은 그룹 진료실로 가정의 여러 명이 공동으로 사용해요. 그룹에 소속된 가정의 중 적어도 한 사람은 언제든 이곳에 있어요. 갑작스럽게 진료받으러 온 환자가 있을 때, 자기 가정의가 없더라도 그를 대신하는 다른 가정의에게 진료받을 수 있는 거죠. 그룹 안에서는 의사들끼리 정보를 주고받아서, 자기에게 등록한 환자가 아니더라도 적절하게 진료해 줘요.

보르고-레노 건강의집은 규모가 큰 편이라 이 집에 거점을 둔 가정의 그룹이 7개예요. 가정의가 모두 46명, 어린이 일차의료 의사가 8명이고요. 그 의사들이 담당하는 보르고 구역과 레노 구역의 주민이 6만 명을 웃돌아요.[107]

새삼 이 집의 임무가 막중하다는 생각이 든다. 이 집은 인구 6만 명이 언제든 가정의를 만날 수 있게, 일차의료 의사 54명이 다른 여러 분야의 인력과 팀이 되고 연결되게, 만성질환자가 자가관리를 익히게, 중증 환자가 집에서 맞춤형 돌봄을 제공받게, 수많은 활동이 일어나게 하는 중심점이다. '건강의집은 네트워크'라던 가브리엘레의 말뜻을 알 듯하다.

에밀리아로마냐주 정부가 그룹 정책에 성공할 수 있었던 것은

가브리엘레에게 미처 하지 못한 질문을 루카에게 던진다. 에밀리아로마냐주에서 가정의를 그룹으로 연결하는 정책이 성공을 거둔 까닭이 무엇일지? 그는 주저하지 않고 답한다.

건강의집이 있기 때문이 아닐까요? 토스카나와 우리 주 외에 다른 곳에는 아직 건강의집이 많지 않다고 해요. 전혀 없는 곳도 있고요.[108]

그렇다. 설령 그룹 정책에 찬성하지 않는 가정의라도 건강의집을 사용하는 데에는 선뜻 참여하리라 싶다. 루카의 대답이 이어진다.

의사와 환자 사이의 관계를 보호한다는 사실도 중요하겠군요. 가정의와 등

록한 환자와의 관계는 특별한 신뢰의 관계니까요. 그룹 정책을 추진하면서
이 관계를 철저히 보호했어요.

그리고 더 있다.

한 가지 더 있어요. 온라인 의료정보체계예요. 우리 주가 개발한 정보체계인
데 벌써 10여 년 전부터 사용된답니다. 약 처방, 검사 결과 등을 온라인으로
주고받아요. 그룹에서 가정의끼리 환자 정보나 임상 진료 지침을 공유할 수
있고요. 다른 주에서는 아직 만들지 못했다고 하더군요.

온라인 의료정보체계. 그걸 개발하는 데 많은 인력과 시간과 비용이 필
요했을 것이니, 에밀리아로마냐주가 일차의료 강화에 얼마나 공을 들였을
지 다시 한번 실감한다. 조금 전 가정의 진료실에서 의사가 컴퓨터 모니터
를 보던 모습이 언뜻 생각난다.

피에몬테주 안나마리아 의원에서 볼 수 없던 광경이다. 안나마리아는
컴퓨터를 진료 책상이 아니라 두어 걸음 떨어진 옆 책상에 놓고 상병 증명
서 등을 작성할 때만 쓸 뿐 평상시 진료에는 쓰지 않는다. 나를 처음 만난
날 그는 '젊은 의사들이 컴퓨터만' 들여다본다고 걱정하기도 했다.

이곳 볼로냐의 진료실에서 가정의는 손 가까이에 컴퓨터를 두고 주정부
가 개발한 온라인 의료정보체계를 활용한다. 루카의 말에 따르면 약 처방
을 온라인으로 하고 그룹 의사끼리 정보를 공유한다. 세대와 세대 사이,
주와 주 사이에 차이가 작지 않은 듯하다.

민주적 정신의학을 꽃피우다

루카를 따라 다시 아래층으로 간다. 계단을 내려가니 로비 건너편으로

작은 현관이 보인다. 내가 처음 이 건물에 당도했을 때 들어서려다 되돌아 나간, 이 건물에 5개 있다는 현관 중 하나다. 바로 안쪽 통로에 정신건강센터라는 팻말이 붙어 있다. 통로의 유리문 너머 복도에 방이 몇 개 보인다.

정신병원의 실상을 폭로한 정신과 의사, 바살리아

조용한 로비 한쪽에서 정신건강센터를 바라보며 루카가 말한다.

이탈리아에는 정신병원이 없어요. 정신병원 운영이 법으로 금지되어 있죠.

뭐라고요? 깜짝 놀라는 나를 보며 루카가 빙긋 웃는다.

정신과 환자를 병원이 아닌 동네에서 치료한답니다. 정신병원에 입원하면 환자가 사회와 격리되고 그 기간이 길어지면 퇴원 뒤 사회에 적응하기 어렵지요. 격리 상태에서 환자의 인권도 침해되고요.
적절한 약을 먹고 치료하면 입원하지 않아도 아무 문제 없이 생활할 수 있어요. 환자가 외래진료로 꾸준히 치료받도록, 지역사회의 구성원으로 살아가도록 돕는 곳이 정신건강센터예요.

구구절절이 옳은 말이다. 그러나 알면서도 실행하지 못하는 게 동네, 아니, 지역사회 정신의학이다. 언제부터 이탈리아에서는 정신과 치료를 그렇게 했을까?

1978년에 정신보건법이 획기적으로 바뀌면서 정신질환자를 강제로 입원시키지 못하게 되었어요. 이미 입원한 환자는 퇴원하게 하고 새로 정신병원을 만들지도, 환자를 수용하는 시설을 만들지도 못하게 했어요. 정신질환의 예방, 치료, 재활의 전 과정이 지역사회에서 이루어져야 한다고 그 법에 못 박았지요.

천지개벽이 따로 없었겠다. 정신병원을 비우고 아예 없어지게 하다니 어찌 이런 일이 가능했을까? 1978년이면 국영의료 법률이 통과된 해인데 그렇다면 국영의료를 계기로 바뀐 것일까?

국영의료 도입과는 별개였어요. 1960년대에 프랑코 바살리아^{Franco Basaglia}(1924 -1980)라는 정신과 의사가 시작한 시민운동의 결과예요. 그때까지 정신과 환자를 병원에 강제로 입원시키고 감금했어요. 병동에서 치료라는 명목으로 물리적 폭력이 일상적이었고 전기쇼크요법, 인슐린쇼크요법이 빈번히 사용되었고요.

바살리아는 환자의 고통과 비참한 처지를 사회에 알리고, 정신병원에 가두는 것이 오히려 환자의 증세를 악화시킨다고 주장했어요. 정신질환자를 무질서와 범죄의 원인이라 낙인찍는 사회 제도를 비판했고요. 1968년에 출판된 그의 책 《시설을 거부하다^{L'istituzione negata}》는 베스트셀러였어요.

'민주적 정신의학'

정신과 의사 바살리아는 여기서 멈추지 않았다.

1971년에 바살리아가 베네토주에 있는 트리에스테 시립정신병원 원장이 됐어요. 그는 첫 단계로 모든 병동에서 일일 모임을 열어 의료진과 환자가 서로 소통하게 했어요. 환자끼리 회합도 정기적으로 하게 했고요. 간호사를 교육하는 데 노력을 많이 기울여, 환자를 가두고 관리하는 역할에서 벗어나 그 기관의 혁신적 변화에 중요한 역할을 담당하게 했어요.

정신병원의 실상을 폭로하고
민주적 정신의학을 실행한
정신과 의사 프랑코 바살리아
ⓒMLucan/Wikimedia Commons

그러고는 병원의 모든 문을 열었어요. 환자가 병원 안팎을 자유롭게 오가고 시민도 병원에 들어와 정원을 거닐 수 있었죠. 시민을 초대해 음악회와 파티를 열고 그림, 조각, 연극, 글쓰기 교실을 열어 시민과 환자가 접촉하게 했어요. 지역 시민단체와 문화단체가 협력해 행사장이 젊은 학생들로 가득 차곤 했어요. 한편으로 환자들 스스로 협동조합을 꾸려 병원 청소로 돈을 벌게도 했고요.

바살리아는 환자가 정신병원을 나가서 살아야 한다는 데 확고했죠. 그래서 시내에 몇 명씩 모여 살 집과 데이케어센터를 만들어 환자를 차례로 퇴원시켰어요. 1,000명이 넘던 입원환자가 몇 년 만에 100여 명으로 줄어드는 극적인 변화가 실현되었지요.

1973년에는 정신의학자, 사회학자, 시민 활동가들이 바살리아를 중심으로 '민주적 정신의학'이라는 그룹을 만들었어요. 그 창립 회의가 바로 이곳, 볼로냐에서 열렸답니다. 이 그룹이 정신보건법을 개정하는 운동을 전국적으로 펼쳤어요. 온 나라에서 개정 탄원서에 서명한 사람이 75만 명에 이를 만큼 호응이 컸고 마침내 1978년에 법이 개정되었어요. 그 뒤로 '민주적 정신의학'이 이탈리아의 탈시설 정신의학을 상징하는 말이 되었습니다.

민주적 정신의학. 서로 다른 영역에 속한다고 생각했던 낱말 두 개가 나란히 놓여 있다. 환자를 포함한 모든 사람의 의사 결정권이 존중되며 스스로 참여하는 방식으로 치료하는 정신의학을 뜻할 것이다.

그토록 위대한 시민운동이 어떻게 가능했을까? 정신질환자를 동네에 받아들이자는 운동에 서명한 시민들은 정신질환자에 대한 두려움, 꺼리는 마음을 어찌 이겨낼 수 있었을까?

짚이는 바가 있다. 시대가 도왔으리라. 이탈리아에서 1970년대에 있던 수많은 일이 68혁명의 에너지와 관련된다. 권위주의적 기존 질서를 비판하고 새로운 공동체를 꿈꾸던 그 엄청난 에너지가 파도처럼 밀려오는 광경이 머릿속에 그려진다. 파도의 큰 힘이 정신병원의 문을 활짝 열어젖힌다.

정신병원이 폐허가 되다

루카가 나를 바라보며 고개를 갸웃거린다.

가브리엘레를 만나러 페폴리가에 갔었지요? 그의 사무실이 있는 건물이 예전에 정신병원이던 걸 알았어요?

거기가 정신병원이었다고? 도심에서 걸어갈 만큼 가까이에 있었는데? 그러고 보니 좀 이상했다. 육중한 건물을 높은 담이 에워쌌고 대문에 얹힌 소슬 지붕은 위압적이었다. 건물의 오른쪽만 아슬이 사용하고 왼쪽은 텅 빈 채 중앙 현관에는 출입을 막으려 줄까지 쳐 두어 썰렁했다. 폐쇄되어 사라진 정신병원 중 하나인 모양이다.

그런데 정신병원을 다 없애 버려도 괜찮을까? 정신질환자 중에는 증세가 심해 강제로라도 입원 치료를 해야 할 환자가 있지 않은가.

정신병원은 없어졌지만, 대신에 종합병원 안에 정신과 병상을 15개까지 둘 수 있게 했어요. 미니 병동이지요. 환자 본인이 입원 치료에 동의할 때 입원하게 돼요.

강제 입원은 특별한 사례에만 허용됩니다. 증세가 심해서 긴급한 치료가 필요하거나, 환자가 치료를 거부하거나, 입원이 아닌 다른 방법으로는 치료할 수 없을 때만 강제로 입원하게 해요. 입원시킬 때 정신과 의사의 판단이 있어야 하고 입원 뒤 48시간 안에 시청과 법원의 승인을 받아야 하고요. 강제 입원은 7일 이내로 끝내야 합니다. 입원 기간을 연장하려면 의사가 소견서를 써서 다시 시청과 법원의 승인을 받아야 하니 까다롭지요.[109]

강력한 정책이다. 그렇게 큰 변화가 순조로웠을까? 이 질문에 루카는 조금 멋쩍어한다.

그럴 리가 있겠어요. 지역사회에 아무 준비가 없었는데요. 정신병원에 있는 환자를 당장 내보낸다 해도 갈 곳이 없었어요. 그러니 법이 제정되었다지만 실제 변화에는 거의 20년이 걸렸어요. 1990년대 말에 가서야 마지막 정신병원이 문을 닫았지요.

들을수록 놀랍다. 그리고 나는 이토록 모르고 있었다니.

정신질환자도 동네 사람으로 살 수 있다

지역사회로 돌아온 환자들은 어떻게 되었을까. 정신질환에 종류가 여럿이고 환자의 연령층이나 증세도 제각각일 텐데 누가 그들을 도와주었을까. 집이 있어야 하고 같이 살 사람, 이웃과 어울림, 직업도 있어야 한다. 그 일을 누가 어떻게 감당할까?

아슬이 정신질환자에게 필요한 전체 서비스를 총괄해요. 바로 지금 우리가 보고 있는 정신건강센터가 시민이 가장 쉽게 접근하는 곳이에요. 건강의 집, 외래진료센터, 종합병원 등 곳곳에 있어요. 인구 87만 명을 담당하는 볼로냐 아슬에 정신건강센터가 33개니 동네마다 있는 셈이지요. 환자나 가족이나 친구나 누구라도 언제든 센터에 와서 상담하고 정신과 전문의 진료를 받을 수 있어요. 필요하면 정신과 의사가 환자의 집을 방문해요. 환자의 가정의와 정신과 전문의가 협력하고요.

종합병원에는 정신과의 미니 입원 병동 말고도 낮 병동이 있어요. 낮에 몇 시간만 환자가 머무르는 곳이에요. 정신요법을 받거나 약 처방을 변경할 때, 굳이 종일 입원할 필요는 없으니 이곳을 이용하지요.

동네에 데이케어센터가 있어요. 환자의 사회적 재활을 돕는 곳이에요. 케어의 범위가 넓지요. 대인관계나 생활에 필요한 기술을 익히고 직업 훈련까지 하니까요. 환자마다 필요한 게 뭔지, 가족 관계나 생활환경이 어떤지 고려해서 개인별 프로그램을 만들어요. 비슷한 환자끼리 그룹이 되어 일부 프로그램을 같이 이용하게도 하고요.

거주 시설도 있어요. 환자가 몇 명씩 모여 사는 집이에요. 또 요양원도 있고요. 요양원에는 밀착 관리가 필요한 환자가 입소해 간호사의 도움을 받아요. 일부 환자는 요양원에 오래 거주하기도 하죠. 이 시설은 모두 도시 안에 있어야 한답니다. 외딴곳에 있게 되면 환자가 사회에서 격리될 우려가 있으니까요.

지역사회 그 자체가 실은 큰 역할을 해요. 시민단체가 환자에게 사회적

버팀목이 되어 주고 경제적 자립을 돕지요. 특히 가족이나 친척이 단체 활동에 적극적이에요. 환자가 평생을 동네에서 살아가야 하니까요.

입체적이고 방대한 지역 체계다. 교과서로만 배운 '지역사회 정신의학'이 실현되고 있다. 우리나라의 시·군·구 정신건강복지센터의 열악한 현실이 새삼 떠오른다.

유럽의 여러 나라가 이탈리아의 민주적 정신의학을 받아들이려 노력하고 아시아에서도 견학하러 와요. 이 정신의학 방법론이 환자의 인권을 존중하고 치료에 효과적이면서 경제적인 가치도 높다고 인정받기 때문이죠.

이탈리아가 앞서간 길을 우리도 갈 수 있을까. 의료제도를 새롭게 하여 지역사회 정신의학을 수용할 수 있을까. 이탈리아는 그 과정을 거치며 정신의학뿐 아니라 국영의료 전반에서, 인권을 존중하고 약자와 연대하는 성격을 더욱 분명히 하게 된 것으로 보인다. 우리에게도 이미 절실하게 필요한 변화다.

시민의 눈으로 만든 사진집

루카가 자기 방으로 안내했다. 밝고 조용한 방이다. 한쪽 벽에 길이가 1미터는 될 것 같은 커다란 그림 포스터가 걸려 있다. 맨 위에 짧은 글이 있고 아래에 꽃으로 둘러싸인 아름다운 얼굴이 있는데 어디서 본 듯해 유심히 들여다보자 루카가 웃으며 말한다.

보티첼리가 그린 유명한 그림인 <봄>에 있는 꽃의 여신이에요. 그 아름다운

'나는 담배를 피운 적이 없답니다.'
루카 방에 있는 금연 포스터

여신이 '나는 담배를 피운 적이 없답니다'라고 말하는 포스터인데, 금연 캠페인으로 제격이지요?

한바탕 웃는다. 예술 감각이 뛰어난 이탈리아 사람들은 건강 캠페인에도 명화를 이용하는구나 싶다.

자리에 앉자 루카는 서랍에서 얇은 책자를 꺼낸다. 폴라로이드 사진을 한 면에 대여섯 장씩 인쇄한 사진집이다. 보르고-레노 건강의집 입구와 안내대, 유아차를 탄 아기와 함께 활짝 웃는 젊은 아프리카계 여성의 모습, 대기실에서 즐거워하는 아이들, 개방된 회의실, 주차장 등을 찍었다. 사진 아래 빈자리마다 사람들이 손수 쓴 깨알 같은 글씨가 빼곡하다.

시민이 찍은 사진이랍니다. 보르고-레노 건강의집을 개관한 지 1주년이던 2001년도에 <개선해야 할 점을 사진으로>라는 행사를 열었어요. 안내대에 카메라를 비치하고 누구나 자유롭게 사진을 찍어 의견과 함께 제시하게 했지요. 그 사진을 모아 만든 사진집이에요, 다행히 아직 몇 개 남아 있네요. 문 선생에게 선물로 준비했어요. 작은 것이지만, 이 건강의집을 잊지 않고 기억할 기념품이 되면 좋겠어요.

감동이다. 가브리엘레의 소개로 이곳을 방문해 루카의 안내와 설명 덕분에 참으로 많은 것을 배웠다. 이것만으로도 고마움을 말로 다 표현할 길이 없는데 선물을, 그것도 볼로냐 시민의 참여가 담긴 뜻깊은 사진집을 받다니.

루카가 기억해 달라지만, 내가 이곳을 잊을 리가 없다. 여기서 본 여러 장면이 일차의료와 동네의료를 생각할 때마다 떠오를 것이다. 건강이 시민의 권리라 할 때 마땅히 제공되어야 할 의료와 돌봄이 어떠해야 하는지에 관련해, 이곳 사람들이 하는 일이 생각날 것이다.

사진집은 사실 내게 꼭 필요한 선물이었다. 견학하는 내내 사진을 거의 찍지 못했기 때문이다. 사진을 찍고는 싶었지만, 루카의 설명을 한 마디도 놓치지 않고 귀에 담으려다 보니 사진까지 찍을 겨를이 없었다. 이런 사정을 그가 혹시 짐작한 것일까.

현관까지 배웅해 준 루카와 작별하고 밖으로 나왔다. 다행히 비가 멎어 있다. 버스 정류장 하나 정도의 거리를 천천히 걷는다. 감사와 함께 복잡한 마음이 밀려온다. 나는 외국에서 한국에 견학하러 온 누군가에게 이렇게 호의를 베푼 적이 있었는가. 먼 나라에서 온 사람, 다시 또 볼 기회가 있을 것 같지 않은 사람을 도우려고 아무런 보상도 없이 내 시간을 성큼 내준 적이 있었는가.

Il punto di vista degli utenti

È MOLTO UTILE LA PRESENZA
DI UNA SEGRETARIA.

È molto importante avere ed
avere un "servizio informazioni"
subito a disposizione.

Duefolo bello per
il popolo

PER FORTUNA CHE
NEL PALAZZO
CI SONO LE DEE AD
ACCOGLIERCI

Grazie per le disponibilità
e gentilezza

4

보르고-레노 건강의집 개관 1주년을 맞아 시민들이 찍은 사진 일부

병원
의료

어떤 병원이든 여기서 예약하세요
오랜 건물에 첨단 의료를 품다
한국인이 본 이탈리아 병원
롬바르디아의 코로나19 대참사와 공공의료

어떤 병원이든
여기서
예약하세요

열린 예약과 닫힌 예약

볼로냐 대학병원은 '산오르솔라-말피기 병원'이라 불리며 역사가 400년
이 넘는다. 병상이 1,758개, 인력이 5,355명(2015년)으로 에밀리아로마냐
주에서 가장 크고 이탈리아 전체에서도 손꼽히는 큰 병원이다. 서울대학교
병원에 병상이 1,786개, 인력이 6,004명(2015년)이므로 두 곳의 규모가
엇비슷하다.

볼로냐에서 진료 예약은 주정부의 공공 서비스

볼로냐 대학병원의 누리집에서 '시민'-'이용 안내'를 클릭하면 진료 예
약에 관한 안내를 읽을 수 있다.110

1. 쿠프 창구에서 예약하세요. 시내 곳곳에 있습니다.
2. 쿠프2000에 링크된 약국에서 예약하세요.
3. 쿠프웹의 웹사이트에 접속하세요.

4. 병원의 쿠프 접수대를 찾으세요. 25번 건물에 있습니다.
5. 쿠프2000의 콜센터로 전화하세요. 번호는 800-884888입니다.
6. 우리 병원의 진료과에 문의하세요. 주정부의 의료안내 무료 전화 800-033033을 이용할 수 있습니다.

여기서 쿠프는 아슬이 관리하는 예약접수처 또는 예약센터다. 동시에 에밀리아로마냐주 전체를 이어 주는 주정부의 진료 예약 전산망을 뜻하기도 한다. 위 안내문이 일관되게 말하고 있듯이, 볼로냐 대학병원의 진료를 예약하려면 쿠프, 즉 지역의 공공 예약망을 이용해야 한다. 창구뿐 아니라 인터넷과 전화로도 그 망에 접속할 수 있다.

내게 이 안내문은 참으로 생소했다. 우리나라에서 들어본 적이 없는 방식이기 때문이다. 대학병원의 진료 예약을 '시내 곳곳'에서 하다니. 또, 대학병원을 예약하려는데 주정부의 무료 전화를 이용하라니.

서울에서 진료 예약은 병원의 내부 업무

새삼스럽지만 서울대학교병원 누리집을 찾아 진료 예약에 관한 안내를 읽어 보았다.111

1. 방문 예약 - 병원 본관 1층의 예약접수창구에 진료신청서를 제출하세요.
2. 전화 예약 - 병원의 예약센터(1588-5700)로 전화하세요.
3. 인터넷 예약 - 병원 홈페이지에 회원 가입을 한 후 이용하세요.
4. 팩스 예약 - 병원 팩스(02-2072-0823)로 진료 의뢰서를 보내 주세요.

그동안 내가 상식이라 알고 있던 안내문이다. 즉, 서울대학교병원에 예약하려면 그 병원 안으로 들어가야 한다. 창구, 전화, 인터넷 등 어떤 방법

으로든 병원이 관리하는 자체 전산망에 접속해야 하며 서울시나 정부의
행정 서비스와는 관계가 없다.

의료가 공적 서비스인지 시장의 상품인지에 따라

볼로냐 대학병원의 진료 예약이 여럿이 함께 쓰는 공공망에 '열려' 있다
면 서울대학교병원의 진료 예약은 병원 담장 안에 '닫혀' 있다. 이런 차이는
두 사회가 선택한 의료제도가 다르다는 데서 비롯된다. 의료를 시민이 누
려야 할 공적 서비스로 보는 제도인지, 아니면 의료를 개별 기관의 경제
사업으로 보는 제도인지에 따라 병원에 관해 많은 것이 달라진다.

공공망으로 예약을 받는 것은 의료가 공적 서비스로 운영되는 사회에서
병원이 서로 협업해 가능한 일이다. 협업 체계에서 병원은 진료과별 예약
상황을 공개해 환자가 대기 기간이 짧은 곳을 찾아 예약하게 하고, 환자가
분산됨에 따라 자연스레 병원끼리도 진료의 부담을 서로 나눈다.

반면에, 우리나라처럼 병원 대다수가 사립 기관인 사회, 즉 의료를 개별
기관의 경제 사업으로 여기는 사회에서 병원은 전혀 다른 여건 아래 놓인
다. 저마다 자기 사업의 번창을 목표로 경쟁하므로 협업과 역할 분담은 상
상하기 어렵다. 진료 예약도 비공개가 당연하다. 병원마다 자기 내부망으
로 예약을 받고 환자가 다른 병원으로 가는 것을 경계한다. 환자를 많이
차지할수록 수익을 올리는데 경쟁 병원과 진료 분담, 즉 수익 나누기를 할
수는 없기 때문이다.

볼로냐에서 견학하는 중간까지도 나는 쿠프에 관해 알지 못했다. 그러
다가 이에 관해 알게 되고 깊이 볼 기회까지 얻은 것은 두 번째 방문한 건강
의집에서 니콜레타를 만난 덕분이다.

쿠프에 꼭 가봐야 해요

볼로냐 아슬의 가브리엘레는 내가 건강의집을 한 곳 더 견학할 수 있게 해주었다. 두 번째 장소인 산도나토-산비탈레 건강의집에 가서는 시설 견학은 짧게 했다. 대신에 궁금한 점을 물어볼 시간을 달라고 청했다.

환자의 대기에 관해 깊이 알고 싶었다. 국영의료를 비판할 때 가장 많이 나오는 문제점이 "진료받기까지 오래 기다려야 한다."는 것이다. "단순 엑스선촬영을 하려면 한 달, 무릎관절 수술을 하려면 여섯 달을 기다린다."는 소문이 과연 사실인지, 사실이면 이에 대해 사람들의 불만이 클 텐데 이걸 어떻게 다독이는지, 현장에 있는 의료인에게 직접 듣고 싶었다.

단일 예약센터

그 건강의집 대표인 니콜레타는 중년 여성이다. 재활의학과 전문의로, 검정 가죽 재킷과 바지를 멋지게 차려입어 금방이라도 모터사이클을 타고 달릴 듯 활발해 보인다. 영어를 루카처럼 능숙하게 구사하지 못하는 그는 조용한 사무실에 자리 잡고 컴퓨터의 구글 번역기로 단어를 찾아가며 환자의 대기 기간에 관한 내 질문에 답해 준다.

우선, 일차의료에는 대기가 없어요. 가정의를 찾는 환자는 언제든 자기가 원하는 날짜에 진료받을 수 있으니까요. 미처 예약하지 못했더라도 괜찮아요. 당일에, 늦어도 몇 시간 안에 진료받을 수 있어요.

그런데 전문의에게 검사나 전문적인 치료를 받으려 할 때는 그렇지 못하죠. 예를 들어 심장 초음파검사를 처방받은 환자라면 몇 주씩 기다려야 그 검사를 할 수 있어요. 이건 국영의료의 큰 문제예요.

그러더니 영어 단어를 찾는 손이 분주해진다. 꼭 해주고 싶은 말이 있는 듯하다.

우리 주는 환자의 대기 기간을 줄이는 데 적극적이랍니다. 쿠프를 활용해서 말이지요. 모든 의료기관이 쿠프에 연결되어 있어요. 엑스선검사를 받아야 할 환자라면 어느 영상의학검사실에서 검사할지, 심장내과 전문의를 만나야 할 환자라면 어디에 있는 진료실로 가면 될지 쿠프가 찾아서 예약해 줘요. 온라인으로도 예약할 수 있고요.

쿠프라고? 국영의료에 관한 보고서에서 그 단어를 본 적이 있긴 하다. 또, 볼로냐 아슬 누리집에서도 첫 줄 메뉴에서 그 글자를 보았다. 그러나 그게 무엇을 뜻하는지 알지 못했다. 눈만 껌뻑거리는 내가 답답한 듯, 유창하지 못한 자신의 영어 실력이 갑갑한 듯 니콜레타는 안타까워한다.

당신이 쿠프에 가보면 좋겠어요. 거기서 많은 걸 알 수 있을 거예요. 음, 꼭 가봐야 해요. 쿠프가 우리 주 의료서비스에서 굉장히 중요한 역할을 해요.

쿠프CUP란 Centro Unico Prenotazione의 머리글자로 '단일 예약센터'라 옮길 수 있다. 말은 어렵지 않으나 단일 예약이 무엇인지, 이 센터가 환자의 대기 문제에 어떻게 관계하는지 짐작이 가지 않는다. 대신에 '온라인으로 예약'한다는 니콜레타의 말에서, 우리나라에서 뜨겁게 일고 있는 원격의료 논란이 연상된다.

우리나라 정부의 영리적 원격의료 도입 시도
박근혜 정부는 취임 첫해인 2013년부터 원격의료 도입을 서둘렀다.

"환자가 의료기관에 가지 않고도 컴퓨터나 스마트폰으로 의사에게 건강 상태를 점검받고 처방도 받는" 발전된 서비스라고 홍보했다. 무역투자진 흥회의에서 대통령이 원격의료를 허용하겠다고 말하자 곧 관련 부처가 나섰다. "IT 기술과 의료서비스를 융합하는 원격의료 산업을 육성해 신시장을 창출"한다는 전략을 산업통상자원부가 내놓고 이를 뒷받침할 의료법 개정안을 보건복지부가 준비한다고 했다. 건강 100세, 창조경제 시대가 활짝 열린다는 구호를 박은 보도 자료까지 뿌렸다.

그러나 반대하는 목소리가 높았다. 우선 의사협회가 반대했다. 의사가 환자를 대면하지 않고 원격으로 진료하면 병세를 잘못 판단해 오진할 가능성이 있으며, 환자의 정보가 문자·음성·화상으로 옮겨질 때 유출되거나 엉뚱하게 이용될 위험이 크다고 했다. 시민단체도 비판했다. 정부가 원격의료를 도입하려는 목적이 국민의 건강 보호가 아닌 정보통신업계의 시장 확대에 있어, 재벌 IT 기업 및 그들과 손잡은 대형병원은 수익을 불리겠으나 의료 전반으로 보면 원격의료로 영리적 성격만 더 강해질 것이라 했다.

가장 큰 걱정은 원격의료로 동네 의원과 지역 병원이 위축돼 의료 안전망이 통째로 타격을 입으리라는 데 있다. 원격의료의 IT 기술이 지리적 장벽을 하찮게 보이게 하기 때문이다. 먼 데 있는 사람도 대도시 큰 병원을 원격으로 이용할 수 있어 지리적으로 가까운 의료기관에 환자가 줄고 경영이 어려워진다. 동네에서 가벼운 진료를 해주던 의원이 문을 닫거나 지역에서 어린이 진료, 분만, 응급의료를 제공하는 병원이 기능을 축소하게 되면 결국 주민의 건강이 위험에 빠진다.

원격의료 도입으로 일어나게 될 이런 문제를, 특히 우리나라의 시장형 의료 환경에서 대형병원이 절대 강자인 현실에 얽힌 문제를 당연히 고려해야 했다. 그러나 정부는 이에 대한 해결책도, 비판을 잠재울 논리도 내놓지 못했다. 그러면서도 2014년과 2015년에 연달아 시범사업을 강행하고 원격의료를 허용하는 법률안을 국회에 제출했다. 야당의 반대로 입법이 성사되지는 않았지만, 기막힌 일이었다.

IT 접목이라면 꺼림칙했지만

그래서였을 것이다. 나는 의료에 IT를 접목한다는 데에는 눈길이 가지 않았다. 물론 정보통신 기술이 영리화의 도구라고만 생각하지는 않지만, 당시 정부가 추진하던 원격의료가 떠올라 꺼림칙했다. 이탈리아 방문을 준비할 때도 마찬가지였다. 국영의료에 관한 자료면 무엇이든 찾아 읽었으나 IT를 활용하는 대목은 건성으로 넘겼다.

그렇지만, 여기는 이탈리아, 그중에도 에밀리아로마냐주다. 건강을 개인의 기본권이자 집단 공동의 관심사로 보호하는 법률에 따라 의료를 공적 서비스로 제공하는 곳이다. 이곳 주정부라면 의료 영리화와는 전혀 다른 방향으로 IT를 이용하는지도 모른다. 니콜레타가 권하는 대로 쿠프라는 데에 가봐야겠다 싶었다.

쿠프에 가보게 도와줄 수 있냐고 하자 니콜레타는 주저하지 않고 휴대전화를 손에 든다. 볼로냐 아슬에서 가브리엘레가 간단한 전화 한 통으로 건강의집 견학을 주선해 주던 것처럼 니콜레타도 금방 짤막하게 통화하더니 상대방이 오케이 했다고 그의 이름과 메일 주소를 알려 준다. '쿠프 2000'이라는 기관에 있는 사람이었다. 내가 그에게 메일을 보내면 방문할 날짜와 시간을 알려 준다고 한다. 나는 숙소로 돌아와 당장 메일을 보냈다.

국영의료를 뒷받침하는 IT

역시나, 내가 보낸 메일을 그 기관 서버가 스팸으로 취급했다. 답신이

'쿠프2000'은 의료에 디지털 기술을 적용하고 온라인 의료를 개발하는 공기업이다. 로비 한쪽 벽을 가득 채운 소개문에 있는 큰 글씨를 우리말로 옮기면 "저희는 여러분을 돌봅니다."

오지 않아 며칠을 기다리다가 니콜레타에게 도와 달라는 문자를 보내 간신히 해결했다. 그러느라 열흘하고도 하루가 더 지나서야 방문하게 되었다.

어김없이 그날도 비가 오고 바람이 불었다. 구글 지도가 안내한 곳은 내가 사는 집에서 걸어서 20분 걸리고 볼로냐 대학에서는 10분만 걸으면 닿는 시내 중심가에 있었다. 역시나 그 큰 건물 어디에도 간판이라곤 없었다. 현관이라 짐작되는 유리문 앞에 섰을 때야 조그맣게 써 붙인 'e-care CUP 2000'이라는 글씨가 보였다.

순수 공공 합작 IT 기업

시모나 선생을 만나러 왔다고 안내 직원에게 말하고 잠시 기다리는데, 로비 한쪽 벽에 멋지게 디자인한 글귀가 눈에 들어온다.

저희는 여러분을 돌봅니다.
볼로냐의 새로운 광역 쿠프.
1990년 2월에 최초로 진료와 검사에 전자 예약 체계를 가동했습니다.
오늘날 볼로냐의 광역 쿠프는 의료 분야에서 유럽 최대의 전자 접속 체계입니다.
〈e-care CUP 2000〉

　짤막한 글이지만 '저희'의 주요 사업, 역사, 업계 내 위상까지 읽을 수 있다. 전자 접속이 어떤 걸까? 어쨌든 유럽 최대라니 매출과 수익이 굉장하겠다. 그런데 이곳은 기업체일까 공공기관일까.

　곧 누군가 나를 데리러 오고 방으로 안내되어 시모나와 그의 동료 두 명과 인사를 나눈다. 시모나는 금발 쇼트커트에 큰 눈으로 환한 인상을 주는 여성이다. 고전문헌학을 전공했고 이 회사의 디지털 의료부 감독을 맡고 있다.112 그 옆에 이마가 시원하게 벗겨진 남성 체사레는 프로그래머이고, 젊은 여성 발렌티나는 영어를 잘해 통역으로 참석했다. 개인 자격으로 혼자 온 나를 위해 사람 셋이 시간을 내주다니, 게다가 영어로 쓰인 자료까지 준비하다니, 기대를 넘어서는 환대다. 이 고마운 사람들에게 내가 할 수 있는 보답은 열심히 묻고 열심히 들어 최대한 많이 알아가는 것뿐.

　둥그런 탁자에 둘러앉아 먼저 이 기관에 관해 물어본다.

　"이케어 쿠프2000$^{e-care \, CUP \, 2000}$(이하 '쿠프2000')은 공공기관인가요?"

우리 회사를 소개하지요. 처음에는 1990년에 볼로냐 아슬의 자회사로 출발했어요. 아슬의 예약 업무를 처음으로 전산화했죠. 그 뒤 2002년에 주정부의 합작기업으로 새롭게 설립되었어요. 주정부, 주 내 모든 아슬, 볼로냐 대학병원, 페라라시, 페라라 대학병원이 참여해 만든 합작회사예요.

오른쪽부터 '이케어 쿠프 2000' 디지털 의료부 감독 시모나, 프로그래머 체사레, 통역을 도운 발렌티나. 디지털 의료부는 '에밀리아로마냐 온라인 의료(SOLE)'를 개발하고 관리한다.

우리 식으로는 공기업인 셈이다. 에밀리아로마냐주 정부가 주요 국영의료기관과 공동으로, 이른바 컨소시엄을 만들어 설립했다.

네, 우리는 순수하게 정부 기업입니다. 하지만 단순히 정부 쪽 지시에 따라 일하는 건 아니에요. 우리 역할은 공공과 민간을 통합하는 데 있어요.

통합이라. 동네의료와 일차의료를 견학하며 수없이 들은 말을 이곳에서도 듣는다.

'쿠프2000'은 첫째로, 의료에 디지털 기술을 적용하는 방안을 개발합니다. 목적은 의료서비스가 제공되는 경로를 혁신하고, 국영의료에 대한 시민의 접근성을 높이고, 의료와 사회복지의 업무 절차를 개선하는 데 있어요.
둘째로, 온라인 의료 네트워크를 개발합니다. 의료인-의료 행정-시민이 실시간으로 정보를 공유하는 네트워크예요.

이 간단한 소개만으로도 이곳에서 하는 일이 영리적 원격의료와는 전혀 다르다는 것을 알 수 있다. 이 공기업에서 IT는 특정 기업이나 특정 의료기관의 수익이 아닌, 공공의 이익을 높이는 데 쓰인다.

공학에서 철학까지 아우르는 과학위원회

'쿠프2000'의 사업 목적 첫 번째가 '의료서비스의 제공 경로 혁신'이다. 어려운 일이다. 의료서비스 단계가 층층이고 경로가 복잡하기 때문이다. 일차의료, 전문의 진료, 검사, 응급의료, 이송, 입원, 퇴원, 가정돌봄, 장기요양이 환자의 필요에 따라 꼬리에 꼬리를 물면서 제공돼야 하는데 그 연결 과정이 간단치 않다. 환자가 만성질환을 앓거나 중증일수록 복잡해진다. 어느 나라에서건 비슷할 것이고 이에 관한 혁신은 쉽게 꺼낼 수 있는 말이 아니다.

그런데 이 용감한 공기업은 어떻게 그 일을 한다는 것일까?

우리 회사에 '과학위원회'가 있어요. 인터넷에 기반한 의료 이용을 연구하고 교육 과정을 개발해 의료인, IT 관련인, 의료 사업 관리자를 교육하는 위원회예요. 다른 주의 사업을 지원하기도 하고 국제 협력도 하고요. 위원장이 볼로냐 대학의 모루치 교수로 이 분야에서 잘 알려진 학자랍니다. 위원도 볼로냐 대학에서 컴퓨터공학, 의학, 법학, 사회학, 커뮤니케이션, 철학, 경제학을 가르치는 교수로 구성되고요. 이 위원회가 의료서비스의 제공 경로 혁신을 이끌고 있어요.

흥미로웠다. 공학에서 철학까지, 응용과학과 인문사회과학을 넘나드는 여러 학자로 위원회가 구성되었다. 회의가 열리면 분위기가 어떨까. 위원마다 연구하는 분야가 달라 평소에 접점이 없을 터인데 논의가 순조로울까. 사고방식이 서로 다를 터인데 대화가 잘 될까. 그러나 정반대일 수도 있겠다. 관점과 사고방식이 달라 오히려 창조적으로 논의할 수도 있겠다. 거리가 먼 학문끼리 접촉함으로 기존의 틀과 한계를 넘어설 수도 있겠다. 그렇게 넓은 논의 구조가, 회사가 목적하는 혁신을 가능케 하는 바탕일 수도 있겠다.

예약과 대기에 관한 전문가

시모나가 자리에서 일어난다. 내가 견학을 청하는 메일에서 미리 질문한, 온라인 예약과 환자 대기에 관한 전문가를 만나게 해준다고 한다. 나는 체사레와 발렌티나에게 인사를 나누고 시모나를 따라 2층으로 오른다. 조용한 사무실에서 만난 전문가는 시모나처럼 키 크고 날씬하며 조금 더 날카로워 보이는 여성, 리치아다.

그에게 나를 인계한 뒤 시모나는 자기와는 다음 날 다시 만나자고, 온라인 의료에 관해 설명해 주겠다고 한다. 예상치 못한 제안이다. 물론 반갑게 받아들인다. 한 번 오기도 어려운 '쿠프2000'에 이틀을 연달아 방문할 기회를 얻다니 기쁘다.

공공 통합 예약망, 쿠프

리치아는 사회학, 경영학을 전공했고 이 회사의 접속사업부 감독을 맡고 있다. 내 견학의 목적을 간단히 듣고 난 뒤 유창한 영어로 설명을 시작한다.

상담원이 의료기관을 찾아 예약해 준다

우선 쿠프, '단일 예약센터'가 무엇인지에 관해서다.

쿠프는 이탈리아에서 예약접수처를 가리키는 이름이에요. 주로 행정기관이나 전문적인 서비스를 제공하는 기관이 방문객을 위해 쿠프를 설치해요. 볼일이 있어 기관을 찾아간 사람은 먼저 쿠프 창구로 가요. 방문한 이유를 상담원에게 말하면 그 일을 처리할 담당자를 알려 주고 면담할 시간을 정해 예약해 줘요.

쿠프를 특히 활발하게 사용하는 분야가 국영의료예요. 가정의에게서 검사 처방전이나 전문의 진료 의뢰서를 받은 환자는 아슬의 쿠프로 갑니다. 처방전이나 의뢰서를 쿠프에 제시하면 그 검사나 진료를 어디에 가서 할지, 언제 할 수 있는지, 상담원이 알려 주고 예약해 줘요.

아슬의 쿠프 상담원은 국영의료를 제공하는 주내 모든 의료기관의 예약 정보에 접근할 수 있어요. 창구가 놓인 위치가 어디든 상관없이 전산망을 이용해 여러 기관의 예약 상태를 알아볼 수 있어요.

개별 의료기관이 아닌, 그 권역의 국영의료 전반을 관장하는 아슬에 소속된 예약센터가 쿠프인 거였다.

이탈리아 의료에서 예약은 필수다. 환자가 가정의의 처방에 따라 검사나 전문의 진료를 받으려면 의료기관을 선택하고 예약해야 한다. 처방전을 받은 환자는 어느 곳, 어떤 의료기관에든 갈 수 있게 국영의료가 허용하므로 선택의 폭이 넓다. 그러나 그런 만큼 어디로 가야 할지 알기도 어렵다. 이때 예약을 안내하는 일을 쿠프가 맡는다.

개방성, 협력, 지원, 신뢰

쿠프에서는 환자가 가장 이른 날짜에 이용할 의료기관을 찾아 예약해 준다.

> 환자가 가정의에게서 처방받은 것이 흉부 엑스선검사면 영상의학검사실을, 혈액검사면 채혈실을, 심장내과 진료 의뢰면 심장내과 전문의 진료실을 상담원이 찾아 줘요. 검사실, 채혈실, 전문의 진료실은 동네 외래진료센터나 건강의집이나 병원에 있지요. 여러 곳 중에 대기 기간이 가장 짧은 곳이 어딘지 알아보고 예약하는 거예요.

가정의의 처방을 외래진료센터나 병원의 검사실이 그대로 수용하는 '열린' 구조다. 즉, 쿠프 상담원이 진료센터나 병원의 영상의학검사실에 흉부 엑스선검사를 예약하면, 환자가 그 기관의 소속 의사에게 중복해서 진료받지 않고, 정해진 날에 곧장 검사실로 가서 흉부 엑스선촬영을 하면 된다. 마찬가지로 혈액검사가 처방되었으면 쿠프 상담원이 채혈실에 예약하고 가정의가 처방한 검사 항목을 전달한다. 환자는 그 기관의 진료실을 거치지 않고 정해진 날에 채혈실로 가면 된다.

> 모든 건강의집, 외래진료센터, 병원, 그리고 일부 약국에도 아슬의 쿠프 창구가 있어요. 환자는 어디든 가까운 창구를 이용해 예약하면 돼요.

보르고-레노 건강의집 1층에 갔을 때 대기 의자 몇 개를 앞에 둔 예약 접수처를 본 것이 떠오른다. '쿠프'라는 팻말도 있던 것 같다. 그러나 당시에 나는 그곳이 그 기관을 이용하려는 환자를 접수하는 창구라 생각했지, 다른 의료기관까지 포함하는 넓은 범위에서 예약을 안내하는 곳인 줄은 전혀 몰랐다.

쿠프의 예약 업무가 드러내 보여 주는 몇 가지 사실이 있다.

첫째, 의료기관의 운영 정보가 투명하게 공개되고 의료기관이 서로 협력 관계에 있다. 쿠프가 '대기 기간 최소화에 목적을 둔 공동의' 예약 접수를 할 수 있는 것은 그 때문이다.

둘째, 외래진료센터와 병원에 일차의료를 지원하는 기능이 부여되었다. 쿠프가 가정의 검사 처방을 이들 기관의 검사실에 직접 전달할 수 있는 것은 그 때문이다.

셋째, 국영의료를 시행하는 의료기관은 어디든 의료의 질에 큰 차이가 없다는 신뢰가 있다. 쿠프가 예약할 기관을 정하는 기준이 '대기 기간이 가장 짧은 곳'으로 단순한 것은 그 때문이다.

겉에서 보면 쿠프는 그저 평범한 접수창구일 뿐이다. 그러나 우리나라의 어디서도 볼 수 없는 서비스를 여기서 제공한다. 쿠프는 어쩌면, 국영의료와 우리의 시장형 의료 환경이 어떻게 다른지 그 차이를 가장 선명히 보여 주는 특별한 창구가 아닐까 싶다.

대기 기간을 줄이는 길이 되다

환자에게 중요한 것은 '얼마나 대기해야 하는지'다. 가정의가 검사나 전문의 진료를 처방한 이상, 이를 늦출 이유가 없다. 그런데 빨리 할 수 있을지 오래 기다려야 할지가 쿠프의 정보에 달려 있다. 정보가 많을수록 이른 날짜에 이용할 의료기관을 찾아줄 가능성이 크다.

예전에 쿠프는 자기 아슬이 직영하는 의료기관의 정보만 알 수 있었어요. 국영의료 사업을 아슬 단위, 대학병원 단위로 나뉘어 운영하기 때문이죠. 볼로냐 아슬의 쿠프에서는 자기네 소속 의료기관의 예약 상태만 알 뿐, 다른 아슬이나 볼로냐 대학병원의 예약 정보는 얻지 못하는 거예요. 그래서 사실 쿠프에 정보가 많지 않았어요. 환자의 대기 기간을 줄이려면 먼저 이 문제를 해결해야 했지요.[113]

정보를 나누고 묶어 두던 벽을 헐기로 주정부가 결정했다. 모든 아슬의 쿠프, 대학병원의 쿠프를 전산으로 연결해 주 전체를 망라하는 예약망을 만들기로 한 것이다. 그 실무를 '쿠프2000'이 맡았다.

2007년에 전산화 표준을 제시하고 2011년에 드디어 주 전체를 연결했어요. 아슬이나 대학병원 등 단위별 쿠프의 기능을 방해하지 않도록, 운영체제를 단일화하지는 않았어요. 대신에 독립된 상태에서 서로 연결하는 '통합' 방식을 택했지요.

이 방식의 장점은 연결한 뒤에도 단위 기관의 자율성이 유지된다는 데 있어요. 8개 아슬과 6개 대학병원이 전과 다름없이 자기 방식으로 자기 스케줄에 따라 의료를 공급하고 자체 전산망을 관리하고 자기 데이터를 소유해요. 다만, 예약 정보를 연결하고 모니터링할 권한을 주정부에 위임하는 거예요.

역시 '통합'이다. 저마다 독립적으로 존재하면서 정보를 공개해 연결망을 만든다. 서로 연결되나 각 기관의 자율성을 잃지 않는다.

그때부터 우리 주에서 쿠프는 아슬이 운영하는 예약접수처이자, 주 내 모든 예약 정보를 실시간으로 연결하는 주정부의 전산망을 뜻하게 되었어요. 이 망 덕분에 어디에 있는 창구에서건 상담원이 주 전체의 예약 정보를 볼 수 있어 환자의 대기 기간을 짧게 해줘요.

이제 온라인으로도 쿠프에 접속합니다. 상담원 없이 환자가 직접 웹사이트에서 검사나 진료를 예약하고 취소할 수 있게 된 거예요.

주 전체를 연결하고 온라인으로도 접속하는 예약 전산망은 이탈리아 20개 주에서 처음이라 했다.

항공 예약에서 힌트를 얻다

에밀리아로마냐주는 어디서 영감을 얻었을까. 아직 아무도 만들지 못한 때, 이런 예약 전산망의 밑그림을 그리게 한 자료는 어디서 왔을까. 혹시 외국에 선례가 있어 참고했는지? 리치아의 대답은 좀 뜻밖이었다.

참고한 선례가 있죠. 알리탈리아^{Alitalia}의 예약 체계였어요.[114] 항공사라 의료와 거리가 멀어 보이지요? 그러나 예약의 기본 틀은 다르지 않아요. 의료에서 전문 과목, 검사의 종류와 항목으로 세부 갈래를 나눈다면 항공에서는 대륙과 노선으로 나눈다는 차이가 있을 뿐이에요. 고객이 원하는 목적지와 날짜에 맞춰 예약하는 점에서 같아요.

엉뚱하다 싶었지만, 좋은 예시임을 곧 알 수 있었다. 아닌 게 아니라 항공과 국영의료에 비슷한 데가 있다. 먼저, 양쪽 모두 서비스 갈래가 셀 수 없이 많고 예약이 필수다. 다음으로, 예약하는 장소와 서비스를 이용하는 장소가 서로 다르다. 즉, 항공사 고객이 여행사나 온라인에서 예약한 뒤 실제 탑승은 공항에서 하는 것처럼, 국영의료 환자도 쿠프 창구나 누리집에서 예약한 뒤 실제 이용은 진료센터나 병원에서 한다. 끝으로, 대기자가 많을 때 원하는 날짜를 예약하려면 불편을 감수해야 한다. 항공사 고객이 탑승 시기를 앞당기려고 노선이나 출발 공항을 바꾸는 불편을 받아들이는 것처럼, 환자가 검사나 진료를 빨리 받으려면 먼 데 있는 의료기관도 이용해야 한다.

그 유연한 사고방식에 감탄한다. 국영의료가 항공에서 힌트를 얻다니.

어디서 오래 대기하는지 한눈에 보인다

전산망 쿠프의 쓰임새가 예약 접수에만 그치는 것이 아니었다.

예약은 접수하는 데서 끝나는 게 아니고, 예약 상황을 모니터링하는 데까지 포함해요. 모니터링으로 환자들이 얼마나 대기하는지 알 수 있고 의료 수요와 공급에 관한 데이터도 얻어요.

리치아가 자기 노트북을 내게로 돌려놓는다. 화면에 '대기 환자 모니터링-에밀리아로마냐주-안과 진료'란 제목 아래 수평으로 띠그래프 여남은 개가 가지런하다. 띠마다 아슬의 이름이 붙었다. 길이 전체가 초록색인 띠가 절반쯤 되는데 나머지에서는 띠 오른쪽 끝부분에 빨간색 토막이 짧거나 길게 있고 그 왼쪽으로 짧게 노란색 토막, 그다음부터가 초록색이다. 색색의 토막마다 숫자가 적혀 있다.

우리 주에서 안과 진료를 기다리는 환자를 보여 줘요. 띠 하나가 각 아슬이고 띠의 가장 오른쪽 토막이 지금 막 예약한 환자, 왼쪽으로 한 칸씩 가면 1주 전, 2주 전, 3주 전, 가장 왼쪽은 4주 전에 예약한 환자예요. 토막에 적힌 숫자는 그 기간에 예약을 접수한 환자 수고요.
국영의료에서 대기 기간에 상한선이 있는데, 전문의 진료에 대기는 최대 30일이에요. 이 날짜를 넘지 않아야 하는 거죠. 그 기준을 전체 예약 건의 90% 이상이 충족하면 초록색, 60-89%가 충족하면 노란색, 기준을 충족하는 예약 건이 60%에 미치지 못하면 빨간색으로 표시해요.

266

권역별로 과별로 환자의 대기 상태를 모니터링할 수 있다. 노트북에 보이는 것이 안과 진료를 기다리는 환자 현황으로, 가로줄 하나하나가 각 아슬에 해당하는 띠그래프다. 화면의 위쪽과 아래쪽에서 띠그래프가 대부분 초록색인 반면, 중간쪽에 있는 네댓 개 띠에서는 오른쪽으로 빨간색 토막이 짧거나 길게 나타난다. 주 내 아슬 몇 군데에서 안과 환자가 오래 기다리는 상황임을 한눈에 알 수 있다.

일부 아슬 띠에서는 오른쪽 토막이 빨간색이지요? 그 권역에서 지금 안과를 예약하는 환자가 오래 기다려야 한다는 걸 보여 줘요. 그런데 왼쪽 토막으로 가면 노란색을 거쳐 초록색으로 바뀌어요. 그건 환자가 처음 예약할 때는 오래 대기하는 날짜를 받지만, 1-2주 지나면서 날짜가 앞당겨져 대기 기간이 짧아지기 때문이에요. 앞에 예약한 환자가 예정된 날짜보다 일찍 진료받게 되어 뒤에 있는 환자의 날짜도 덩달아 당겨지거나, 아슬이 그 과에 진료 공급을 늘린 결과예요.

안과 외에도 심장내과, 산부인과, 정형외과, 비뇨기과의 모니터링 화면을 차례로 보았다. 과마다 아슬마다 환자의 대기 양상이 다르다. 어떤 아슬은 안과 진료에서 띠 오른쪽에 빨간색 토막이 긴데 정형외과에서는 띠 전체가 초록색이다. 다른 아슬은 안과 진료에서 초록색만 있는데 비뇨기과에서는 오른쪽으로 노란색이 있다. 권역별로 과별로 환자의 수요가 다르고 의료 공급 상태가 달라서 대기 양상도 달라진다.

어떤 진료과에 오래 대기하는 환자가 많다면 그 과에서 아슬의 공급이 수요를 맞추지 못한다는 신호예요. 우리는 매주 모든 아슬에 진료 과별 예약 건수, 대기 기간별 환자 수를 집계해 알려 줍니다. 물론 아슬에서도 직접 모니터링할 테지만요.

예약한 환자의 대기 현황을 살펴봄으로 쿠프의 예약 기능을 완성한다. 예약할 의료기관 찾기, 예약 접수하기가 환자를 위한 일이라면 대기 환자 현황 살피기, 대기 기간별 환자 수 집계와 보고는 아슬과 주정부 등 국영의료 관리 체계를 위한 일이다.

수요-공급을 정확히 보여 주는 데이터

이처럼 분명한 데이터가 생산되는 것이 부럽다. 예약 건수가 보여 주는 전문과별 진료 수요, 대기 현황으로 표현되는 아슬의 공급 상황을 실시간으로 집계할 수 있는 것이 부럽다. 우리는 이런 데이터를 만들지 못한다.

우리나라에서는 과목별 의료 수요부터 제대로 알기 어렵다. 각 병원의 진료 예약 정보가 공개되지 않기 때문만은 아니다. 그보다는 일차의료제도가 없기 때문이다. 환자가 의료인의 도움 없이 자신이나 가족의 판단에만 의지해 무슨 진료과에, 어떤 병원에 가서 진찰받을지 정해야 한다. 그러다 보니 기껏 선택해 접수한 과가 환자의 실제 의학적 수요에 어긋나는 예가 드물지 않다.

공급 쪽에서도 과목별 이용량을 정확하게 집계하기가 어렵기는 마찬가지다. 내과, 정형외과 등 전문의마다 자기 과가 있지만, 우리나라에서는 자기 과와 동떨어진 분야를 진료하는 예가 빈번하다. 찾아온 환자를 돌려보내지 못해, 또는 저쪽 분야가 수익이 더 높아서, 등 현실적인 이유가 깔려있다. 사정이 이러하니 진료 현장에서 전문과 간 경계가 흐릿하고 실제 이용된 과목이 무엇인지 측정할 방법이 묘연하다.115 건강보험 데이터도 이와 같은 현장의 한계를 넘어서지는 못한다.116

주 국영의료계획의 기초가 된다

대기 환자 모니터링 화면을 언제나 켜놓고 있을 리치아에게 한 가지 더 질문한다. 어떤 아슬에서 어떤 과에 공급이 수요를 맞추지 못해 환자가 오래 대기한다면, 그래서 대기 기간이 상한선을 넘어간다면, 어떻게 하는지?

필요하면 아슬이 긴급히 대응해요. 신속하게는 사립병원 등 사적 의료와 계약해서 진료 공급을 늘리지요. 환자에게 사립병원을 이용하게 하는 건데, 다만 그럴 때 환자가 돈을 더 내게 하지는 않아요. 비싼 사적 의료 이용료가 아닌 국영의료의 법정 본인부담금만 내고 진료받게 하죠. 아슬이 보장해야 할 진료니까요.

공급 부족이 일시적인 현상에 그친다면 그렇게 임시 조처로 마무리되겠지만, 그렇지 않고 반복되면 아슬의 계획을 바꿔야 해요. 내년도 사업 계획에 또는 3년 주기인 우리 주 국영의료계획에 그 내용을 반영해 안정적으로 공급되게 하지요.

우리나라에도 지역계획이 있다. 시·도, 시·군·구가 4년 주기로 세우는 '지역보건의료계획'이다. 법적으로 강제된 계획이다. 그러나 계획은 시작부터 겉돈다. 현황을 파악하는 첫 작업부터 곤란을 겪는다. 의료 수요와 공급에 관한 정확한 세부 데이터를 구하기 어렵기 때문이다. 그런 상태에서 계획을 세워야 하니 내용이 부실하다. 리치아의 노트북을 보고 있으려니 이래저래 머릿속이 복잡했다.

온라인 의료 네트워크, 솔레^{SOLE}

다음 날 '쿠프2000'을 두 번째로 방문했다. 온라인 의료에 관한 설명을 듣는 날이다. 시모나는 자기 방에서, 역시 체사레와 발렌티나와 함께 반갑게 나를 맞는다. 둥근 탁자 위에 노트북이 준비되어 있다.

일차의료에 중심을 둔 네트워크

온라인 네트워크의 이름이 '솔레'라고 한다. '에밀리아로마냐 온라인 의료^{Sanita On Line Emilia-Romagna}'를 뜻한다.

'쿠프2000'이 솔레를 만들었어요. 우리 주 일차의료 의사 4천 명과 전문의 1만 명을 연결하고 정보를 전달하는 온라인 네트워크랍니다. 일차의료 의사가 환자 진료의 기준점이자 돌봄의 출발점이라, 솔레도 여기에 중심을 두고 있어요.
　가정의, 어린이 일차의료 의사, 당직 전담 의사, 전문의, 외래진료센터, 병원, 호스피스, 가족상담실, 가정간호, 정신건강센터, 아슬의 행정 부서가 모두 솔레에 연결되어 정보를 주고받지요. 솔레를 통해 가정의는 자기에게 등록된 환자가 어떤 곳에서 어떤 서비스를 받았는지 빠짐없이 알 수 있어요.

보르고-레노 건강의집에서 루카가 "우리 주 의사가 사용하는 온라인 의료정보체계가 있다."던 것이 생각난다. 환자의 정보를 주고받을 수 있어 일차의료 그룹 진료에 도움이 된다고 했다. 그가 말한 것이 바로 솔레, 즉 일차의료를 중심에 두고 의료 전반을 아우르는 온라인 네트워크인가 보다.

솔레를 통해 가정의의 처방이 약국이나 쿠프로 전달되고, 쿠프에서 예약한 환자의 접수 정보가 병원이나 진료센터에 통보되고, 진료센터의 검사 결과 보고서나 전문의 외래진료 보고서가 가정의에게로 가요. 병원에서 가정의에게 보내는 입원 통지, 퇴원 통지, 퇴원 보고서, 응급진료 보고서도 전달되고요.

쌍방향 정보망이다. 솔레를 통해 가정의가 내놓는 처방이 외부로 나가고, 솔레를 통해 가정의가 받아야 할 보고서 등 진료 정보가 들어온다. 피에몬테주에 있는 안나마리아 진료실에서는 가정의가 처방을 종이에 써서 환자에게 주고, 가정의가 받아보는 검사 결과나 전문의 진료 보고서도 종이에 인쇄되어 온다. 그러나 이곳 에밀리아로마냐주에서는 이런 정보가 솔레를 타고 디지털로 오간다.

솔레가 개발되자 주정부가 가정의에게 컴퓨터를 지급했다.

2003년에 솔레가 만들어진 뒤 주정부는 이 네트워크에 연결하는 의사에게 컴퓨터, 프린터, 고속통신선, 소프트웨어를 지급했어요. 그래도 실제로 이용이 활발하게 되는 데는 여러 해가 걸려서 2011년이 되어서야 거의 모든 가정의가 솔레를 이용하게 되었죠.

일차의료가 의료의 기본이라 여기는 사람들은 IT를 이렇게 사용하는구나 싶었다.

IT에 앞서 역할 분담이 있어야

솔레로 오간다는 정보 중 퇴원 보고서에 관해 질문한다. 병원이 가정의에게 보내는 문서인데, 피에몬테주 안나마리아 진료실에서 다른 보고서는 봤어도 이건 볼 기회가 없었다. 어떤 내용이 담기는지?

퇴원 보고서는 입원진료를 담당한 병원 의사가 환자의 가정의에게 보내는 편지예요. 검사 결과, 진단명, 치료 내용, 퇴원 뒤에 복용할 약, 재검사 시기 등을 적어 보내요. 예전부터 있던 편지예요. 솔레가 없던 시절에는 환자가 퇴원할 때 받아서 일차의료 의사에게 갖고 갔지요.
　요청하는 환자에게만 써주느냐고요? 아니에요. 퇴원하는 모든 환자에게 써줘요. 퇴원 보고서를 받는 데 환자가 돈을 내느냐고요? 아니에요. 입원진료에 포함되므로 무료예요. 우리 주에 있는 병원에서만 주느냐고요? 아니에요. 어느 주, 어떤 병원에서든 다 줘요.

일차의료제도가 확고한 이 나라에서 병원은 환자의 입원진료 결과를 가정의에게 알려 줘야 한다. 환자가 퇴원하면 다시 가정의에게서 진료를 받기 때문이다. 그러므로 입원 중에 병원에서 환자가 어떤 병으로 진단되었는지, 무슨 치료로 효과를 보았는지, 퇴원 뒤에는 어떻게 관리해야 할지, 정확히 적어 보내야 하는 것이다. 퇴원 보고서를 보냄으로 병원이 진료의 책임을 일차의료 의사에게 인계한다.

그러나 우리에게는 퇴원 보고서가 생소하다. 우리나라 병원에서는 그런 보고서를 만들지 않기 때문이다. 대신에 환자에게 당부한다, 퇴원 뒤 며칠 내로 병원의 외래진료실에 와서 진료받도록. 동네에 환자의 가정의가 없기 때문이고, 설혹 단골 의사가 있다 해도 일차의료제도가 없으니 그의사가 병원으로부터 환자의 진료를 인계받을 권한도 책임도 없기 때문이다. 환자 편에서도 동네 의사에게 가겠다고 할 이유가 딱히 없어 대개는 입원했던 병원의 외래로 오라는 당부를 받아들인다. 그러니 퇴원하는 환자를 위해 병원이 보고서를 만들 이유가 없다.[117]

이처럼 의료기관 간에 역할 분담이 분명하지 않으니, 그래서 보고서를 주고받지도 정보를 소통하지도 않으니, 정보망도 필요하지 않다. 그래서 이른바 IT 강국이라는 우리나라에 솔레 같은 의료정보 네트워크가 아직 없다.[118]

온라인 건강문서집^{FSE}

솔레에 올라온 정보가 개인별로 수집돼 온라인 건강문서집^{Fascicolo Sanitario Elettronico}이 된다. 솔레가 의료인, 의료기관, 아슬을 연결하는 네트워크라면 이 문서집은 시민 누구에게나 제공되는 개인별 웹 공간이다.

손안에서 언제든 볼 수 있다

이 문서집이 디지털 의료의 가장 새롭고 혁신적인 성과라고 시모나가 말한다.

누구든지 의료서비스를 이용하면 그 결과로 처방전이나 보고서가 생산돼 솔레에 올라와요. 솔레에는 우리 주 내 모든 의료기관이 연결되어 있어 수많은 문서가 다 올라옵니다. 그 디지털 문서를 개인별로 웹 공간에 모은 것이 온라인 건강문서집이에요.

문서집에는 의료를 이용한 이력이 빠짐없이 담겨요. 처방전, 검사 결과 보고서, 전문의 외래진료 보고서, 퇴원 보고서가 다 수집되니까요. 그래서 누구든 자기 의료정보를 확인하고 싶을 때 이 문서집을 열어 보면 돼요. 컴퓨터

Fascicolo Sanitario
●●●●● e l e t t r o n i c o

La propria storia clinica consultabile on line
in forma protetta e riservata
Per migliorare la conoscenza e i processi di cura

"온라인 건강문서집은 개인별 진료결과 보고서를 보관하고, 개인 정보를 철저히 보호하고, 건강 상태를 정확히 알려 주고, 의료 이용도 더 편하게 합니다." 에밀리아로마냐주 온라인 건강문서집 홍보 포스터 ⓒRegionne Emilia-Romagna

나 스마트폰으로 언제든 접속할 수 있어요.

시모나가 노트북 컴퓨터로 직접 시범을 보인다. 주정부의 온라인 건강 문서집 웹사이트^{www.fasciocolo-sanitario.it}에 접속하자 첫 화면에 "당신의 의료정보는 보호되고 비밀로 처리됩니다."라는 문구가 뜨고 이름과 비밀번호를 입력하게 한다. 로그인하자 "반갑습니다, 시모나"라는 인사말과 함께 "원하는 항목을 열고 문서를 클릭하면 내용이 보입니다."라는 안내가 나온다.

문서집의 항목에는 의료, 행정, 처방전이 있다.

의료 항목을 클릭하자 지난 몇 년간 시모나가 받은 보고서의 목차가 줄지어 나타난다. 발행한 연월일, 무슨 종류인지, 발행한 기관이 어디인지 목차에서 알 수 있다. 그중 하나를 클릭하니 시모나가 얼마 전에 받은 암 검진 결과를 알려 주는 보고서가 읽기 쉽게 펼쳐진다.

행정 항목에는 아슬이 보낸 보고서가 들어와 이 사람이 본인부담금 면제 대상인지,119 특정 치료식을 공급받는 대상인지 등을 알려 준다.

처방전 항목을 클릭하자 시모나가 받은 처방전 목록이 발행 연월일에 따라 나타난다. 그중 하나를 클릭하니 그날 처방된 약 내용이 나온다.

그밖에 화면의 오른쪽에 온라인 서비스라 하여 본인부담금 지급, 진료 예약, 가정의 바꾸기, 승인 관리 등 메뉴가 있다.

순간, 새로운 서비스를 목격하고 있음을 깨닫는다. 웹 공간의 문서집에 개인별 정보가 모이고 저장된다. 언제 어느 기관에서 발급했든, 한 사람에 관한 보고서와 처방전이 모두 한곳에 모인다. 검사나 진료 결과가 어땠는지, 언제 무엇을 처방받았는지 등, 그가 다녔던 의료기관을 일일이 찾아가지 않아도 한눈에 그동안 있었던 진료 결과를 다 볼 수 있다.

디지털 시대를 새삼 실감한다. 누구도 지난 일을 빠짐없이 기억할 수 없지만, 의사의 설명이나 처방을 일일이 외울 수 없지만, 이 문서집이 있으면 걱정이 없겠다. 여행지에서 갑작스레 몸이 아파 낯선 의사에게 진료받게 되더라도 안심이다. 내 건강 상태, 앓고 있는 병명, 최근의 검사 결과, 복용하는 약을 정확히 말할 수 있다. 손에 쥔 스마트폰으로 문서집을 찾아 읽으면 된다. 스스로 건강을 관리하기도 더 쉽겠다. 몇 년 전에 견줘 건강에 어떤 변화가 있는지, 앞으로 의료기관 재방문을 언제 해야 하는지 등을 손바닥 안에서 알 수 있을 테니까.

온라인 건강문서집의 탄생은 '쿠프2000'의 높은 기술력 덕분에 가능했을 것이다. 그러나 그 이전에, 더 큰 배경은 에밀리아로마냐주의 정책적 의지다. 개발 과정에 많은 예산과 오랜 시간이 들었을 이와 같은 결과물은 주정부의 강력한 의지가 없으면 결코 나오지 못한다. 의료 정보에 시민의 접근성을 높이고 나아가 건강에 관한 시민의 자율성을 높이려는 정책이 IT 기술과 만나 새로운 지평을 열었다.

드러내고 싶지 않은 것을 보여 주지 않을 권리

문제는 개인 정보 보호일 것이다. 내 의료 정보는 온전히 나만의 것으로 결코 남의 손에 닿아서는 안 되기 때문이다.

건강문서집의 정보를 보호할 책임이 주정부에 있어요. 그래서 안전 규정이 철저해요. 사람마다 인증서를 아슬에서 받고 본인 인증을 거쳐야 자기 문서집을 열 수 있어요.

온라인 뱅킹을 떠올리게 하는 말이다. 하긴, 금융 정보 보호와 의료 정보 보호가 다를 리 없다.

문서집의 문서를 다른 사람이 읽으려면 본인의 승인이 필요해요. 의사도 마찬가지예요. 환자에게 승인을 얻어야 문서를 볼 수 있어요.

의료에서는 금융과 달리 환자에게 의료인의 도움이 필요하므로 '승인' 장치를 마련한 것으로 보인다. 승인을 얻은 의사는 그 환자가 어느 의료기관에서 무슨 질병으로 어떤 치료를 했으며 검사 결과가 어땠는지 살펴보고 진료에 참고할 것이다.

그런데, 예상치 못한 특성이 있다.

환자가 자기 문서집에 있는 문서 중 일부를 가려 둘 수 있어요. 가려 둔 문서는 아무도 보지 못해요. 환자의 승인을 얻은 의사라도 말이지요. 그래서 이 문서집의 내용이 의료기관의 진료기록과 꼭 일치하지는 않는 거예요.[120]

환자가 마음대로 문서를 가린다고? 놀랄 일이다! 의료 정보는 정확함이 생명이고. 거기서 일부라도 덮어 버리면 사실이 온전히 전달되지 않는다. 왜 이렇게 하는 걸까?

누구든 드러내고 싶지 않은 것을 보여 주지 않을 권리가 있어요. 온라인 건강 문서집은 개인이 자기 의료 정보를 활용하는 장소예요. 개인의 디지털 공간이지요. 그래서 사적 권리를 법률로 보장하는 거예요.[121]

의사인 나로서는 이 답변을 아무래도 받아들이기 어렵다. 의료 정보는 그것이 건강과 생명에 직결되는 까닭에 정확해야 한다. 부실하거나 왜곡된 정보가 전달되면 환자가 피해를 볼 위험이 있다. 개인의 사적 권리와 건강 위험이 이렇게 충돌하다니.

환자가 가려둔 문서 때문에 문서집을 참고하는 의료인이 혼선을 빚은 사례가 없을까 궁금했으나 다음에 묻기로 한다. 건강문서집 웹사이트를 연 지 이제 겨우 1-2년 되었기 때문이다. 에밀리아로마냐주 인구 446만 명 중 문서집을 사용하는 사람이 겨우 90,926명(2014년 말 기준)밖에 되지 않는, 초기 상태다. 어쨌든 IT 시대에 시민의 권리를 보호하며 서비스를 혁신하는 것이 간단치 않음을, 생각할 것이 많은 과제임을 되새긴다.

만성질환 관리에 특히 도움이 된다

온라인 건강문서집으로 크게 도움을 받는 분야가 만성질환 관리, 특히 중증 만성질환자에 대한 통합적 관리라 했다.

온라인 건강문서집을 활용하면 만성질환 관리의 질을 높일 수 있어요. 만성질환자는 건강 문제가 복잡해서 가정의, 전문의, 병원, 요양시설로 옮겨 다니며 진료받거든요. 집에서 통합가정돌봄을 받기도 하고요.

그래서 의사에게 정보가 필요해요. 앞선 진료에서 환자의 검사 결과가 어땠는지, 언제 무슨 치료를 받았는지, 행정적으로 환자에게 제공되는 서비스가 있는지. 그럴 때 환자의 문서집에 있는 정보를 참고하면 큰 도움이 되지요. 시간과 비용을 절약하고 의료 실수도 줄여요.

앞으로 만성질환자는 점점 더 많아질 테니 온라인 건강문서집이 더욱 중요하게 쓰일 것을 짐작할 수 있다.

한국의 온라인 의료는 어떤가요

'쿠프2000'의 전문가 세 사람이 한국에 관해 듣고 싶어 한다. 지금까지 긴 설명을 해준 데 대한 답례 삼아 나도 성심껏 답변한다. 먼저 한국과 이탈리아의 의료제도 차이를 간단히 설명하고 우리나라 정부의 원격의료 도입 정책을 소개한다. 정부가 원격의료를 도입하려 하지만 의사협회와 시민단체가 반대하는데, 그 이유가 정책의 목적이 대기업에 신시장을 열어 주어 의료를 영리화하는 데 있다고 보기 때문이라 설명한다.

그들은 놀라워하고 어이없어한다. 정부가 의료를 놓고 대기업과 짬짜미를 하다니, 사실이냐고 되묻는다. 그러더니 시모나가 탄식하듯 말한다.

삼숭SAMSUNG이 의료 영리화를? 내 컴퓨터, 태블릿, 스마트폰이 다 삼숭 제품인데?

'삼숭'에 호감을 품은 이 디지털 전문가의 마음을 어지럽게 했다는 생각에 내 마음도 불편하다.

세 사람에게 깊은 감사를 표한다. 이틀 연속으로 시간을 내주고 디지털 서비스인 온라인 의료 네트워크와 온라인 건강문서집을 실감되게 내게 설명해 주었다. 대가를 바라지 않고 베푸는 도움, 이곳 사람들이 '연대'라 표현하는 그 도움에 거듭 감사한다. 그 낱말을 우리나라에서는 어쩌다 가끔 접하는 정도였는데 이탈리아에 와서 겨우 잠깐 동안 훨씬 더 많이 보고, 많이 듣는다.

그 방을 나와서 발렌티나의 도움을 받아 리치아 방으로 향한다. 그에게도 작별 인사를 해야 하고, 묻고 싶은 게 하나 더 있다.

주체가 여럿인 분권 체제

리치아가 다행히 자기 방에 있다가 반갑게 맞아 준다. 나는 마지막 질문을 꺼낸다.

같이 발전할 수 있다

어제 리치아가 말한 대로 주 전체에 진료 예약 전산망, 온라인 의료 네트워크, 개인별 온라인 건강문서집을 완성한 주는 여기뿐이다. 북부에서 롬바르디아 등 몇 곳이 거의 완성 단계에 있고, 나머지 주가 기술적인 준비 중이지만, 안타깝게도 남부 주에서는 대부분 아직 초기 계획 단계에 머문다.[122] 이탈리아 전체가 에밀리아로마냐주 수준에 도달하려면 갈 길이 멀다.

온라인 의료서비스에서 드러난 지역 간 격차가 생각보다 크고, 격차를 줄이는 일이 쉽지 않아 보인다. 과연 주별 분권 체제가 과연 국영의료 발전에 긍정적일까? 오히려 중앙정부의 역할을 확대해 국가 전체를 일관되게 관리해야 하지 않을까? 리치아가 진지하게 답해 준다.

중앙정부와 주정부는 협력하고 있어요. 중앙정부와 20개 주정부가 모두 참여하는 상설 협의체가 있답니다. 국영의료에 관해 중요한 의사 결정을 이 협의체가 해요. 주와 주 사이에 격차도 중앙정부와 주정부 간의 협력으로 줄여 가고 있고요.

그런데 국영의료를 운영하는 주체가 한 국가 안에 여럿인 것은 긍정적이라고 봐요. 어느 주의 선도적인 사례가 다른 주에 영향을 주어 같이 발전할 수 있으니까요. 한편으로, 어느 쪽의 일방적인 판단이 국가 전체를 뒤흔들지 못하니 안정적으로 제도를 지킬 수 있고요.

그 말을 들으니 볼로냐 아슬의 가브리엘레가 생각났다. 이탈리아에 다행히 영국의 대처 총리 같은 이가 없어 국영의료가 건재하다고 했다. 가브리엘레와 리치아의 답변이 같은 맥락 안에 있다. 어떤 개인이나 집단이 일방적으로 권력을 행사할 수 없는 자치 분권 체제가 이탈리아 국영의료를 지키고 발전시켰다고 보는 것이다. 아마도 에밀리아로마냐주 공직 사회에서 널리 공유되는 상식이자 신념일 성싶다.

분권 체제를 지지하는 배경에 이탈리아의 근현대 역사가 있다. 20세기 초에 모든 권력을 중앙에서 틀어쥐고 폭력을 행사한 무솔리니의 파시즘, 세계대전이 끝나 공화국을 수립한 뒤에도 정당성이 허약한 집단이 중앙정부를 장악해 수십 년간 집권했던 불완전한 민주주의, 여전히 흔들리는 국가적 정치 리더십 등, 지금도 진행 중인 역사다.

우리 중에는 과연 어디일까

우리나라에서도 그럴 수 있을까? 우리나라에서도 자치 분권이 강화될 때 그 변화가 의료제도 발전에 동력이 될까? 서울 중심의 하나뿐인 주체에서 지역별 여러 주체로 나뉘는 변화가 의료 환경을 개선하는 데 기여할까?

누구도 자신 있게 답하지 못할 문제다. 이는 우리 지방자치가 아직 취약해서일 것이고, 우리가 오랫동안 강력한 중앙집권 환경에서 살아왔기 때문일 것이다. 보건의료 분야에서도 거의 모든 권한과 기능이 중앙에 집중되어 있고, 이와 같은 관리 체계의 특징인 통일성과 효율성에 우리는 매우 익숙해 있다.

우리의 중앙집권 방식에 물론 그늘도 있다. 우리는 지역적 차이에 둔감하고 지역 간 불평등을 그리 중요한 의제라 여기지 않으며 지방, 특히 읍면의 여건을 개선할 제도 마련에 관심을 기울이지 않는다. 리치아가 켜놓은 '에밀리아로마냐주 대기 환자 모니터링' 화면이 보여 주는 것은 이 주가 수준 높은 전산 예약 관리체계를 발달시켰다는 사실에 더해, 중심 도시인 볼로냐든 가장 변두리 권역이든 전문 과목별 의료를 이용하는 데 동등한 기회를 보장한다는, 형평을 달성하려는 노력이다. 그러나 우리는 그와 같은 노력에 인색하다.

꽤 먼 길일 듯하다. 우리나라가 앞으로 지역별 자치 분권을 강화하게 된다면, 그 자치가 보건의료 분야까지 확대된다면, 그래서 특별시 강남구든 읍면이든, 농촌이든 산골이든, 어촌이든 바다 한복판 섬이든, 어디서든 건강할 수 있도록 지역별 의료 기반을 튼튼히 하려 한다면, 그때 우리에게도 있을까. 이탈리아의 에밀리아로마냐주처럼 앞장서 노력하는 지역이, 남다른 공동체 정신과 성실한 노력으로 새로운 지평을 열어 나가는 지역이. 과연 어디일까.

평화를 배경으로 격려 받다

리치아 방 벽에 아이들이 뛰노는 모습을 담은 수예품이 걸려 있다. 몇 년 전 북경 어린이병원 방문단이 선물한 기념품인데 아이들 100명을 수놓은 것이라 한다. 이 액자를 볼 때면 아이들에게서 평화를, 100이라는 숫자에서 충만함을 느낀다며 리치아가 따뜻한 시선을 보낸다. 그 아이들을 배경으로 리치아와 기념사진을 찍는다.

숙소에 돌아와 리치아에게 메일로 사진을 보냈더니 답장이 왔다.

> 친애하는 정주,
> 사진을 보내 줘서 고마워요.
> 이탈리아 국영의료를 관찰해 책을 낸다고 했지요. 나도 기대합니다. 당신의
> 통찰을 함께 나누고 싶군요.
> 우리 연락하지요.
> 안녕히, 리치아.

짧은 글에 담긴 격려가 컸다.

북경 어린이병원 방문단이 선물한, 아이들 100명이 뛰노는 모습을 담은 수예품을 배경으로 리치 아와 기념사진을 찍었다.

오랜 건물에
첨단 의료를
품다

보호와 자비의 공간

이탈리아에서 병원은 환자를 입원시켜 진료하는 의료기관이다. 병원에는 출산을 앞둔 임신부나 병세가 중한 환자가 입원해 간호사의 보살핌과 의사의 시술로 아기를 분만하거나 질병을 치료한다. 이와는 달리 외래진료만 하는 곳을 의사의 사무실 또는 외래진료소라 부른다. 가벼운 증세를 느끼는 환자가 의사를 만나 진찰받고 상담하며 처방이나 간단한 치료를 받는 곳이다. 이처럼 병원이라는 명칭을 '환자를 입원시켜 보호하는' 기관에만 쓰는 것은 이탈리아뿐 아니라 서구권 어디서나 마찬가지다.

연민을 품고 자비를 베풀다

나폴리에 갔을 때다. 수백 년 전에 설립된 병원을 우연히 방문했다. 기차역에서 무심코 받은 관광 안내서 귀퉁이에 '의료와 약국역사 박물관'이라 적힌 것이 눈에 띄어 지도를 짚으며 찾아간 터였다. 복잡한 옛 도심 한복판인데

신경이 마비되는 병에서 기적적으로 회복한 귀부인 마리아 롱고가 재산을 희사해 1522년 나폴리에 세운 '여성을 위한' 병원, 산타마리아 병원. © IlSistemone/Wikimedia Commons

언덕 위에 있어선지 경내가 고즈넉하고 옛 수도원의 자취가 느껴지며 건물은 몹시 낡아, 보는 내가 어리둥절할 정도였다. 어디로 들어가야 할지 몰라 두리번거리다가 시민 봉사 단체의 회원을 만나 건물 내부로 안내받았다.

이곳, 산타마리아 병원은 1522년에 문을 열었다. 마리아 롱고Maria Longo라는 귀부인이 신경이 마비되는 병에서 기적적으로 회복한 뒤 재산을 희사해 '여성을 위한' 병원으로 설립했다. 롱고가 세운 여자 수도회가 관리를 맡아 임신한 여성의 분만을 돕고 갓 태어난 아기를 돌봤으며 점차 병원의 규모를 키워 가난한 환자, 다른 곳에서 거부당한 중환자를 받아 치료했다. 1700년대에는 병원 안에 의학교까지 세워 명성이 높았으나 19세기 후반에 나폴리 대학병원에 통합돼 분원이 되었다. '여성을 위한' 병원의 전통을 살려 지금도 산부인과와 소아청소년과가 주 진료과다. 옛 건물 담장 너머에 현대식 병원을 지어, 과거에 병원이던 곳은 이제 박물관이 되었다.

계단도 벽돌도 낡아 버린 수백 년 세월의 건물에는 오래전 세상이 그대로 있는 듯했다. 삼백 년 전에 만든 아름답고 장대한 약장, 약을 담는 데 썼던 수백 개의 채색 항아리, 주세페 모스카티^{Giuseppe Moscati}(1880-1927) 등 존경받던 의학자의 유품과 의료 기구 등이 마치 그것이 사용되던 그때처럼 자리에 놓여 있었다. 봉사 단체 회원의 열정적인 설명 덕분에 전시물의 의미에 더해 이곳 역사에 대한 나폴리 시민의 자부심도 함께 느꼈다.

마당을 거쳐 안뜰로 들어가자 쨍한 햇볕 아래 큰 나무를 가운데 두고 풀이 무성했다. 옛날에 수도자가 아침마다 신선한 약재를 채집하던 약초원이라 했다. '심장약'으로 썼다는 나무줄기를 뜯어 주어 코에 대니 강하고 청량한 향이 났다. 안뜰을 지나 중앙 회랑으로 들어서자 벽에 글을 새긴 돌판이 붙어 있었다. 라틴어로 쓰인 글을 읽지는 못해도 한가운데에 높이 자리한 모양새에 뭔가 중요한 글귀임이 느껴졌다. 설립자인 마리아 롱고 부인의 뜻이 담겼다며, 봉사자 중 젊은 여성이 천천히 영어로 옮겨 주었다.

여성이라면 누구든지
부자건 가난하건
고귀하건 비천하건
이곳 사람이건 외국 사람이건
임신하였다면
두드리라
문이 열리리라
— M. L. 롱고

순간 가슴이 먹먹했다. 임신했으되 가족의 축복과 돌봄을 받지 못한 여성, 잉태한 생명의 보호는커녕 한 끼 밥도 잠자리도 얻지 못한 여성, 하늘 아래 갈 곳을 알지 못하는 여성이 어느 시대 어느 땅에나 있었으리니. 숨죽여 찾아온 그들을 이곳 여성 수도자들이 감싸고 돌보는 광경이 눈앞에 보이는 것 같았다. 돌판에 새겨 걸어놓고 수백 년간 그 뜻을 실천했을 이곳에는 지금도 벽 어딘가에 사람을 귀하게 여기는 정신이, 기둥 어딘가에 통념을 이겨낸 여성들의 자매애가 배어 있는 듯했다.

순례자를 보호하며 시작된 병원

서구에서 병원의 역사는 중세 초기로부터 시작된다. 로마제국의 수도가 비잔티움(지금의 이스탄불)으로 옮겨진 서기 330년 이후 이탈리아반도의 로마시는 한갓 변방이 되었다. 그러나 도시의 세속적인 위상과 관계없이, 베드로와 바울의 순교 장소라 알려진 이곳은 기독교인에게 죽기 전에 가보고 싶은 성지였다. 많은 사람이 순례자가 되어 로마를 찾았다.

교회가 순례자를 돌본 데서 병원이 시작되었다. 성지를 찾아 먼 길을 걷는 중에 재물도 건강도 잃은 이가 많아 곳곳에 있던 수도원이 순례자에게 머물 곳을 제공하고 돌보았다. 초기에 단순한 도움을 주던 수도원이 점차 몸이 아픈 사람을 간호하고 약초를 재배해 약국과 진료소를 운영하는 등 의료기관으로서 큰 역할을 했다.

십자군 전쟁(1096-1291)은 병원이 확산하는 계기가 되었다. 교황청이 유럽 전역에 병원을 세우게 해, 교회뿐 아니라 도시 공동체가 병원 운영에 함께했다. 상공업 길드[123]가 재정을 후원했고 교회와 시 당국이 공동으로 병원을 관리하며 남녀 수도자가 환자를 간호했다. 환자에게 의사의 진료가 필요하면 수도자가 시에 고용된 의사에게 왕진을 청했다.[124]

도시마다 병원이 있었으나 이는 시민이 평상시에 의료를 이용하는 장소가 아니었다. 시민은 아플 때 주로 집에서 의사의 왕진을 받았다. 부유층은 자기 가족을 전담할 가정의를 고용했고 일반층은 길드가 계약한 개업 의사에게 진료를 받았다. 반면에 병원은 그렇지 못한 사람, 다시 말해 집이 없는 사람이나 외국인, 가난하거나 중병을 앓는 등 처지가 딱한 이를 머물게 해 보호하며 돌보는 곳이었다.

현대의 서구 병원도 그 오랜 전통에 맥이 닿아 있다. 옛 시대와는 비교할 수 없을 만큼 거대한 규모에 첨단 과학을 활용하는 기관이지만, 중심 기능이 외래가 아닌 입원진료인 점이나, 의학적 검사나 치료를 시행할 뿐 아니라 환자에게 따스한 공간이 되려 한다는 데서 옛 병원과 다르지 않다.

현대 의료기관으로

이탈리아에서 병원이 현대 의료기관으로 탈바꿈한 것은 1968년에 '병원의료법^{legge 132/1968}'이 제정되면서였다. 당시는 국가적인 의료보장제도가 없어 200개가 넘는 기금이 제각기 의료보험을 제공했고 병원은 전통에 따라 자선과 의료를 병행하는 오래된 기관이었다. 그러나 때는 이미 20세기 중반으로, 과거에 볼 수 없던 속도로 의학이 발전하고 있었다. 최신 의학을 수용하기 위해 병원에 변화가 필요했다.

병원의료법

병원의료법은 병원을 정의하고 기능 및 운영 체계의 기틀을 제시하며 전문적인 진료를 제공할 여건을 갖추게 했다. 그 내용을 요약하면 이렇다.[125]

첫째, 병원은 환자를 입원시켜 의료를 제공하는 공적 기관이다. 내과계, 외과계 의료를 전문적으로 제공하며 다른 의료기관의 활동에 협력하고 의료진 양성과 환자 및 환자 가족의 보건교육에 기여한다. 질병, 사고, 분만으로 긴급히 치료받아야 하는 환자는 의료보험의 가입 유무나 국적에 관계없이 입원시켜야 한다.

둘째, 이사회를 구성한다. 이사는 주의회에서 6명, 기초의회에서 1명, 기존에 병원이 소속되었던 기관에서 2명, 노동조합에서 2명을 지명하고 이사 중에 원장을 선출한다.

셋째, 행정사무를 감독하는 감사위원회를 구성한다. 위원은 정부의 재무부, 보건부, 고용부, 행정안전부, 주의회가 1명씩 지명하며 위원장은 재무부가 추천한 위원이 맡는다.

넷째, 담당하는 지역 면적과 인구 크기에 따라 병원의 규모를 정한다. 규모가 클수록 안과, 이비인후과, 비뇨기과 등 전문 진료과를 많이 둔다.

다섯째, 이사회가 병원의 인건비 등 모든 경비를 계산해 입원일당 진료비를 정한다.

여섯째, 의료, 관리, 간호, 기술, 기능, 종교126 직렬로 조직을 구성하고 직원을 고용한다.

일곱째, 의사는 공개경쟁 시험으로 채용한다. 고위 직급에는 의과대학 근무 경력이 있는 의사를 선발한다.

여덟째, 시설과 의료 장비를 현대화할 수 있게 정부가 병원에 예산을 지원한다.

이 법에 따라 병원은 새롭게 조직을 갖추고 전문 인력을 고용하며 의과대학과 긴밀히 협력하는 현대적인 의료기관으로 탈바꿈했다.

국영의료의 무상의료기관이 되다

1978년에 국영의료제도가 도입되면서 병원은 한 번 더 큰 변화를 겪었다. 의료체계 운영을 20개 주정부가 책임지게 되었고 주정부가 설립한 아슬이 보건의료 사업을 시행하게 되었는데 이와 함께 병원에 대한 관리 체계가 달라진 것이다.

병원 다수가 아슬의 직영 기관으로 전환되었다. 이미 병원의료법에 의해 공적 기관으로 운영 중이었지만, 국영의료제도에서는 한발 더 나아갔다. 개별 병원의 이사회 등 관리 체계를 해산하고 전문의와 간호사 등 의료진을 개별 병원이 아닌 아슬이 고용하며 권역 안에서 병원끼리 기능을 연결해 아슬의 새로운 통합 조직으로 탄생시켰다. 다만, 대학병원 등 고도의 전문적인 의료를 제공하는 병원은 아슬의 직영 기관이 아닌 독립 기관으로 운영하게 해 자율성을 보장했다. 특정 질환에 관한 연구를 주목적으로 하는 연구병원도 마찬가지로 독자적으로 운영한다.

한편, 국영의료제도에 따라 병원은 응급환자와 입원환자에게 무상의료를 제공하게 되었다. 환자가 무슨 응급의료를 받든, 입원해 어떤 검사나 치료를 받든, 며칠을 입원하든 이에 대한 본인부담금이 없다. 대신에 병원에 필요한 인건비 등 운영 경비 전액을 아슬 또는 주정부가 지급한다.

권역을 아우르는 병원망

전국적으로 공공병원이 전체 병상의 80%를 담당하며 직영, 독립, 연구병원 등으로 구분된다. 이 외에 종교 재단 등이 설립해 운영하는 사립병원이 병상의 20%를 담당한다.[127]

아슬의 병원의료국

'병원의료'라는 용어가 우리에게 생소하지만 이탈리아에서는 일상적으로 쓰인다. 중앙정부가 게시한 바에 따르면 병원의료는 병원이 위독한 환자에게 제공하는 응급의료, 입원환자에게 제공하는 모든 치료와 검사, 재

활치료와 장기요양, 혈액과 조직의 수집 및 공급, 장기이식을 통틀어 가리킨다.128

병원의료국이 병원의료 제공의 중심이다. 아슬에서 응급, 분만, 수술, 입원 등 병원의료를 시행하는 모든 의사가 이 국에 소속되며 활동 범위는 개별 병원이 아닌 전체 직영병원이다. 이에 따라 환자는 아슬의 병원 중 어느 곳을 이용하든지 전문 의료진이 시행하는 의료를, 병원 간 칸막이 없이 제공받을 수 있다.129

병원의료국을 진료 영역에 따라 외과부, 내과부 등으로 나눈다. 각 부는 밀접하게 관련되는 전문 분야가 모인 집합체로, 분야 간 협업을 통해 우수하고 균질한 의료를 시행할 책임을 진다. 아슬이 부별 목표를 세우고 자원을 배분하며 일정한 범위 안에서 자율성을 허용한다.130

예를 들어 볼로냐 아슬의 병원의료국에는 6개 부가 있다.

1. 외과부131: 외과, 혈관외과, 소화기외과, 내시경실, 안과, 이비인후과, 비뇨기과
2. 내과부132: 심장내과, 내분비내과, 호흡기내과, 신경과, 피부과
3. 지원부133: 마취과, 중환자실, 영상의학과, 핵의학과, 임상영양실, 진단검사의학과, 수혈의학, 혈액은행
4. 종양부134: 조직병리, 해부병리, 유방외과, 흉부외과, 방사선 종양학과, 종양내과, 임상심리, 완화 의료
5. 응급부135: 지역 응급 상황실, 외상외과, 외상 척추외과, 외상 정형외과, 응급의학과, 응급실, 중앙 심폐소생실
6. 엄마와 아기부136: 소아과, 소아외과, 신생아중환자실, 산과, 부인과

볼로냐 아슬에 의사가 모두 1,300여 명, 각 부에 의사는 단순 평균으로 200여 명씩이다. 병원의료국 의사는 아슬에 고용된 직원이므로 보수를 월

급으로 받는다.

직영병원

지역별로 시민에게 병원 이용을 보장하는, 아슬의 직영병원이다. 전국에 362개가 있어 공공병원 중 기관 수 기준으로 65%를, 병상 수 기준으로 47%를 차지한다.[137] 입원실, 수술실, 분만실, 진료과별 진찰실, 영상의학검사실, 진단의학검사실, 재활치료실, 응급실 등을 두루 갖춘다.

아슬이 시민의 접근성과 필요를 고려해 병원을 설치한다. 대개 외딴 산간 및 농촌에 소규모 병원, 작은 도시에 중간급 병원, 중심 도시에 응급의료센터를 겸하는 큰 병원을 둔다.

직영병원에는 병원의료국에 소속된 의료진이 환자를 진료한다. 의료진끼리 아슬의 내부 의료 정보망을 통해 연결되므로 권역 내 어느 병원에서든 응급의료, 심혈관질환, 뇌졸중, 어린이 진료 등 주요 분야 전반에서 전문적인 의료를 제공한다. 또한 환자가 병원을 퇴원한 뒤 집이나 동네에서 적절한 치료를 받을 수 있도록 병원 의료진이 동네의 일차의료 의사, 방문 간호사와 협력한다.

개별 병원에는 운영진이나 관리 체계가 없고 직영병원 전체를 아슬이 통합 조직으로 관리한다. 모든 경비를 아슬이 예산에서 직접 지출한다.

독립병원

아슬의 통합 조직에 포함되지 않는 독립 공공병원으로, 아슬과 구분해 아오 Azienda Ospedaliera라 한다. 중증 및 희귀질환에 대해 고난도 의료를 시행한다. 국영의료가 도입된 초기에는 아슬의 관리 아래 있었으나 1992년에 국영의료를 개혁하면서 일부 큰 병원이 의료와 재정에 자율성을 갖는 독립병원으로 지정되었다. 전국에 86개가 있어 공공병원 중 기관 수 기준으로

볼로냐 아슬의 직영병원 아슬이 관할하는 면적이 3천km²로 우리나라 경기도 면적의 약 30%에 해당하고 거주하는 인구는 87만 명으로 경기도 인구의 약 7%에 해당한다. 여기에 총 9개의 직영병원이 운영된다.

농촌/산간 지역에 소규모 병원이 6개 있어 낮 병원과 응급의료를 주로 제공하고, 작은 도시에 200병상 규모의 종합병원이 1개, 중심 도시인 볼로냐시에 900병상 규모의 큰 종합병원과 암 전문병원이 각각 1개씩 있다. 볼로냐시에 있는 큰 종합병원이 마조레 병원으로, 1260년에 한 수도회가 설립한 '산타마리아 생명의 병원'에 뿌리를 둔, 전통이 오래된 병원이다. 현재는 헬리콥터를 보유한 응급의료센터와 외상센터, 분만동, 감염병동 등을 갖추고 고도의 전문적인 의료를 제공한다.

9개 병원이 연결돼 대도시 병원망metropolitan hospital network을 이룬다. 병상이 모두 1,401개다.138

마조레 병원 ⓒAzienda USL di Bologna

15%, 병상 수 기준으로 24%를 차지한다.139

독립병원으로 인정되려면 몇 가지 기준을 충족해야 한다. 우선 적어도 세 가지 임상 분야에서 고도의 전문성을 보유해야 하고, 외상 및 응급의료

> **볼로냐에 있는 독립병원** 산오르솔라-말피기 병원이 볼로냐 대학병원이
> 면서 독립병원이다. 1592년에 가난한 환자를 위한 병원으로 문을 열었
> 고 1869년에는 의과대학이 이곳으로 옮겨오면서 대학병원이 되었다.
> 병상이 1,758개로 이탈리아에서 가장 큰 병원 중 하나이며 서울대학교
> 병원과 비슷한 규모다. 수준 높은 의료로 명성이 높다.140
>
>
>
> 산오르솔라-말피기 병원의 오래된 회랑

와 중환자 치료에 완벽한 체계를 갖추어야 하며, 광범위한 질환을 치료할
수 있어야 한다. 그래서 독립병원은 대부분 대학병원이고 원내에 외상센
터, 응급의료센터, 중환자실, 혈액은행, 조직은행 등이 설치돼 심근경색 치
료, 심장 및 혈관 수술, 외상 응급치료, 어린이 응급치료, 장기이식 등 중증
환자의 치료를 담당한다. 또한 의과대학 학생을 교육하고 전공의 수련 과
정을 운영한다.

독립병원 의사는 이 병원에 고용된 직원이다.141 운영 재원은 주정부가
포괄수가로 지급하는142 입원진료비이고 이 외에도 외상센터나 응급의료

센터 등 센터별 사업비, 학생과 전공의 교육에 필요한 교육 훈련비를 추가로 지급받는다.

연구병원

특정 질환에 관해 첨단 연구 및 수준 높은 치료를 제공하는 병원이다. 아슬의 통합 조직에 포함되지 않으며 독립병원인 아오와도 구분되는 별도 연구 법인이다. 중앙정부의 연구 기금과 주정부의 진료비를 지급받아 자율적으로 운영한다. 전국에 62개가 있어 공공병원 중 기관 수 기준으로 11%, 병상 수 기준으로 9%를 차지한다.[143]

볼로냐에 있는 연구병원 리졸리 정형외과 연구병원이 있다. 예전에 수도원이던 건물을 정형외과 의사 리졸리가 시에 희사해 병원이 설립되었다. 1896년에 문을 열었고 정형외과 진단과 치료 및 근육 재생을 연구하며 의수, 의족 디자인을 개발한다. 293개 병상에 의사 등 전문가 250명을 포함하여 직원이 1,400명에 이른다.[144]

리졸리 정형외과 연구병원 ⓒ Wikimedia Commons

사립병원

종교 재단이나 사립 재단 등이 주정부의 허가를 받아 사립병원을 설립한다. 시설·조직·의료 기술에 관한 공인 절차를 거쳐 국영의료에 참여할 수 있다.

공인은 주정부가 담당하는 업무로, 사립병원을 평가해 국영의료 공급에 자격을 부여하는 행정 절차다. 우리나라에서 의료기관 인증이 의료인 단체가 자율적으로 회원 기관을 평가하는 자체 활동이지만, 이탈리아의 공인 절차는 지역 행정 체계가 사립병원을 감독하고 통제하는 공적 수단이다.

공인을 받으려면 적어도 두 가지 평가를 통과해야 한다.[145]

첫째는 병원의 조직, 경영관리, 시설, 의료진의 전문 기술이 질적으로 어떠한가에 대한 평가다.

둘째는 지역 의료 수요와 이에 관련해 이미 활동 중인 의료기관을 고려할 때 그 병원이 창출할 가치가 무엇인가에 대한 평가다.[146]

일부 주에서는 이에 더해 회계 규칙을 준수하기, 진료비 청구의 적법성을 지키기, 의료 질에 관한 외부의 감시를 수용하기, 시민이 참여하는 의료 질 평가를 받기 등을 요구한다.

공인을 받은 사립병원은 국영의료 공급에 관해 아슬과 계약을 맺는다. 병원이 어떤 범위에서 얼마만큼 의료서비스를 공급할지, 그 질이 어떠해야 하는지, 포괄 수가로 지급받을 진료비 가격을 얼마로 할지, 도달해야 할 건강 목표가 무엇인지, 환자의 대기 기간을 어느 정도까지 허용할지 등에 관한 합의가 계약에 담긴다. 계약한 대로 병원이 의료를 공급하면 주정부가 진료비를 지급한다.[147]

대개 사립병원은 규모가 작다. 병상이 100개에도 미치지 못하는 곳이 대부분이고 응급실을 운영하지 않으며 개설한 진료 과목도 몇 개 되지 않는다. 전국에 574개가 있고 그중 509개가 공인받아, 국영의료의 전체 병상 중 20%를 공급한다.[148] 사립병원 병상의 약 30%가 재활 및 장기요양 진료에 쓰인다.

병원에 입원하기

병원에 입원하는 경로와 방식에 몇 가지씩 갈래가 있어 다양한 선택이 가능하다.

긴급 상태의 환자는 무조건 입원

환자가 위급한 상태에 있는지 아닌지에 따라 입원 경로가 나뉜다. '긴급' 입원이 다음 환자에게 해당한다. 첫째, 일차의료 의사가 중대하고 위급한 상태라 판단해 의뢰한 환자다. 둘째, 심각한 손상을 입었거나 중증 상태인 환자 및 진통을 시작한 임신부다. 이 경우에는 환자가 내국인인지 외국인 인지, 체류 자격이 어떤지 따지지 않고 입원하게 되며 응급조치를 거쳐 병실에 옮겨지기까지 응급실 의사가 책임진다.[149]

'예정' 입원은 일차의료 의사나 외래진료 전문의에게서 입원 의뢰서를 발급받은 일반적인 환자에게 해당한다. 환자가 병원을 방문하면 병동을 담당하는 의사가 면담해, 의뢰서에 적힌 내용과 환자의 상태를 참작해 통상적 입원, 낮 병원, 낮 수술의 세 가지 입원 방식 중 하나를 제안한다. 환자가 이에 동의하면 입원 날짜를 정해 예약한다.

입원 방식

국영의료 정책에 따라 낮 병원 입원, 낮 수술 입원을 적극적으로 활용한다. 전통적으로는 환자가 입원하면 병원에서 숙식을 제공하지만, 그와 같은 통상적인 입원을 낮 병원과 낮 수술 방식으로 바꿔 병상 수를 늘리지

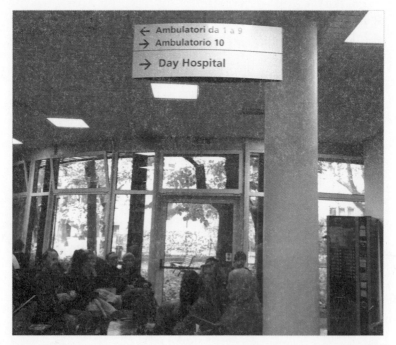

볼로냐 대학병원 혈액종양내과의 외래진료 대기실. 천장에 매달린 표지판에 낮 병원이 오른쪽에 있다는 표시가 있다.

않고도 더 많은 환자를 입원하게 하는 것이다.

낮 병원이나 낮 수술에 가산금을 지급하는 등 정부가 정책으로 장려해[150] 입원환자 4명 중 1명이라는 높은 비율로 이 간소한 유형이 많이 이용된다.[151]

통상적 입원 환자가 하루 이상을 병원에 숙박하는 입원이다. 앓고 있는 질병의 종류 또는 선택된 치료 방법에 따라 입원 기간이 결정된다.

낮 병원 입원 환자가 낮에 몇 시간만 병원에 머무르는 입원이다. 환자가 받아야 할 시술이 낮 동안에 할 수 있는 종류일 때, 그래서 굳이 병원에 숙박할 필요가 없을 때 이 방식을 이용한다. 항암제 치료, 알레르기 면역요법, 당뇨병의 첫 인슐린 치료, 간염 조직검사, 정신요법, 재활치료 등에 적합하다. 대개 환자는 2~3일간 연속해 병원을 이용하고 퇴원한다.

낮 수술 입원 환자가 수술을 받은 뒤 12시간 안에 퇴원하는 입원이다. 백내장 수술처럼 부분 마취로 할 수 있는 가벼운 수술에 적합하며, 수술한 의사의 판단에 따라 입원을 연장할 수 있다. 외과 계열의 모든 과에서 이 방식을 활용한다.

입원 대기 기간에 차등

입원 의뢰서를 받은 환자가 입원하기까지 대기 기간이 길다. 그래서 입원 대기에 기준을 정했다. 신속히 치료해야 할 환자를 우선적으로 입원하게 하는 기준이다. 2002년에 중앙정부와 주정부 간 협약으로 마련되었다.[152]

A 그룹 병세가 빠르게 악화하거나 중증으로 진행할 것이 예상되는 환자로, 입원 의뢰서를 발급받은 뒤 30일 이내에 입원한다.

B 그룹 심한 통증, 기능 장애, 활동 제한이 있으나 병세가 빠르게 악화할 징후가 없고 중증으로 진행이 예상되지 않는 환자로, 60일 이내에 입원한다.

C 그룹 통증, 기능 장애, 활동 제한이 거의 없고 병세가 악화하지도 중증으로 진행하지도 않을 것으로 예상되는 환자로, 180일 이내에 입원한다.

D 그룹 통증, 기능 장애, 활동 제한이 전혀 없는 환자로, 1년 이내에 입원한다.

퇴원 카드로 의료 질 관리

환자가 입원진료를 받은 뒤 퇴원하면 담당 의사가 환자의 진료기록부를 요약해 퇴원 카드를 작성한다.[153] 카드에는 환자의 성, 출생연도, 출생지,

주소, 입원 방식과 기간이 기록되고 주 진단과 동반 진단이 6개까지, 주요 시술도 6개까지 기록된다. 퇴원할 때 환자가 집으로 갔는지, 요양원으로 갔는지, 다른 병원에 이송되었는지, 아니면 사망했는지 등 퇴원 유형도 기록된다.[154] 숫자나 부호로 표기된 이 카드는 입원진료에 관해 기본 데이터를 제공한다. 또한 독립병원과 사립병원에는 주정부가 지급할 포괄 수가 진료비를 산출하는 근거로도 쓰인다.

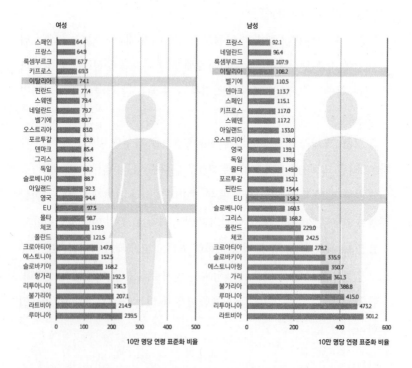

심근경색, 뇌졸중, 유방암, 자궁암 등 '회복할 수 있었을' 질병의 사망률을 유럽 국가 간에 비교한 그래프다. 유럽 다른 나라에 견주어 이탈리아의 사망률이 남녀 모두 매우 낮음을 보여 준다.
출처: OECD (2017). *Italy: Country Health Profile 2017*. European Observatory on Health Systems and Policies. p.9.

아슬이 병원의 퇴원 카드를 모아 3개월마다 주정부로 보내고 주정부가 데이터를 점검한 뒤 6개월마다 중앙정부로 전송한다. 국가는 이 정보로 입원진료 데이터베이스를 구축하고, 임상 역학적 통계를 내고, 병원의료의 질과 효과를 분석한다.155

주요 만성질환 및 암에 대해 이탈리아의 병원의료가 우수하다고 평가된다. 심근경색, 유방암 등 이른바 '회복할 수 있었을' 질병의 사망률로 유럽 28개국을 비교한 평가에서 이탈리아는 매우 우수한 결과를 보였다(2017년). 특히 심근경색 환자의 병원 내 사망률이 유럽 전체 중 가장 낮아, 환자를 병원으로 신속하게 이송하고 효과적으로 치료하고 있음을 보여 준다.156

환자의 이동

환자가 다른 주로 이동해 병원에 입원하는 예가 흔히 있다.157 국영의료 제도가 환자에게 자유로운 이동을 허용함에 따라 일어나는 현상인데 그 근원에는 지역 간 의료 격차가 크다는 문제가 있다.

북부의 롬바르디아주, 에밀리아로마냐주, 베네토주, 토스카나주에는 다른 곳에서 오는 환자가 많고 남부의 칼라브리아주, 캄파냐주, 시칠리아주, 풀리아주에는 다른 곳으로 나가는 환자가 많다.158 중증 환자일수록 의료 수준이 높은 곳으로 이동해, 암 환자의 경우에 방사선 치료를 받는 환자의 28%, 항암제를 투여하는 환자의 16%가 주소지를 떠나 다른 주 병원으로 옮겨 치료를 받는다(2017년).159 이에 따라 다른 어떤 주보다도 밀라노 국립암센터가 있는 롬바르디아주에 외부 환자가 많이 유입된다.

환자가 이동하면 환자의 주소지가 있는 주에서 입원진료를 제공한 주에 진료비를 지급한다. 재정 형편이 나쁜 주에 상당한 부담이다.

병상 줄이기

이탈리아에서 병원과 병상이 줄고 있다. OECD 통계로 2000년도에 인구 천 명당 병상 수가 4.7개였으나 2016년에는 3.2개로 줄었다.[160] 유럽 최고의 초고령 국가이므로 만성질환자가 많고 입원 수요도 큰데, 지난 십여 년 동안 병상이 오히려 줄어든 것은 입원 수요의 증가를 상쇄하는 강력한 정책이 작동했음을 보여 준다. 주로 낮 병원과 낮 수술을 도입해 입원하되 숙박하지 않는 방식을 장려하고, 일차의료와 동네의료로 고령층의 질병을 초기에 대응하고 만성질환의 관리 수준을 높여 입원할 환자 수를 줄이는 정책이다.[161] 우리나라는 이탈리아와 대조적으로 병상 수가 2016년에 인구 천 명당 12.0개로 일본에 이어 OECD 회원국 중 2위다. 앞으로 병상 규모를 관리하는 데 이탈리아 정책을 참고할 만하다.

다만, 이탈리아에서 지금처럼 줄어든 병상 수가 적절한지는 의문이다. 중앙정부와 주정부 간 협약으로 2002년에 마련된 〈입원 대기 기간에 관한 기준〉(이하 기준)이 의문을 부채질한다. 기준에 따르면 "병세가 빠르게 악화하거나 중증으로 진행될 것이 예상되는 환자"가 최대 30일까지 기다려야 입원할 수 있고 "심한 통증, 기능 장애, 활동 제한이 있는" 경우에도 최대 60일까지 기다려야 입원한다. 병세가 진행 중이거나 심한 통증이 있는 환자가, 비록 응급 상태가 아니라 해도, 입원하는 데 한두 달씩 기다려야 한다면 병상이 부족한 상태이지 않을까. 정책적 검토가 필요하다고 본다.

병원은 안전을 위한 사회적 공동 기반

이탈리아에서 병원은 시민의 안전과 건강을 지키기 위한 사회적 공동 기반이다. 병원에 맡겨진 임무는 필수 의료를 공급하는 것이며 병원을 연결하는 통합망이 시민의 건강을 보듬는다. '권역이나 주 전체에 병원의료가 얼마나 적절하고 수준 높게 공급되는지'가 병원에 관한 주요 관심사다.

그런데 우리나라에서 병원은 개별 사업체다. 의료 사업으로 병원이 수익을 높여야 한다. 병원마다 시장 경쟁에서 우위를 점하고 수익을 키우려 하므로 다른 병원과 협력은 금물이다. 공공병원이라 해도 사정은 별반 다르지 않아 수익 증대에, 연결이나 협력이 아닌 자기 기관만의 의료 실적 높이기에 힘쓴다. 공공병원을 감독하는 관청 또한 그런 경영을 요구한다.

우리나라에서도 공공병원이 안전을 위한 사회적 공동 기반이 되게 하려면, 필수 의료를 공급하는 튼튼한 안전망이 되게 하려면 이탈리아를 참고할 필요가 있다. 지금처럼 공적 자금으로 설립해 관청의 관리 아래 두는 것에서 나아가 권역 단위 통합망 또는 통합체를 이루도록, 병원별 단독 의료가 아닌 연결과 협력을 통한 수준 높은 의료를 제공하도록, 공공병원의 작동 체계를 새롭게 할 필요가 있다.

한국인이 본 이탈리아 병원

한국인 환자가 본 이탈리아 병원

한국인에게 서구의 병원은 의외로 낯설다. 순례자 보호에서 시작된 병원의 역사가, 외래가 아닌 입원환자 진료가 중심인 병원의 기능이 우리나라와 다르며, 의료제도마저 달라 병원 내부의 생김새나 이용 방식이 우리가 알고 있는 병원과 사뭇 다르다.

그래서 나는 이탈리아 병원을 이용한 한국인의 생생한 경험담을 듣고 싶었다. 이탈리아에 오래 살면서 병원에 입원한 적이 있거나, 아이를 병원에서 출산해 본 한국인을 만나려고 여러모로 궁리했지만, 생각보다 어려웠다. 볼로냐나 비엘라에서 지낼 때 한국인을 만날 기회가 좀처럼 없었기 때문이다.

평등하고 공정하다

볼로냐에서 운 좋게 그런 기회를 얻었다. 교민 생활을 오래 한 H를 만나 체험담을 듣게 된 것이다.

304

볼로냐 교민 H가
차려 준 밥상

　어느 날, 심심하던 차에 인터넷에서 이것저것 구경하던 나는 우연히 H
의 블로그를 보았고 글쓴이가 사는 곳이 볼로냐라는 것을 확인하고는 반가
운 마음으로 메일을 보냈다. 이탈리아 국영의료를 연구하려고 이곳에 와
있는데 병원에 관해 한국인의 이야기를 듣고 싶다고 하자 고맙게도 선뜻
나를 집으로 초대했다. 내가 있는 집에서 버스로 서너 정류장만 가면 되는
가까운 동네의 아파트였다.

　H는 한국인 방문객을 위한 숙소를 운영하고 있었다. 여행 오는 사람이
많으냐고 물으니 대개 볼로냐 국제어린이도서전 같은 전시회에 참여하거
나 관람하러 온다며, 일반 관광객이 오는 예는 거의 없다고 했다. H는 손수
지은 쌀밥, 북엇국, 김치찌개, 김치, 깍두기로 저녁을 차려 주었다. 지구 반
대편의 외국에서 한국인의 집에 초대받은 것만으로도 기뻤는데 게다가 두
어 달 만에 먹는 한국 음식은 또 어찌나 맛있는지, 그 밥상이 지금도 눈앞에
생생하다.

밥상을 물리자 H는 서류철을 꺼냈다. 난소에 낭종(물혹)이 있다는 진단을 받아 2003년에 볼로냐 대학병원에서 복강경으로 수술을 받았다고 했다. 서류철에는 자궁과 난소에 초음파검사를 시행한 보고서, 그 검사 결과를 참고한 산부인과 진료 보고서, 볼로냐 대학병원의 복강경 수술 보고서, 병원에서 퇴원할 때 받은 퇴원 보고서 등이 차곡차곡 보관되어 있었다. 나는 이탈리아어는 몰라도 라틴어 계열의 의학 용어는 대강 이해하므로 수술이 별 탈 없이 시행되었고 H가 건강한 상태로 퇴원했다는 것을 알 수 있었다.

그러나 이렇게 수술받기까지 그 과정이 순탄하기만 했던 것은 아니었다.

난소 낭종으로 진단받고는 어서 수술하고 싶었어요. 낭종은 양성이어서 암이 아니라고 하지만, 그래도 불안하잖아요.

그런데 예약하러 갔더니 6개월 뒤에나 병원에 입원할 수 있대요. 기가 막히더라고요. 수술받아야 할 환자한테 반년을 기다리라니 말이 되는 거예요? 어떻게 이럴 수가 있나 했어요.

급한 마음에 한국에 갈까 생각도 해봤어요. 한국의 병원에서는 금방 수술할 테니까요. 그렇지만 이곳에 생활이 있고, 한국에 계신 엄마가 그때 건강이 안 좋으셨는데 나까지 병치레하러 서울에 가는 것이 내키지 않았어요.

고민하다가 2개월쯤 지났을 때 갑자기 연락이 왔어요. 입원할 수 있다고, 오라고요. 얼마나 좋았는지 몰라요. 당장에 가서 입원했어요. 대학병원에서 수술하고 며칠 있다가 퇴원했죠. 이탈리아에 살면서 처음 입원해 봤던 건데 병원도 의료진도 너무 좋았어요. 그리고 진짜로 돈을 한 푼도 안 받던데요.

12년이 지났어도 어제 일처럼 생생한 듯, H의 얼굴에 기쁨이 가득했다.

사실이지 그럴 만했다. 단순히 대기 기간이 6개월에서 2개월로 줄어든 때문만은 아닐 터였다. 외국인으로 살아가는 여성이, 입원 날짜를 기다리는 것 외에 달리 어찌해 볼 길이 없는 사람이, 당국으로부터 연락을 받아 입원을 앞당기게 되었다. 그 평등함과 공정함, 그것이 사람을 기쁘게 했을 것이다. 게다가 대학병원에 입원해 수술을 받았는데 돈이 전혀 안 들었다. 정말 얼마나 좋았을까.

'쿠프2000'에 갔을 때 리치아가 보여 준 예약 모니터링 화면이 떠올랐다. 오래 기다리는 환자가 많은 권역에서 띠그래프가 한쪽에 빨간색을 띠었다가 시간이 지나면서 환자들의 예약 진료 날짜가 앞당겨져 초록색으로 바뀌던 화면이다. 대기 환자가 몰리는 분야에 의사를 보충하는 등, 예약 날짜를 앞당기게 아슬이 조정한 결과라고 리치아가 설명했었다. 모니터링 화면에 나타난 그래프 색깔로만 이해한 '대기 기간 줄이기'를 H의 이야기 덕분에 생생한 사례로 경험했다.

밤이 늦도록 우리는 이야기를 나누었다. H는 민박집을 관리하며 한국인 방문객을 맞이하는 일에 큰 보람을 느끼고 있었다. 이탈리아어에 능숙한 덕택에 성당의 이탈리아인 교우들과도 친밀했다.

그는 내가 전문의를 만나도록 주선해 주고 싶어 했다. 만성질환을 앓는 고령의 수사님을 아는데 평소 여러 전문의에게 진료받으며 생활해 가깝게 지내는 의사가 많다고 했다. 아쉽게도 나는 이틀 뒤에 볼로냐를 떠나야 해서 H의 도움을 받을 수 없었지만, 그가 그곳의 의료를 신뢰하며 그곳에서 꾸리는 삶을 사랑함을 느낄 수 있었다.

인간적이다

토스카나의 교민 K를 만난 것은 내가 이탈리아를 떠나 서울로 돌아온 뒤였다. K가 한국에 잠시 오는데 만나 보겠냐고 이탈리아에 유학했던 젊은 부부가 연락을 해왔다. K는 예술가인 남편을 돕는 한편 명절이면 집으로 한국 유학생을 초대해 고국 음식을 대접하기도 하는 활동적인 교민이었다. 내게 연락한 부부도 그 집에서 명절 음식을 먹은 것을 잊지 못한다고 했다.

대학로의 나폴리 피자 전문점에서 K를 만났다. 이탈리아에 산 지 16년째인 그는 큰아들을 한국에서, 작은아들을 이탈리아에서 낳아 두 나라의 병원을 다 경험해 본 사람이었다. 우리는 이탈리아라는 공동의 관심사를 매개로 마치 오랜 친구처럼 이야기를 나누었다.

그는 외국 생활을 처음 시작하게 되면 의료제도가 달라서 어려움을 겪는 예가 흔히 있다고 했다.

이탈리아 병원이 불편하다고 말하는 한국 교민들이 있지요. 가정의를 거쳐야 병원에 갈 수 있고 진료받으려면 기다려야 하니까요. 한국에서처럼 병원을 찾아가면 바로 진료받는 건, 응급환자가 아니면 꿈도 못 꿔요. 처음 온 교민들은 그걸 많이 불편해하죠.

그런데 K는 근래 한국에 몇 번 다녀가면서 다른 것을 느끼게 되었다.

지난번 한국에 오는 기회에 병원에서 진료를 받았어요. 서울에 도착해서 예약했는데 금방 진료받게 날짜가 잡혀서 진짜 한국이 좋구나 했지요. 의사 선생님이 검사를 여러 가지 하라고 해서 그 많은 걸 언제 하나 했는데 다 빨리 할 수 있었어요.

그런데 검사 결과를 설명 들을 때, 의사 선생님이 다른 결과는 말해 주면서 그중에 가장 값이 비싼 검사 결과를 알려 주지 않고 그냥 넘어가는 거예요. 궁금해서 제가 물어봤더니 당황하면서 그제야 결과를 찾더라고요. 제가 묻지 않았으면 모르고 지나갔을 것 같아요.

　그때 그런 생각이 들었어요. 이게 필요한 검사였을까? 내게 꼭 필요해서 의사 선생님이 그 검사를 하라고 했을까? 이탈리아에서는 그런 생각을 한 적이 없었는데 말이죠.

　그가 나를 바라보았다. 실은 차이점을 하나 더 느꼈다고 했다.

　의사 선생님이 진료하면서 내 얼굴을 거의 안 봐요. 차트나 검사지 같은 기록만 들여다보고요. 환자의 말에 별로 관심이 없는 것 같았어요. 이탈리아에서 의사들은 그렇지 않거든요.

　난처했다. 나는 그에게 한국에서 의사가 날마다 진료해야 하는 환자가 얼마나 많은지, 그래서 의사가 져야 하는 진료 부담이 얼마나 큰지 설명하며 변명 아닌 변명을 했다. 그러고는 화제를 돌려 토스카나 와인과 볼로냐 소시지에 관해 이야기를 주고받았다.

　헤어질 무렵에 나는 K에게 물어보았다. 만약 셋째 아이를 낳는다면 이탈리아와 한국, 어느 나라의 병원에서 낳고 싶은지?

　아이를요? 음, 이탈리아 병원에서 낳고 싶어요. 인간적이어서요. 한국보다는 이탈리아 병원이 더 인간적이에요.

　'인간적이다.' 우리나라에서는 병원에 관해 말할 때 이 표현을 거의 쓰지 않는다. 우리가 관심을 두는 것은 주로 병원의 규모, 시설, 장비, 의료 수준, 서비스 정신, 비싼지 덜 비싼지 등이기 때문이다. 그러나 K는 우리와 다른 관점에서 병원을 보고 있다. 병원이 인간적이기를, 우리는 기대하지 않는 것일까.

무료인데도 훌륭하고 따스하다

평범한 시민의 시각에서 이탈리아 의료에 관해 쓴 글을 찾았다. 한국, 이탈리아, 미국의 의료를 가볍게 비교하는《경향신문》기사다.162 20년 전 경험을 담고 있으나 지금도 크게 변함이 없는 의료제도의 특성이 잘 드러난다.

서울 종로 3가에서 식당을 운영하는 김혜영 씨(40)의 세 자매는 우연히도 10년 전 같은 시기에 서로 다른 3 대륙에서 첫 아이를 낳았다. 김 씨는 서울에서, 큰언니는 미국에서, 작은언니는 이탈리아에서 각각 출산을 했다.

"큰언니는 미국 동포와 결혼해서 미국으로 떠났고, 둘째 언니는 이탈리아에 유학 갔다가 그곳에서 이탈리아인과 결혼했어요. 저는 한국에서 결혼했고요. 세 자매가 미국, 유럽, 한국으로 흩어지게 된 거지요."

1997년 세 자매는 좋은 소식을 들었다. 6개월 사이에 순차적으로 임신을 한 것이다. 김씨가 한국에서 6월 첫 아이를 가졌고, 약 20일 뒤에 큰 언니가 미국에서 둘째 아이를 가졌다. 그리고 6개월 후에는 작은언니가 이탈리아에서 첫아이를 임신했다.

"임신을 하게 되면 궁금한 게 많잖아요. 특히 저랑 작은언니는 첫째 아이를 임신하고 있었기 때문에 사소한 것까지 서로 물어보면서 대답해 주고 그랬어요. 초음파검사 및 각종 검진에 대한 이야기까지 하다보니 자연스럽게 각국의 의료시스템에 대해서도 알게 되더군요."

세 자매 가운데 의료 혜택을 가장 많이 누린 사람은 이탈리아에 있는 작은언니였다. 임신 사실을 확인한 후 산모 등록을 하자 모든 것이 일사천리였다. 정기검진비부터 출산 전후로 4박 5일 동안 병원에 머무른 비용, 심지어 출산 후에 아기가 잘 크는지 확인하는 사후 관리 비용까지 전부 무료였다.

"무료라고 하니까 왠지 진료의 질이 떨어지지 않을까 생각했어요. 그런데

세 자매가 한국, 이탈리아, 미국에서 같은 해에 임신하고 출산하며 경험한 바로는 이탈리아의 산모가 가장 훌륭한 의료 혜택을 누렸다. ⓒ 경향신문

병원 시설도 훌륭하고, 입원해 있는 동안 모유 수유 전문가가 와서 수유하는 법을 가르쳐 주고 간호사들은 아기 목욕시키는 방법을 알려줬다고 해요. 이 정도면 월급의 절반 가까이를 세금으로 낼 가치가 있지 않나요?"

당시 화장품 회사에 다니고 있던 작은 형부는 월급 중 약 40%는 세금으로 냈다고 한다.

그렇다면 한국에서 첫아이를 출산했던 김 씨는 어땠을까.

"저도 작은언니처럼 정기적으로 병원을 다녔어요. 병원에서 권유하는 피검사, 초음파검사 등은 다 받았죠. 검사는 작은언니보다 더 많이 받았어요. 검사 비용은 비싸야 10만 원대였고, 진료비는 2만 원 정도였어요. 출산 때는 여성 전문병원의 1인실에 4박 5일 동안 입원했는데 병원비는 36만 원 정도

나왔어요. 병원비가 전액 무료인 작은언니에 비하면 비싼 것 같지만, 제가 낸 보험료에 비하면 충분히 감당할 만한 금액이라고 생각했어요."

김 씨는 월 27만 원 정도를 의료보험료로 납부하고 있다고 했다.

"저는 남편과 함께 식당을 하고 있어요. 그리고 두 명의 아이를 키우고 있죠. 제가 내는 의료보험료가 비싼 건 아닌가 생각이 들 때도 있지만, 미국의 큰언니 가족이 내는 민영 의료보험료와 비교하면 제가 내는 보험료는 합리적이라고 느껴져요."

미국에서 출산한 큰언니가 가입한 의료보험은 임신과 출산비용 혜택이 제외된 것이었다. 이렇게 보험 없이 치른 출산의 대가는 컸다. "큰언니는 검사 비용이 너무 비싸서 저나 작은언니처럼 검사도 제대로 못받았어요. 기형아검사 같은 건 꿈도 못 꾸었고, 산모와 아이 건강 체크하는 검사만 겨우 받았죠. 병원비가 비싸니까요. 진통이 시작되고 출산이 임박해서야 겨우 병원에 입원하고, 다음 날 아기가 태어나자마자 퇴원했어요. 산후조리는 언니의 시어머니가 맡으셨죠. 병원은 호텔처럼 으리으리했대요. 하지만 그 호텔에서 1박 2일 머문 대가가 2,000만 원이었어요. 그뿐만 아니에요. 출산 후에 아이에게 맞혀야 하는 예방접종 때도 한 번 맞을 때마다 수십만 원씩을 내더군요."

이탈리아와 미국, 그 어느 쪽에 우리는 가까울까

미국은 제대로 된 의료보장제도가 없는 나라다. 미국에서 의료보험료가 너무 비싸 혜택을 제대로 받지 못하는 사람이 적지 않고 그런 사람이 혹 병원에 가게 되면 엄청난 진료비 때문에 고생한다는 얘기는 이미 알려져 있다. 그럼에도 이 기사에서 만삭의 임신부가, 이른바 세계 최강의 선진국에서 받았다는 의료서비스에는 기가 막힌다.

분만은 산모와 태아의 두 생명이 위기를 관통하는 과정이다. 진통이 시작되면 무슨 일이 언제 벌어질지 모른다. 아기가 태어난 뒤에도 태반이 나오고 자궁이 완전히 오므라들 때까지 출혈 등 갑작스러운 상황이 닥칠 수 있다. 그런데 진통이 시작된 임신부가 비용 부담이 두려워 입원을 최대한 늦추고, 출산하고는 쫓기듯이 병원을 떠나야 한다면 태아와 산모의 생명은 위태롭게 된다. 그러고도 2천만 원이란 엄청난 돈까지 내야 하다니. 미국에서 큰언니의 1박 2일 입원은, 이탈리아에서 작은언니가 병원에 돈 한 푼 내지 않고 따스하게 대접받으며 입원했던 4박 5일과는 비교하기가 미안할 만큼 차갑다.

세 자매가 임신과 출산을 경험한 때는 1997년이지만, 각 나라의 의료제도는 그때나 지금이나 거의 다르지 않다. 이탈리아의 국영의료가 임신에 관련된 의료를 중요하게 여기며 산전 진찰에서 산후 관리까지 모든 서비스를 무료로 제공하는 것에 변함이 없고, 미국의 민간 보험회사가 영리를 목적으로 의료보험을 운영하며 의료 그 자체까지 수익 논리로 지배하는 현실에도 변함이 없기 때문이다.

우리나라의 건강보험도 기본 틀에서 그때와 큰 차이가 없다. 지금의 산모도 20년 전에 혜영 씨가 냈던 것처럼 출산 뒤 퇴원할 때 적어도 몇십만 원, 많게는 이백만 원 정도를 병원에 낸다.[163] 산모의 진료비 부담을 낮추는 정책이 있으나 실제 병원에서는 상급 병실료, 추가 검사비, 영양제 주사비 등 건강보험의 손이 닿지 않는 비급여 항목에 돈을 내게 해 산모가 져야하는 경제적 부담이 지금도 만만치 않다.[164]

미국과 이탈리아가 양극단이라 할 때 그 중간 어딘가에 우리나라가 있다. 지난 20년 동안 우리 의료제도는 어떤 방향으로 움직였을까? 두 나라 중 어느 곳에 더 가까워졌을까?

한국인 의사가 본 이탈리아의 병원

외과 전문의 J를 만난 것도 이탈리아에서 돌아온 뒤였다. 이 만남은 온전히 S 덕분에 성사되었다. 그는 이탈리아에서나 한국에서나 내게 도움을 주려 애썼다.

수술실의 창의적인 의사들

S가 로마에서 지내던 시절, 우연히 J를 만나게 되었다. 로마의 대학병원에 연수하러 왔다는 말에 S는 의아하게 여겼다고 했다.

"한국에서 의대 교수가 이탈리아에 연수를 오다니, 한국 의학이 더 발달하지 않았나요?" 이렇게 물었지요. 난 그런 줄 알았으니까요.

그런데 J의 말에 깜짝 놀랐어요. "진짜로 특별한 수술을 이탈리아 의사들이 해요. 우리는 배운 대로 하는데 이 사람들은 아주 창의적이에요." 그러지 뭐예요.

병원에서도 가장 깊숙한 장소가 수술실이다. 관계자가 아니고는 들어갈 수 없다. 큰 병원에서는 핵심 건물에, 거기서도 가운데 자리에 수술실을 둔다. 고도로 훈련된 전문 인력이 배치되고 첨단 의료 장비가 즐비한 그곳에서 출혈 환자가 생명을 되찾고 막힌 혈관이 뚫리고 부러진 뼈가 고정되며 암이 제거되고 장기가 이식된다. 그런데 이곳에서 창의적이라면?

하루빨리 J를 만나 이야기를 듣고 싶었다.

밀라노의 의학자 베로네시

햇볕이 쨍한 날, J를 만나러 고속열차를 타고 지방 도시로 갔다. 대학병원 암센터에서 일하는 그는 내가 만난 첫 유방외과 여자 전문의다. J는 2007년에서 2008년에 걸쳐 로마의 제멜리 대학병원 유방외과와 내분비외과에서 각각 6개월씩 연수 과정을 이수했다.

병원 근처 정갈한 한식당에 자리를 잡고 제일 궁금한 것부터 물었다. 이탈리아가 암 수술에서 특별한가요?

네. 유방암에서 특히 선도적이에요. '밀라노 그룹'이라 불리는 이탈리아 의학자들이 유럽 학계를 이끌어요. 밀라노에 국립암센터가 있고 거기에 움베르토 베로네시Umberto Veronesi라는 외과 의사가 계셨거든요. 1960년대에 그분이 암 환자의 생존율뿐 아니라 삶의 질을 높이는, 당시로는 획기적인 치료법을 개발했어요. 1980년대부터 그 방법이 국제적으로 유방암 치료의 표준이 되었지요.

베로네시는 암 환자를 수술할 때 잘라 내는 신체 범위를 최소화하는 방안을 연구한 외과 의사였고, 그렇게 최소 범위만 잘라 내도 암 치료에 뛰어난 효과를 거둘 수 있음을 입증한 최초의 종양학자였다. 1970년대만 해도 유방암이 발견되면 근치 유방절제술이라 하여, 암이 발생한 쪽의 유방 전부와 근육 및 겨드랑이 림프샘을 넓게 떼어 내는 수술을 했다. 그래야 재발을 막는다는 것이 학계 정설이었다. 그러나 그 수술은 가슴의 겉모습을 크게 바꾸고 겨드랑이에 깊은 흉터를 남겨 환자가 통증과 부종에 시달릴 뿐 아니라 팔을 움직이기도 어렵게 했다. 신체 변형에서 비롯되는 심리적 위축과 상실감도 환자에게 큰 고통이었다.

베로네시는 일찍이 1960년대에 수술의 범위를 대폭 줄이는 치료법을 연구해 암이 발생한 유방의 4분의 1 정도만 떼어 내고 방사선 치료를 병행해 좋은 결과를 얻었다. 이 방법으로 기존의 근치 절제술과 다름없는 효과가

베로네시(1925-2016)는 수술로 희
생되는 신체의 범위를 최소화해도 암
치료에 뛰어난 효과를 거둘 수 있음을
입증한 최초의 종양학자다.
© Ra94/Wikimedia Commons

있음을 학계에 보고했고 7년에 걸쳐 국제적으로 시행된 임상 시험 701건
을 통해 이를 증명했다. 최소한의 치료로 최대의 효과가 가능함을 알린 그
연구는 1981년에 세계적인 의학 학술지 NEJM에 발표되어 학계에 큰 반향
을 일으켰고 유방암 외에 다른 암의 치료에까지 큰 영향을 끼쳤다.[165] 그는
1975년에 이탈리아 국립암센터의 수장이 되었고 1991년에 유럽암연구
소를 밀라노에 설립했으며 2003년에는 첨단 의학 연구를 지원하는 베로네
시 재단을 세웠다.

내가 간 제멜리 대학병원은 로마에 있지만, 밀라노의 가톨릭대학교 의과대
학 부속병원이어서 밀라노 그룹과 밀접해요. 우리 학교 주임 교수님께서 그
병원에 저를 추천하셔서 가게 되었지요. 제멜리에서 연수하는 의사는 우리
대학에서 제가 처음이었어요. 아마 한국 전체에서도 처음일 거예요.

로마에 있는 제멜리 대학병원은 사크로 쿠오레 가톨릭대학교 의과대학 부속병원으로 병상이 1,558개인 큰 병원이다. 가톨릭대학교가 사립 기관이므로 이 병원도 사립병원인데 이탈리아와 유럽 전체에서 가장 큰 사립병원에 해당한다. 사립병원이라도 주정부의 공인을 받고 아슬과 계약하면 국영의료 공급에 참여할 수 있어, 이 병원 역시 그와 같은 공인 절차를 거쳐 공공병원과 다를 바 없이 국영의료를 제공한다.

수술실에서 보니까 베로네시같이 뛰어난 의사가 이탈리아에서 배출된 게 이해가 되었어요. 거기 의사들은 정해진 대로 치료하는 게 아니라 환자 한 사람 한 사람에게 새롭게 접근해요. 틀에 박히지 않고 환자에게 맞는 방법을 끊임없이 찾는 거예요. 제가 연수했던 분야가 유방이라 특히 그런지 몰라도, 수술이 예술적이라는 생각마저 들었어요.

이탈리아 사람들이 예술에 강하죠. 그건 알고 있었지만, 음악이나 미술이 아닌 수술까지 그렇게 하는 걸 보니 놀라웠어요. 예술적인 능력이 유전자에 단단히 박혀 있나 봐요.

병원의 수술과 창의적인 예술이 그렇게 연결되는구나 싶었다. 사실이지, 이탈리아 사람들의 예술적인 기질은 어디서나 드러난다. 무심해 보이는 실내 공간, 길모퉁이 가게의 진열대, 조그만 샌드위치 포장에서조차 독특한 손길과 색감이 언뜻 느껴지곤 했다. 그러니 외과 의사가 자기 역량을 다해 암 환자를 수술하는 데서야 더 말할 나위가 있을까.

첨단 재료를 무료로 쓴다

수술도 의료제도의 영향력에서 벗어날 수 없다. 이탈리아 국영의료가 우리 제도와 크게 다른데 그 영향으로 수술에 뭔가 다른 점이 있었는지 물어

보았다.

J는 기본적인 수술실의 풍경은 우리와 다르지 않았다고 했다.

2007년 당시에 제멜리 병원에 수술실이 본관 2개 층에, 층마다 10개씩 20개 있었어요. 아침 8시에 첫 수술을 시작해서 저녁 6시에 마감하는데 날마다 모든 방에 일정이 꽉 차 있었고요. 한국의 우리 대학병원과 똑같은 거지요.

그런데 세부적으로는 다른 점이 있었다. 그가 주의 깊게 살폈던, 수술에 쓰이는 소모품 등 재료에 관련해서였다.

이탈리아는 국영의료라서 수술이 전부 무료잖아요. 그래서 처음에 제 생각에는 수술 재료에 값싼 것을 주로 쓰지 않을까 싶었어요. 비용을 아낀다든가 하는 이유로 말이죠. 그런데 그게 아닌 거예요. 아주 예상 밖이었어요.
예를 들어, '하모닉 스칼펠'이라는 지혈기가 있어요. 수술 부위를 절개하는 동시에 혈관을 응고시켜 출혈을 줄여 주는 정말 좋은 기구예요. 그런데 거기에 쓰이는 일회용 소모품이 비싸요. 당시 우리나라에서 1개에 100만 원이었어요. 건강보험 혜택에 포함되지 않는 비급여 재료라서 그 돈을 전부 환자가 내야 했죠. 의사가 수술하는 데는 필요하지만, 환자의 경제적 부담을 생각하면 그 지혈기를 쓰기가 곤란했어요. 그런데 제멜리 병원에 가서 보니 유방 수술마다 그걸 다 쓰는 거예요. 환자한테 돈을 한 푼도 받지 않으면서요. 깜짝 놀랐죠.[166]
수술에 쓰는 다른 재료도 마찬가지였어요. 비싼지 싼지 따지지 않고 필요하면 다 사용해요. 국비로 들여오기 때문인지 비용에 관해 아무 걱정도 하지 않아요. 국영의료에 그런 면이 있더라고요. 가보기 전에는 전혀 몰랐죠.

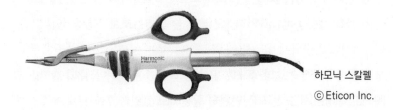

하모닉 스칼펠
ⓒ Eticon Inc.

놀라웠다. 100만 원짜리 소모품을 예사로 쓰다니. 물론 이탈리아는 1인당 GDP가 우리보다 높은 나라다. J가 제멜리 병원에 있던 2007년에는 그 차이가 지금보다 더 컸다.

환자에게 아무 차별이 없다

하지만 혹시? 의혹을 품어 본다. 그 비싼 소모품이 국영의료가 아니라 사적 의료로 입원해 돈을 많이 내는 입원한 환자에게만 사용된 것은 아닐까? J는 세차게 고개를 저었다.

아니에요. 수술에는 아무 차별이 없어요. 국영의료 환자인지, 사적 의료 환자인지, 수술실에 있는 의료진 중에 아무도 구분하지 않아요. 언제나 어떤 환자에게나 같은 재료를 썼으니까요.

사적 의료로 돈을 내는 환자가 있다고 듣기는 했어요. 그런 환자는 진찰비만 해도 100유로(2015년 기준, 12만9천 원)를 낸다니까 수술비는 훨씬 큰 돈이겠지요. 그러나 제가 알기로는 사적 의료로 환자가 받는 가장 큰 이점은 대기 순서를 건너뛰어 빨리 입원하는 거예요. 입원 예약을 하러 온 사람이 아침마다 병원 로비에 줄을 길게 설 정도로 대기 환자가 많았으니까요.

그런 것 외에는, 글쎄요, 다른 데서는 모르지만 수술에는 차이가 없었어요. 수술실에서만 환자를 보는 저 같은 사람은 어떤 환자가 국영의료 환자인지 사적 의료 환자인지 전혀 분간하지 못할 정도로요.

이탈리아 국영의료의 중요한 원칙 중 하나가 평등이다. 내가 견학한 일차의료 현장에서 그 원칙은 면면히 실현되고 있었다. 그러므로 제멜리 병원의 '아무 차별 없는 수술' 또한 당연한 것이라고 할 수 있다. 그런데 J는 그 광경에 놀라움을 금치 못했고 강한 기억으로 남아 내게 들려주었다. 한국에서 여러 해 임상 경험을 쌓은 그는 수술받는 환자에게 평등이 결코 당연한 것이 아님을 이미 알고 있던 까닭이다.

우리나라에서 첨단 수술을 받으려면 돈이 많아야 한다. 첨단 재료, 첨단 기법 등 첨단일수록 건강보험 혜택에 포함되지 않는 비급여 항목이 많기 때문이다. 그래서 환자가 부담하는 돈 액수에 따라 수술 방법이 달라지고 결과도 달라지곤 한다. 환자에게도 의사에게도 괴로운 일이다.

환자에게 의사가 어떤 존재로 여겨지는가

수술실을 넘어 병원 생활 전반에 관해 듣고 싶었다. J가 유방외과와 내분비외과에 각각 6개월씩 연수했으니 여러 의료진의 다양한 면모를 봤을 테다.

부러웠어요
병원 의사의 생활은 어느 나라에서나 비슷할 거라고 했다.

수술이 아침 8시에 시작되니까, 병동 회진을 몇 시에 하겠어요? 아침 7시면 벌써 시작이에요. 물론 전공의는 더 일찍 나와서 준비하고요. 회진 마치면 수술하고, 외래진료하고, 점심때 먹는 음식은 대개 딱딱한 빵에 살라미와 치즈가 전부고요. 이탈리아에서 의사 생활이 어쩌면 우리나라에서보다 더 빡빡할 거예요.

일이 거기서 끝나는 것도 아니죠. 세미나, 논문, 학회 준비도 해야 하니까요. 제멜리 병원에서 의사들은 늘 바빴어요. 아마 세계 어디를 가나 마찬가지 겠죠.

잠시 후 J는 솔직히 말해 이탈리아 의사에게는 우리와 다른 것이 있고, 그래서 부러웠다고 했다. 말에 고민이 묻어 있었다.

이탈리아에서는 의사가 사회적으로 존경받아요. 사람들이 의사에게 우호적이고요. 요즘 우리나라에서는 꼭 그렇다고 할 수 없잖아요. 의사를 신뢰하면서도 한편으로는 그게 아니죠.

사실, 이탈리아에서 소득세율이 높아서 의사가 돈을 많이 벌지는 못해요. 월급이 500만 원을 넘어가면 그중 40%가 세금으로 나가버리니까요. 병원이 월급을 올려 주거나 또는 의사가 사적 의료로 환자를 진료해서 수입을 올린다고 해도 세금을 떼고 나면 오르기 전과 다를 것이 별로 없어요.[167]

대신에 사람들이 알아주는 거예요. 의사가 새벽부터 병원에 나가 일하고 공부하고 연구한다는 걸 말이죠. 돈을 크게 더 버는 것도 아니면서 환자를 위해서 그렇게 하는 것을요. 그래서 의사를 존경해요. 그렇게 인정받고 존경받는 것이 부러웠어요.

누구라도 비켜날 수 없는 제도적 차이

J의 말이 묵직하게 다가왔다. 그가 경험한 이탈리아 병원과 그곳 의사의 생활은 겉으로는 우리와 다를 바가 없어 보여도, 실은 중요한 차이가 있다.

이탈리아 국영의료에서 병원은 입원한 환자에게 무상의료를 제공하고, 의료진은 환자에게 차별 없이 의료를 시행한다. 그리고 J가 아는 한, 이탈리아 병원에서 의사는 진료한 환자 수나 실적이 어떠하든 경제적 수입에 차이가 별로 없다. 그런데도 의사가 환자에게 헌신하고 학문적 연구에도 힘써 사람들의 존경을 받는다.

여기서 확인하게 되는 것은 우리와 다른 국영의료라는 제도 안에서 이탈리아 의사가 존경받는다는 사실이다. 의사의 진료 여건이 안정되게 하고 환자에게 평등한 의료를 제공해 결과적으로 의사가 환자의 신뢰를 얻도록, 제도가 뒷받침한다는 사실이다. 이 분명한 사실이 J를, 또한 나를 낙심하게 만든다. 제도가 관건인 한에는 J나 나는 이탈리아 의사들이 자기 나라에서 받는 사회적 지지를 한국에서 결코 받을 수 없다. 설사 이탈리아 의사보다 더 많이 노력하고 더 헌신한다고 해도, 아마도 크게 달라지지 않을 것이다.

제도의 차이에서 비롯되는 사회적 성취의 차이가 무엇이며 얼마나 클까. 숫자로 셈할 수는 없겠지만, 아마도 그 차이를 개인이나 몇 사람의 힘으로 해소하지 못할 것은 틀림없다. 의료에 수많은 요소가 있고 사회와 접촉하는 범위가 넓어 누구라도 이를 일일이 비켜날 수는 없기 때문이다.

개인이 풀 수 없는 문제라면 공동체인 사회가 제도를 고치거나 바꿔 해결해야 할 것이다. 어쩌면 한 국가의 의료제도는 '환자에게 의사가 어떤 존재로 여겨지는가'로 성취가 판가름 나는 것인지도 모른다.

헤어지기가 못내 아쉬웠으나 J가 다시 병원에 들어가야 했으므로 우리는 일어섰다. 작별 인사를 나누며 나는 이런 말을 했던 것 같다.

"좋은 변화를 만들어 갈 수 있을 거예요."

주어를 생략한 문장이다. 주어는 나, 너, 의사들만으로 충분치 않다.

롬바르디아의
코로나19 대참사와
공공의료

코로나19 대유행

이 책을 마무리할 즈음에 코로나19 유행이 시작되었다. 중국 우한에 이어 우리나라 대구에서 환자가 폭증했는데 바로 그 무렵 유럽에서, 특히 이탈리아에서 코로나19 감염증이 크게 퍼진다는 소식이 들려왔다.

이탈리아에서 떼죽음이 일어나다

티브이 뉴스 화면에 이탈리아의 오래된 도시가 비쳤다. 베르가모라고 했다. 건물 사이로 방호복을 입은 의료진이 바삐 움직이고 구급차가 드나들었다. 사람들의 표정이 어두웠고 할머니들은 카메라 앞에서 울음을 터뜨렸다. 코로나19 바이러스에 감염된 환자가 이미 백 명을 넘었는데 첫 감염자가 누군지, 어디서 감염되었는지 모른다고 했다. 게다가 환자의 사망률이 매우 높아 장례식장과 화장장이 부족하다는, 아주 기막힌 상황이었다.

지도에서 찾아본 베르가모시는 밀라노에서 멀지 않았다. 북부 이탈리아에서도 제일 잘사는 롬바르디아주, 세계적인 첨단 의료를 시행하는 대

323

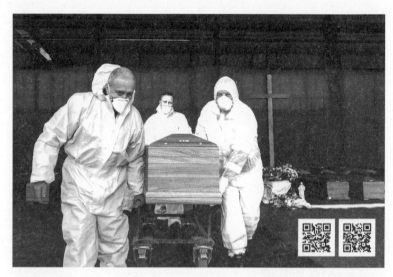

베르가모에 코로나19 사망자가 크게 늘어 시신을 수용할 수 없자 인근 마을 폰테산피에트로에 마련한 임시 안치실. 방역복으로 무장한 이탈리아 군병력이 시신이 담긴 관을 인근 도시의 화장장으로 이송하고 있다(2020년 4월 3일). ⓒ AGENZIA SINTESI/Alamy Stock Photo

도시 밀라노 인근이다. 그런 데서 코로나19가 기승을 부리고 삽시간에 많은 사람을 죽게 하다니, 어찌 된 것일까. 감염은 거기서 멈추지 않았다. 롬바르디아주에 맞닿은 다른 주를 거쳐 국경도 넘었다. 곧이어 유럽 전체에 코로나19 대유행이 시작되었다.

3월 중순이 되자 우리나라의 유행은 진정세를 보였으나 이탈리아에서는 유행 규모가 더 커졌다. 매일 1,000명이 넘게 환자가 늘고 사망자가 100명을 웃돌아 콘테 총리가 전국에 휴교령과 이동 제한령을 내렸다. 그래도 환자 증가세는 여전했고 며칠 뒤부터는 이탈리아에서 코로나19 환자가 어제 하루 동안 수천 명 더 늘었다는 소식이 전파를 탔다. 마침내 3월 말, 이탈리아의 누적 환자 수가 중국을 앞질렀다.

나는 잠이 안 올 지경이었다. 어쩌다 이런 사태가 벌어졌는지, 국영의료가 어떻게 대응하고 있는지, 궁금한 게 한둘이 아니었으나 정보를 얻을 방법이 마땅치 않아 답답하기만 했다. 이탈리아 의료인에게 연락하거나 물어볼 엄두는 차마 나지 않았다. 전쟁과 다름없는 이 사태에 엄청난 부담을 지고 밤낮없이 시달릴 사람들이었다.

그때 광저우 중산대학교 교수로 있는 I와 연락이 닿았다. 그는 이탈리아에서 나고 자란 한국인으로 로마에서 정책학을 공부하고 한국에서 복지정책을 연구했다. 중국에서 지내던 중 잠시 한국에 왔다가 코로나 사태로 돌아갈 길이 막혀 서울에 있다고 했다. 인사를 나눌 겨를도 없이 나는 질문부터 쏟아 냈다. I는 내게 우선 이탈리아의 지역별 코로나19 상황을 실시간으로 보여 주는 웹사이트를 알려 주고168 SNS와 메일 등 여러 방법을 동원해 답해 주었다. 덕분에 이탈리아의 코로나 사태 전반을 알게 되고 특히 롬바르디아주의 상황을 이해(!)하게 되었다. 그걸 정리해 이 장을 쓴다.

롬바르디아주

질문의 시작은 '왜'였다. 왜 이탈리아에서 감염이 이처럼 대유행으로 번진 걸까. I의 대답은 '정부 개입'으로 시작했다.

정부가 개입해야 위기에 대응할 수 있어요. 앞장서 미리 준비하고 상황을 주도하는 건 정부만 할 수 있으니까요. 의료제도가 국영의료, 사회보험, 민영화 등 뭐가 됐든지 간에요. 물론 의료 이용에 보편성이 보장되고 좋은 시설을 갖추는 등 의료체계가 잘돼 있어야 하지만, 그것만으로 부족해요. 그런데도 그동안 이탈리아에는 정부 역할을 줄이고 개입을 최소화해야 한다는 주장이 많았어요.

특히 롬바르디아주, 이번 코로나19 대유행의 발단지인 그 주가 '정부 개입 최소화'에 앞장서는 곳이라 했다.

작아진 정부가 감염병 확산을 통제하지 못했다

코로나19 환자가 처음 진단된 곳은 롬바르디아주의 남쪽 경계에 있는 코도뇨라는 시골 마을이다.[169]

> 폐렴으로 중태에 빠진 환자를 치료하던 의사가, 2주 전에 그 환자가 중국에서 온 친구를 만났다는 걸 알게 됐어요. 그래서 검사했는데 양성 결과가 나온 거예요. 환자의 가족과 접촉자 중에도 여러 명이 양성이었고요. 그다음 날에 수십 명이 더 진단됐고 사흘 만에 100명을 넘었어요.

첫 환자가 진단된 날이 2월 20일인데 그때 이미 지역에 감염이 퍼져 있던 것으로 보인다. 다음 날부터 환자가 빠르게 늘었고 바로 그다음 날 첫 사망자가 발생해, 사흘 동안 고령층 환자 5명이 각기 다른 마을과 도시에서 사망했기 때문이다.[170] 적어도 열흘이나 보름 전, 또는 그 이전부터 감염원이 지역에 들어와 번졌을 가능성이 있다.

> 그때 신속하게 감염 전파를 차단해야 했죠. 그런데 주정부는 코도뇨와 주변 마을 몇 곳에만 이동을 통제하는 봉쇄령을 내리고 주민에게 진단검사를 받게 했어요. 거기서 북쪽으로 100km쯤 떨어진 베르가모 부근에도 환자가 많았는데 그곳은 봉쇄하지 않았고요. 주 전체에는 휴교령과 행사 금지령을 내렸는데 강력한 통제는 아니었어요. 일부 작은 지역만 봉쇄한 정도에서 잠잠해지기를 기대한 거예요. 사실상 감염이 번지게 내버려 둔 셈이죠.

왜 그렇게만 대처했을까.

롬바르디아주 상공업계의 입김이 센 거예요. 주정부가 강력하게 봉쇄하고 통제하려 해도 상공업계가 경제적 손실을 우려해 반대하면 못해요. 심지어 기업 중 상당수가 중국과 거래하고 수많은 사람이 사업차 중국을 오가는데 말이죠.

　마침내 얼마 뒤에 베르가모와 거기서 가까운 브레시아에서 거의 동시에 대규모로 환자가 발생하기 시작했어요. 주의 수도인 밀라노 역시 전국에서 환자가 가장 많고 가장 빠르게 증가하는 도시가 되었고요.

　롬바르디아주는 이탈리아 최고의 상공업 지역이고 중국과 교역이 특히 활발한 곳이다. 주로 기계, 섬유를 수출하고 전자제품을 수입하는데 이탈리아와 중국 간 무역의 40%를 이 주가 독차지해 연간 교역 규모가 우리 돈으로 17조 원을 넘는다. 첫 환자가 진단된 코도뇨가 있는 로디 현, 대유행이 터진 도시 베르가모, 브레시아, 밀라노 모두 중국과 교역하는 회사나 공장이 많고 사람들이 중국을 빈번히 오가는 곳이다.[171] 그러므로 특단의 대책이 필요했다. 코로나19 감염이 번지는 것을 확인한 즉시 주정부는 기업의 경제적 이익보다는 시민의 생명 보호를 목표로 강력히 개입했어야 했다.

　그러나 위기의 무게를 미처 가늠하지 못했던 걸까. 주정부는 머뭇거렸다. 확진자가 나온 지역의 주민에게 진단검사를 시행하면서 그 대상을 호흡기 증상이 있는 사람 등으로 좁게 잡았고, 다른 지역에서는 입원할 만큼 증세가 심한 사람이 아니면 검사해 주지 않았다. 시민의 활동을 통제하는 데에도 소극적이었다. 코도뇨를 포함해 인구 5만 명의 작은 지역을 봉쇄했을 뿐,[172] 그 경계 바깥에서는 별다른 제재가 없어 사람들이 출퇴근을 계속했다. 휴교령을 내려 아이들을 집에 머물게 했으나 어른들의 회사, 공장

등은 폐쇄하지 않은 것이다. 3월 8일에 중앙정부가 봉쇄령을 내렸을 때조차 '필수적 생산은 예외'라는 조항에 기대어 회사나 공장의 가동을 허용했다.

결국 두 주간을 허송한 끝에 롬바르디아주의 산업 현장을 멈춰 세운 것은 중앙정부의 초고강도 조처였다. 전국의 모든 사업장을 예외 없이, 정부가 특별히 지정하지 않는 한, 전부 폐쇄하게 한 명령을 통해서였다. 그때가 3월 21일로 주 내 일일 신규 환자 2천 명에 누적 환자 2만 명을 넘어 유행은 이미 걷잡을 수 없게 커져 있었다.[173]

주정부가 비난받는 또 하나의 실책이 노인 환자를 요양원으로 보낸 것이다. 요양원에는 가뜩이나 면역력이 약한 노인이 모여 있는데 코로나19 환자가 그곳에 입소하자 감염이 폭발적으로 번져 그중 다수가 사망하기에 이르렀다. 장례식장과 화장장이 미처 감당하지 못할 만큼 떼죽음이 일어나 우리나라 티브이 뉴스에까지 나온, 베르가모의 비극이 바로 그것이다.[174]

의료계는 롬바르디아주가 의료진 보호에 소홀했던 사실을 폭로했다. 초기에 보호 장비를 충분히 지급하지 않았고 감염된 환자를 진료한 의료진을 격리 조치하지도 않았다는 것이다. 환자와 주민이 우선이라는 논리로 의료진을 검사 대상에서조차 제외해, 의료진이 자기도 모르게 바이러스를 전파하는 매개가 되거나 환자를 치료하는 중에 감염돼 사망하는 사례도 있었다.[175] I는 말했다.

주정부 스스로 행정 역량을 줄인 것이 이런 대유행을 만든 거예요. 공적 영역 대신에 시장을 키워야 경제가 번영한다고 말이죠. 석 달이 지난 지금까지도 롬바르디아주는 감염을 통제하지 못하고 있어요. 이 주와 지리적으로 맞닿은 베네토주, 에밀리아로마냐주에서도 같은 시기에 집단 발생이 시작되었는데 거기서는 효과적으로 전파를 차단해 대조가 뚜렷해요.

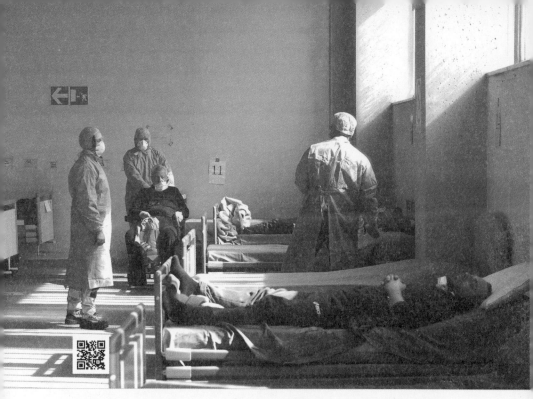

롬바르디아주 브레시아 종합병원 임시 대기실. 야외 선별진료소에서 검사를 받은 코로나19 환자들이 입원을 기다리고 있다(2020년 3월 17일). © Matteo Biatta/Sintesi/Alamy Stock Photo

숫자가 보여 주는 롬바르디아주의 사태는 참혹하다. 인구 1천만 명에 코로나19 감염 확진자가 9만 2천명, 사망자가 1만6천 명이다(2020년 6월 18일 현재). 20개 주가 있는 이탈리아에서 전국 확진자의 40%, 전국 사망자의 50%가 이 주에서 발생했다.

연방제와 북부동맹

하지만, 과연 주정부만의 책임일까. 이탈리아 중앙정부가 처음부터 신속히 개입하고 사업장에 대한 강력한 봉쇄 명령도 더 일찍 했어야 하는 게 아닐까. 그러나 I 는 아니라고 했다.

이탈리아는 '준 연방제' 국가로 주에 자치권이 있어요. 지방 행정, 특히 의료와 사회복지는 온전히 주에 맡겨졌고요.

하긴, 국영의료를 견학하러 이탈리아에 머물 때 주별로 정체성이 뚜렷하고 자치권이 강하다는 것을 처음 알았다. 우리와 크게 다른 점이었다. 우리나라에는 지방에 '자치단체'가 있을 뿐 지방 '정부'는 없고 그만큼 실질적인 지방자치가 약하지만, 이탈리아 20개 주에는 제각기 정부가 있고 주정부의 권한이 크며 책임이 무겁다.

그래서 위기가 닥쳤을 때 이에 대처할 책임도 주정부에 있어요. 물론 전국적인 위기에는 중앙에서 주도하지만, 그럴 때도 중앙과 주가 협력해요. 주에 따라서는 중앙정부에 비협조적이거나 동조하지 않는 경우도 있고요.

이런 여건에서는 우리처럼 중앙정부가 지방의 재난 대책을 지휘하고 전국의 보건소가 질병관리본부 지침에 따르는, 중앙 주도의 방식이 통하지 않는다.

그런 데다 롬바르디아주가 독자적인 성향이 강해요. 20개 주 중에 인구가 가장 많고 일인당 소득도 가장 많지만, 정치에는 매우 보수적인 거예요. 집권당이 '북부동맹'이라는 극우 성향의 정당인데 베를루스코니가 만든 '포르차 이탈리아'와 연합해 90년대 중반부터 이 주를 지배하고 있어요.
북부동맹의 강령이 완전한 연방제, 다시 말해 주가 중앙의 통제를 벗어나 독자성을 실현하는 거예요. 그 배경이 북부의 돈이에요. 자기네 북부가 낸 세금으로 중앙정부가 소득수준이 낮은 남부를 지원하는 데 쓴다고, 밑 빠진 독에 물 붓기라고, 그런 낭비가 없도록 완전한 연방제를 하자는 거죠. 처음에는 아예 북부만 분리해 독립해야 한다고 주장하다가 중부와 남부에 지지층을 넓히려고 연방제로 돌아섰어요.

독자적인 성향이 강하고 분리 독립을 주장해 왔다면 롬바르디아주는 위기에도 단독 대응하려 했을 것이다. 중앙정부와 협력이나 인근 다른 주와 공동 대응 등은 우선적 고려 대상이 아니었을 것이다. 안타까운 일이다. 처음부터 중앙과 긴밀하게 협력했다면, 인근 주와 연대해 정보를 교환하고 힘을 합쳤다면, 지금 어땠을까.

국영의료를 민영화

국영의료에 대해서도 롬바르디아주는 독자적인 방향을 추구했다. 친시장, 친기업적 방향이다. I는 특히 이 점을 안타까워했다.

아시는 대로, 국영의료는 건강을 개인의 기본권으로 인정하고 의료를 공적 서비스로 제공해 누구나 평등하게 이용하는 제도예요. 그런데 롬바르디아주는 1998년부터 민영화를 추진했어요. 국영의료에 시장 논리를 끌어들여 사적 의료를 키운 거예요. 지금 이 주에 사립병원의 비중이 50%나 되고 계층 간 불평등도 심해요.

이탈리아에서 국영의료 운영은 거의 전적으로 주의 몫이다. 중앙정부는 제도를 관리할 뿐 실제 의료 제공에 관한 권한과 책임이 주에 있다. 자율성이 있는 만큼 세부 내용이 주에 따라 다른데, 그러나 그 자치권으로 민영화를 추진한 주는 극소수다. 그중 대표적인 데가 롬바르디아다.

국영의료제도에서 병원은 권역별로 아슬 조직 안에 있다. 의사, 간호사를 비롯해 의료진은 모두 아슬 직원이고 병원이 어디에 있든 아슬이 통합

관리한다. 그런데 롬바르디아주는 민영화 방침에 따라 병원을 아슬에서 분리해 개별 사업체로 독립시켰다. 병원이 각자도생의 길에 서고 아슬은 의료 제공과 관리의 기능을 잃어 의료비 지불 기관으로 쪼그라들었다.

그 결과, 병원 간에 서로 역할을 나누고 한편으로 연대해 누구에게나 평등하게 제공하는 병원의 공적 의료 기능이 크게 위축되고 대신에 병원마다 독자적으로 경영하며 수익을 높이려 경쟁하는 시장이 조성되었다. 여기에 주정부의 '환자에게 완전히 자유로운 선택권을 보장'하는 친시장 정책이 맞물리면서 사립병원이 급속도로 성장했다.176 사립병원들은 돈 안 되는 응급의료나 중환자 치료 대신에 시티나 엠아르아이 등 영상의학적 검사와 관절 수술 등에 주력했고 점차 규모를 키워 주 전체 병상의 50%를 차지하기에 이르렀다. 사립병원이 90% 이상인 우리나라에서 보기에는 대수롭지 않지만, '공공기관이 공급하는 국영의료' 제도에 따라 전국적으로 사립병원의 비중이 20%에 불과한 이탈리아에서는 매우 예외적인 숫자다.177

이렇게 민영화가 추진되면 사회적 안전망에 소홀해진다. 수익 논리가 다른 가치를 압도해 우위를 점하기 때문이다. 비수익 활동인 안전망에 관심이 줄어 위기에 대비하는 시설이나 인력을 중요하게 여기지 않는다. 안전망이 약해지면 재난의 위험이 커지지만, 이를 실감하는 것은 위기가 닥친 다음이다. I가 긴 이야기를 마무리했다.

지금까지 롬바르디아주가 추구한 정책이 종합돼 코로나19 대유행으로 귀결된 게 아닌가 싶어요. 정부의 역할 줄이기, 독자성 추구, 국영의료 민영화의 필연적인 결과로요.

코로나 사태가 터진 뒤로 그간 진행된 민영화에 대해 사방에서 비판이 거세다. 앞으로 롬바르디아주가 어떤 변화를 선택할지 지켜볼 일이다.

'치명적인 예외주의'

롬바르디아주가 노골적인 의료 민영화를 추구해 위태로운 길을 갔지만, 자세히 보면 실은 그곳만 그런 게 아니다. 이탈리아의 다른 주에서 그리고 유럽의 여러 나라에서, 공적 의료 기능을 손상하거나 손상할 위험이 있는 정책이 채택된다.

비용을 줄이려고 병상을 줄인다

가장 보편적인 것이 병상 수를 줄이는 것이다. 유럽 복지국가는 국영의료나 사회보험 등 공적 가치에 충실한 제도를 갖추고 지역마다 필수로 병원을 설치해 시민에게 의료 이용을 보장한다. 그러는 한편 정책적으로 병상을 줄이는데, 그 이유는 비용에 있다.

비용만 놓고 보면 병원은 유지하는 데만도 큰돈이 드는 적자 시설이다. 수많은 의료 인력이 필요하고 값비싼 장비가 있어야 하는데 여기서 수익이 창출될 가능성은 의료의 성격상, 특히 공적 의료의 성격상, 거의 없기 때문이다. 그래서 정부가 민영화는 아니어도 비용을 절감할 효율화를 궁리하고 그 모범 답안이라 여겨지는 병상 감축을 추진한다. 1990년대 말부터 유럽국가 대부분이 꾸준히 병상을 줄였다. OECD 통계로 2017년도에 인구 천 명당 병상이 영국 2.5개, 독일 8.0개, 프랑스 6.0개, 이탈리아 3.2개인데 각기 2000년도의 60-90% 수준이다.[178]

바로 이 병상 감축 정책이 코로나19 유행으로 심각한 도전에 직면했다. 입원 병상, 특히 중환자 병상이 얼마나 있는지가 코로나19 대응에 결정적으로 중요한 것이다. 코로나19에 감염된 환자 중에 일부가 폐렴 증세를 보이고, 기저질환이 있거나 고령층이면 상당수가 심한 호흡곤란에 빠진다. 이때 입원실이 부족하고 중환자 병상이 부족하면 제대로 치료받지 못해 사망할 위험이 높아진다.

이번 이탈리아의 코로나 사태에서도, 특히 롬바르디아주에서 병상 부족이 불거졌다. 치료할 환자가 넘치는데 병상이 모자라, 입원 여부에 따라 삶과 죽음이 갈리는 현실에서 병상을 누구에게 내줄지 선택해야 했다. 곤혹스럽게 된 의료진에게 이탈리아 중환자치료협회가 지침을 내놓았다. 〈필요와 자원 간 예외적인 불균형 상태에서 임상 윤리 제언〉이라는 제목으로, "극도의 비상 상태이니 환자가 도착한 순서에 따르지 말고 '누가 회복 가능성이 큰지'를 헤아려 연령, 중증도, 기저질환 등을 종합해 선택하라."는 내용이다. 거칠게 말해서 '젊고 건강한 사람을 입원시키고 늙고 병든 사람은 포기하라'는 것이니, 어찌 보면 하나 마나 한 말이다. 환자의 고통을 목격해야 하는 의료진에게 이 지침이 과연 도움이 되었을지.179 이탈리아의 병상 정책, 나아가 유럽의 병상 정책에 점검과 조정이 필요하다.

초기 골든타임을 허비했다

코로나19 사태의 가장 큰 원인은 따로 있다. 우리나라의 일부 언론에서 주장하기를 유럽의 코로나19 대유행으로 공공의료가 무기력하다는 게 입증되었다고, 유럽의 국영의료 등 공적 의료제도는 부실하고 허약하다는 게 드러났다고 하는데180 이는 사실이 아니다. 비록 이번에 코로나19 유행을 미리 막지 못했고 병상 부족으로 긴급 비상대책을 세워야 했지만, 대규모로 감염이 퍼진 상태에서 많은 환자를 치료하고 추가 확산을 통제한 것은 바로 이 공적 의료제도를 통해서였다. 특히 이탈리아에서 북부의 엄청난 유행이 중부 이남으로 번지지 않고 차단된 데서 국영의료의 대응력을 확인할 수 있다.

이번 사태의 원인은 너무 늦게 대응을 시작한 데 있다. 한 달 앞서 동아시아에서 유행이 일어났을 때, 유럽이 하려고만 했다면 자기들에게 닥칠 위

이탈리아 정부가 내린 코로나19 감염을 줄이기 위해 이탈리아 정부가 봉쇄령을 내린 시기에 발코니에서 이웃과 대화를 나누는 토리노 시민들 ⓒGetty Images Bank

기에 대비할 수 있었다. 동아시아 국가가 시행한 대응책을 참고해 미리 방책을 세울 수 있었다. 그러나 그렇게 하는 대신에 오히려 비판했다. 중국이 대도시를 통째로 봉쇄한 것을 두고 권위주의적 정부의 행태라고, 한국이 모바일 정보를 이용해 접촉자를 추적하는 것을 사생활 침해라고, 온 나라가 마스크를 쓰는 것을 맹목적인 집단행동이라고 했다. 특히 일부 정치인들이 위기에 둔감했고 위험을 과소평가했다.

이탈리아 북부동맹 대표는 평상시와 다름없이 외출해 즐기라고 시민을 부추기고, 밀라노 시장은 트위터에 사람들과 포옹하고 외식하는 사진을 올리고, 영국의 존슨 총리는 병원에서 코로나19 환자와 악수했다고 자랑하고, 미국의 트럼프 대통령은 코로나19 유행이 정치적인 날조라고 비웃었다. 겨우 몇 주 뒤 스스로 전면 봉쇄에 돌입해야 했음에도. 그러니 이번의 코로나19 사태에는 정부의 잘못된 판단이, 즉 의료보다 정치의 영향이 더 컸다.

초기 골든타임을 허비하면 대가가 크다. 전파가 일어나는 초기에 방역의 기회를 놓치면 뒤늦게 의료 방책만으로 대유행을 피할 길은 거의 없다. 우리나라에서도 대응 시점이 늦었더라면 재난에 가까운 사태가 일어났을지 모른다.

서구가 왜 동아시아의 코로나19 유행을 먼 산 불구경하듯 보며 초기 대응 기회를 놓쳤을까. 이에 대해, 그 까닭이 문화적으로 겸손하지 않은 데 있다는 분석을 짧게 소개한다. I 가 보내준 인도인 필자의 글인데 제목이 〈치명적인 예외주의와 겸손 부재〉다.[181]

…코로나19에 대해 동아시아 국가가 보여준 대응책을 서구가 도입하려 하지 않은 이유가, 그들이 주장하듯 동아시아가 권위주의적인 반면에 서구는 민주주의 사회라는 것이 아니다. 실제 이유는 '문화'에 있다. 검증되지 않은 서구 예외주의 때문에 서구는 동아시아가 그전 사스^{SARS} 유행을 통해 얻은 교훈을 배우려 하지 않았다. 중국, 한국, 싱가포르, 홍콩, 대만이 앞서 시행해 보여 준 대로 검사하고 추적하고 격리하는 체계를 세우려 하지 않았다. …문화적으로 서구가 겸손하지 않기 때문이다. 초기에 마스크 쓰기를 거부했던 것처럼, 서구는 자기들에게서 나온 것이 아니면 그 의미를 깎아 내려 버린다.

코로나 바이러스에 감염된 사망자가 서구에서 늘고 있다. 동아시아와 서구의 국가적 역량 차이가 드러난다. 감염병 대응을 기준으로 제1세계를 정의하면, 그곳의 수도는 서울이다.

글을 읽는 한국인의 마음은 뿌듯한데 과연 서구 사람들이 이 글에 동의할지 I에게 묻자, 정부 비판의 맥락에서 적어도 일부는 동의할 거라는 답변이 왔다.

우리에게 과제는

대한민국이 세계적인 모범으로 주목받아 기쁘지만, 우리가 풀어야 할 과제는 여전하다. 발밑의 토대가 약하기 때문이다.

'국영' 체계를 꾸리고 대한민국 공동체가 연대했다

코로나19 비상사태에 우리나라는 마치 '평소 국영의료체계가 있는 것처럼' 대응했다. 국무총리를 정점으로 대책본부를 설치하고, 보건복지부와 질병관리본부가 감염 통제를 지휘하고, 지방자치단체장이 지역 대응의 정점에 서고, 보건소가 선별검사소 설치와 격리 대상자 관리를 전담하고, 국가가 코로나19 환자를 치료할 입원 병상을 확보하고, 환자는 완전히 낫기까지 무료로 치료받고, 비용은 건강보험과 국비로 충당했다. 그래서 누구든 생생히 볼 수 있었다, 국민을 지킬 힘이 정부에게 있음을, 시장이 아닌 공적 체계가 재난을 막아줄 안전망인 것을.

그런데도 일각에서는 코로나19 대응으로 우리식 '시장형' 의료제도의 우수함이 입증되었다고 주장한다. 우리나라에서 병원 대부분이 사립기관이고 저마다 경쟁에서 우위를 차지하려 병상을 늘린 까닭에 인구 당 병상이 유럽보다 몇 배나 많아 '과잉'이라 지적되었는데, 그 덕분에 코로나19 환자가 입원할 수 있었으니 '시장형' 제도가 높이 평가되어야 한다는 주장이다.[182] 그러나 그렇지 않다. 조금만 더 자세히 들여다보면 이 주장이 잘

못된 것을 알게 된다.

코로나19 환자의 입원 치료를 거의 전적으로 공공병원이 도맡았다. 지역마다 국립대 병원과 지방의료원 등 공공병원이 병동을 비우고 환자를 받아들여 감염 위험을 무릅쓰고 치료했다. 우리나라에서 공공병원은 전체 병원 중 겨우 5%에 불과할 만큼 숫자가 적고 평소에 전혀 주목받지 못하지만, 코로나19 환자의 치료에는 크나큰 기둥이었다. 물론 사립병원도 협력했다. 그러나 대개 선별진료소를 설치해 감염 여부를 진단하는 데 그쳤고 환자를 입원시켜 치료한 병원은 몇 되지 않는다. 이는 감염병 치료에 필수인 음압 격리 병상을 제대로 갖춘 병원이 드물기 때문이고, 또 그런 시설을 갖춘 데서는 감염 관리의 부담을 이유로 혹은 코로나19 환자가 있으면 다른 환자가 그 병원에 오지 않을 것을 우려해 입원시키기를 꺼렸기 때문이다. 결과적으로 그 많은 사립병원의 병상 대부분이 코로나19 위기 대응과는 무관했다.

게다가 우리나라에 병상이 많아도 병상의 환자를 돌볼 의료 인력은 매우 적다. 인구 대비 의사 수가 OECD 회원국 중에 최하위권으로 평균의 70%에도 미치지 못하며 간호사 수도 하위권으로 평균의 77%에 머문다. 오직 병상만 다른 나라에 비해 월등히 많으니 병상당 인력을 계산하면 OECD 평균의 30%도 되지 않아 부끄러울 지경이다.183 이처럼 열악한 여건에서 의료진은 과로, 사고, 감염 등의 위험에 고질적으로 시달린다. 이번에 코로나19 환자가 입원한 병원에서도 인력이 부족해 의사도 간호사도 장시간을 초과 근무해야 했고 신체적, 정신적으로 엄청난 스트레스를 견뎌야 했다.

그래서 의료 시장 덕분이 아니다. 우리가 코로나19에 대응한 힘은 시장이 아닌 국가 공동체에서 왔다. 정은경 질병관리본부장을 비롯해 정부 공무원 다수가 현장을 지키며 임무에 충실했다. 학계가 위원회를 꾸려 실시

#의료진 덕분에
#당신을 존경합니다
#수어_'존경'

코로나19 비상사태에 우리나라는 마치 '평소 국영의료 체계가 있는 것처럼' 대응했다. 우리는 시장이 아닌 국민, 의료진, 정부 등 공동체의 연대로 코로나19 위기를 건너왔고 건너고 있다. ⓒ보건복지부

간으로 방역과 임상진료에 가이드라인을 제시했다. 수많은 의료인이 비상근무에 응하고 자원봉사에 나섰다. 자치단체의 공무원은 보건소 직원이든 아니든 다 함께 자가 격리자 관리와 다중이용시설 감시 등 추가 업무를 나누어 맡았다. 그리고 가장 중요한 주인공은 국민이었다. 국민이 침착하고 적절하게 대응했다. 사상 초유의 사태에서 스스로 공공기관의 공지와 언론 등 정확한 정보에 귀 기울여 상황을 파악했고 불편을 견디며 방역 수칙을 지켰다. 마스크가 일종의 배급 방식으로 까다롭게 공급돼도 이에 호응했고 격무에 시달리는 의료진을 응원했으며 자기보다 어려운 사람을 위해 성금과 물품을 내놓았다. 이렇게 모은 힘으로, 시장이 아닌 공동체의 연대로 우리는 위기를 건너왔고 건너고 있다.

공적 의료제도를 정비하고 일차의료제도를 만들자

이제 우리에게 남은 과제는 스스로 입증한 위기 대응력을 평상시 사회

기반으로 자리 잡게 하는 것, 재난에 대비하는 필수 요소를 일상 속에 받아들이는 것이다.

첫째, 정부가 관리하는 공적 의료제도를 정비해야 한다. 앞으로 우리에게는 인구 고령화 등 이미 알려진 변화 외에, 전 지구적인 기후 변화에 따르는 예측하기 어려운 위기가 기다리고 있다. 위기가 재난이 되지 않게 하려면 누구든 안전하게 보호하는 의료, 위험을 감지하고 신속하게 대응하는 의료가 필수다. 그런 의료를 보장할 공적 제도가 필요하다.

둘째, 건강에 관한 지역 기반을 강화해야 한다. 코로나19는 우리 각자가 서로 긴밀하게 연결된 존재임을 일깨워 주었다. 교회, 학교, 회사, 병원, 노래방 등 어디서든 감염이 일어날 수 있고 그 영향이 모두에게 미친다. 그러므로 누구든 건강하려면 그에 앞서 공동체의 건강이 보장돼야 한다. 지역 공동체를 보호할 건강 감시 기반, 필수 의료에 관한 기반이 필요하다.

셋째, 의사와 간호사 등 의료인의 공직을 확대해야 한다. 감염병 관리, 중환자 치료, 응급, 분만, 만성질환 관리 등 공공 필수 분야의 전문 의료인이 중앙과 지방 각각에 지금보다 훨씬 더 많아야 한다. 대구의 코로나19 집단 감염 때처럼 위기에만 의료인을 임시 동원하는 것은 단기 처방일 뿐이다. 또, 현재의 역학조사관처럼 계약직 공무원 신분으로는 임무 수행에 제약이 크다. 평생을 공직에 몸담고 공동체에 헌신하며 의료인 개인으로도 높은 성취를 이룰 수 있도록 새 직제를 만들거나 기존 직제를 바꿔야 한다. 의과대학과 간호대학의 정원을 늘려 의료인을 많이 양성한다 해도 그들을 받아들일 공직을 늘리지 않으면 소용이 없다.

끝으로 꼭 필요한 것이 일차의료다. 위기의 광풍에 덮여 드러나지 않았지만, 일차의료제도의 부재는 이번에도 큰 허점이었다. 감염병이 유행하는 중에도 사람들은 다양한 건강 문제를 겪는다. 감기 몸살에 걸리고, 앓아 눕고, 다치고, 임신하고, 출산 때가 다가오고, 만성질환으로 약을 먹는다.

그래서 의사를 만나야 하는데 감염병 유행 상황에서 병원에 가기가 쉽지 않다. 특히 기존에 병이 있는 환자는 감염되면 중증으로 진행될 위험이 커 병원에 가는 것이 두렵다. 위험과 두려움이 일상이 될 때 일차의료는 더욱 절실하다. 사람들이 안전하려면, 물리적으로 위험을 피하면서 의사를 만나려면, 가장 좋은 방법이 자기 집이나 가까운 데서 평소 신뢰하는 의사에게 상담과 진료를 받는 것이다. 일차의료제도를 만들자.

일차의료의 모범이 유럽에 있고 일차의료제도에 관한 한 이탈리아는 우리가 참고할 만한 국가다. 비록 유럽이 코로나19로 대유행을 겪는 중이고 이탈리아는 그 유행을 출발시킨 나라가 되었지만, 이는 롬바르디아주 등에서 국민의 안전과 건강이 후순위로 밀리면서 결과적으로 국가 전체가 재난에 휩싸인 안타까운 사례다. 어느 나라든 다른 나라의 경험에서 배울 것이 있다. 감염병 대응에 관해 서구가 동아시아의 선례에서 배워야 하는 것처럼 우리도 공적 의료체계 운영을, 일상에서 건강을 지키는 일차의료제도를, 그들한테서 배워야 한다.

맺는 글

누구나
언제 어디서나
건강하게

메이에르 어린이병원에 갔던 때로부터 12년, 국영의료 현장을 견학하려고 밀라노 국제공항에 내렸던 때로부터 5년이 되어 간다. 이탈리아에서 돌아와 한동안은 견학한 내용을 점검하며 자료를 정리하는 데 파묻혀 지냈고 글쓰기를 시작한 지는 삼 년이 지났다.

그동안 어린이병원이 우리나라 여러 곳에 생겼다. 부산, 대구, 광주, 대전, 춘천, 전주의 국립 대학병원에 새로 어린이병원이 세워져 중증 질환을 앓는 어린이를 진료한다. 덕분에 지방에 사는 어린이가 전보다 훨씬 수월하게 병원을 이용하게 되었다. 짓는 데만 수백억 원씩 드는 건물을 몇 개나 세웠으니 우리는 공공의료의 과제를, 적어도 그중에 하나를 해결한 것일까.

공공의료

이탈리아를 비롯해 서유럽에서는 공공의료라는 말을 쓰지 않는다. 아예 그 말이 없다. 그곳에서 의료는 상업적 거래 대상이 아니라 공적 서비스이므로 군이 의료에 '공공'을 붙인 말을 따로 쓸 필요가 없는 것이다. 반면에 우리는 공공의료를 '다른 그 무엇'을 가리키는 데 쓴다. 시장에서 통상 마주치는

342

의료와는 다른, 주로 공공병원이 시행하는 의료를 가리킨다.

공공의료의 뜻을 그렇게 좁게 제한하는 것은 옳지 않다. 말 그대로 공공성에 충실한 의료가 공공의료일 것인데 여기서 공공성이 뜻하는 바가 매우넓기 때문이다. 공공성은 사람이 혼자가 아니라 더불어 사는 데 관련되는 개념이고, 그 범위가 삶 전체를 넓게 아우르며 핵심에는 공동체가 있다.

몇 해 전 세미나에서 참석자 각자가 '공공성이 무엇인지' 풀이하는 시간이 있었다. 사람마다 다양하게 표현했는데 다수가 공통되게 첫머리에 '누구나'를 놓았다. 저마다 내놓은 풀이를 그 자리에서 모으니 공공성은 함께 살아가는 누구나가, 다양한 무언가를 보고 듣고 누리는 데 관련되며, 또한 그런 여건을 함께 만드는 데 관련된다는 결론이 나왔다.

공공의료는 '누구나 건강하게' 하는 의료다. 힘을 실어 강조하면, 누구나/언제/어디서나/건강하게 하는 의료다. '다 같이 운영에 참여하는' 의료다. 그것을 이용하고 그것으로 영향을 받는 사람들이 다 함께 생각을 모으고 힘을 모아 만드는 의료다.

논의를 시작하자

코로나19 사태는 우리에게 변화가 시급함을 일깨웠다. 온 국민이 고통을 감수해 이룩한 K-방역이지만, 바람 앞에 등불처럼 어느 순간 꺼져 버릴까 위태롭다. '공공의료'로 뒷받침되지 않으면, 의료제도의 작동 원리가 시장의 수익 대신에 공동체의 연대로 바뀌지 않으면.

사회제도는 구성원의 합의로 결정되니 변화의 첫걸음은 논의를 시작하는 데 있다. 각계각층에서 다양한 논의가 일어나면 좋겠다. 논의에 실마리 하나로 이 책이 소개한 이탈리아 국영의료가 이용되면 좋겠다. 누구나 언제 어디서나 건강하게, 다 같이 운영에 참여하는, 그런 의료제도가 코로나19처럼 우리 곁에 성큼 들어서면 좋겠다.

1. 이야기가 많은 나라

1 의과대학을 졸업한 의사가 3년간 수련을 받아야 일차의료 의사의 자격을 얻는다. 사람들에게 가장 친근한 의사인 이 일차의료 의사를 흔히 가정의medico di famiglia라 부른다.

2 전순란 (2015. 8. 30). "좋은 정보 감사합니다." 〈지리산 휴천재 일기〉. http://donbosco.pe.kr/xe1/?mid=jun_diary&search_target=title&search_keyword=%EC%A2%8B%EC%9D%80+%EC%A0%95%EB%B3%B4&document_srl=285774 (접속 2017.2.28)

3 2014년 tvN에서 방영한 드라마. 직장 생활의 애환을 실감 나게 그려 큰 인기를 끌었다.

4 예수병원 지역보건사업에서는 마을마다 주민 1명을 마을건강원으로 정해 건강 정보를 전하고 가벼운 응급처치를 하는 등 주민의 건강 문제에 도움을 주게 했다. 마을건강원은 무보수 자원봉사자로, 마을이 사람을 추천하면 병원이 교육 훈련을 제공하고 정기적으로 회의에 참석하게 해 구급 약품을 보급하는 등 활동을 지원했다.

5 간호사 자격이 있는 공무원으로 섬이나 산간벽지에 설치된 보건진료소에서 간단한 진료와 질병 예방을 담당한다.

6 OECD 회원국 중에 일차의료제도를 갖추지 않은 나라는 대표적으로 한국, 미국, 일본이다. 그중 미국에서는 오레곤 등 일부 주에서 일차의료를 시행하고 또 민간 의료보험 회사가 일부 가입자에게 일차의료를 제공하므로, 엄밀히 말하면 한국과 일본에만 일차의료제도가 없다.

7 익힌 쌀을 둥글게 뭉쳐 그 속에 고기와 토마토를 기본 재료로 한 라구소스, 모차렐라, 완두콩 등을 넣고 빵가루를 겉에 묻혀 기름에 튀긴 시칠리아 전통 음식이다.

8 서영지·한소은 (2016.10.31). 〈최순실 씨 저녁 곰탕 식사 거의 다 비워〉. 《한겨레신문》.

9 김경석 (2014). 《메이드 인 이탈리아》. 21세기북스. 216-218쪽.

10 홍이진 (2012). 〈사회보장제도 총괄, 역사적 전개과정〉. 《이탈리아편, 주요국의 사회보장제도》. 한국보건사회연구원, 22-97쪽.

11 김시홍 (2010). 〈이탈리아계 미국이민과 정체성 변화〉. 《이탈리아어문학》, 31, 31-55쪽; 김시홍 (2011). 〈이탈리아 통일 150년: 민족, 국가 그리고 Fare gli Italiani〉. 《이탈리아어문학》, 34, 23-47쪽; 김종법·임동현 (2018). 《이탈리아역사 다이제스트100》. 가람기획. 247-281쪽; 이선필 (2012). 〈밀라노: 이탈리아 정치의 조연에서 주연으로〉. 《통합유럽연구》, 5,

63-83쪽.

12 박광준 (2013). 《사회복지의 사상과 역사》. 양서원; 로버트 D. 퍼트넘 (2000). 《사회적 자본과 민주주의》. 안청시 외 옮김. 박영사. 127-272쪽; T. Guinnane & J. Streb. (2009). Moral hazard in a mutual health-insurance system: German Knappschaften, 1867-1914. *Economics Department Working Paper No. 70, Economic Growth Center Discussion Paper No. 978*, Yale University, Department of Economics; A. Lo Scalzo, A. Donatini, L. Orzella, A. Cicchetti, S. Profili & A. Maresso (2009). Italy: Health system review. *Health Systems in Transition*, 11(6), The European Observatory on Health Systems and Policies. pp.17-19.

13 퍼트넘. 앞의 책. 220쪽.

14 김금수 (2009). 〈자본주의 국가들의 경제위기와 파시즘의 대두(2)〉. 《노동사회》, 145, 116-129쪽; 김종법 (2012). 《천의 얼굴을 가진 이탈리아》. 학민사. 141-172쪽; 김현우 (2005). 《안토니오 그람시, 옥중수고와 혁명의 순교자》. 살림출판사; 안토니오 그람시 (2004). 《남부 문제에 대한 몇 가지 주제들 외》. 김종법 옮김. 책세상; 안토니오 그람시 (2000). 《감옥에서 보낸 편지》. 양희정 옮김. 민음사.

15 김종법·임동현. 앞의 책. 290-309쪽; 김효신 (2007). 〈이탈리아 파시즘과 일본 파시즘 비교 소고〉. 《이탈리아어문학》, 21, 25-64쪽; J. Powell (2012, Feb 22). The Economic Leadership Secrets of Benito Mussolini. *Forbes.*

16 이현지·오승환·장철훈 (2017). 〈진단검사의학의 기원과 역사〉. 《LMO Lab Med Online》, 7(2), 53-58쪽; Lo Scalzo 외. 앞의 책. p.19.

17 폐결핵 치료제인 아이소니아지드, 리팜피신 등은 1950년대 이후에 세상에 나왔다. 최초의 항생제인 페니실린이 생산된 시기도 2차 세계대전이 끝난 1940년대 후반이었다.

18 조지 로젠 (2009). 《보건과 문명》. 이종찬·김관욱 옮김. 몸과마음. 167-206쪽, 225-230쪽; 황진명 (2014.6.1). 〈병리학의 아버지이며 사회의학의 창시자, 루돌프 피르호와 사회개혁〉. http://blog.naver.com/kbs4547/220017095691 (접속 2018.8.29)

19 로젠. 앞의 책. 184-185쪽.

20 위의 책. 190쪽.

21 R. C. Virchow (2006). Voice from the past, Report on the Typhus Epidemic in Upper Silesia. *American Journal of Public Health*, 96(12), pp.2102-2105.

22 A. Power (2016). *Torino City Story, CASEreport 106*, London School of Economics, Centre for Analysis of Social Exclusion.

23 그람시 (2000). 앞의 책. 219쪽.

24 김종법 (2007). 〈이탈리아 권력구조 전환가능성과 시도: 연방주의와 대통령제로의 전환모색〉. 《세계지역연구논총》, 25(3), 353-373쪽; 김종법 (2007). 〈좌우동거의 기묘한 불안정한 양당제 국가 이탈리아〉. 미네르바 정치연구회 편. 《지구촌의 선거와 정당》. 한국외국어대학교

출판부. 434-465쪽; 김종법·임동현. 앞의 책. 312-324쪽; 정병기 (2011). 〈이탈리아 정당체제의 변화〉. 《지중해지역연구》, 13(1), 213-246쪽.

25 최장집 (1989). 〈이탈리아 공산당의 노선 분석 – 사회주의의 한 대안적 모색〉. 《경제와 사회》, 2, 12-27쪽; C. Giordano, G. Tonido, & F. Zollino (2017, November). Long-run trends in Italian productivity. *Questioni di Economia e Finanza*, 406. Banca D'Italia.

26 R. Egidi (2011). Il Servizio Sanitario Nazionale Italiano: Profili Generali. *Dereito*, 20(3), pp.43-63; Lo Scalzo 외. 앞의 책. pp.19-20; F. B. McArdle (1979). Italy's National health Service Plan. *Social Security Bulletin*, 42(4), pp.38-42; T. Torzi (2015, June 17). Breve storia delle riforme sanitarie dal 1968 ad oggi, la riforma Mariotti. *Ortona Notizie*.

27 김종법 (2003). 〈이탈리아 노동운동사 6, 노동운동의 합법화와 68운동〉. 《노동사회》, 77, 90-101쪽; 김종법 (2003). 〈이탈리아 시민사회의 전개와 현재〉. 《시민사회와 NGO》, 1(2), 89-213쪽; 정병기 (2007). 〈68혁명을 통해 본 혁명운동의 세대 단절과 연속〉. 《미래공방》, 4, 156-165쪽; 최장집 (1984). 〈그람씨의 헤게모니 概念〉. 《한국정치학회보》, 18, 19-40쪽.

28 유럽과 미국 등에서 1968년경부터 1970년대 초반까지 청년·학생·노동자가 일으킨 권위주의에 대한 격렬한 투쟁이다. 시위에 나선 젊은이들은 대의 민주주의, 기업, 관료, 자본주의적 기술, 학교, 미디어, 가부장적 가정, 남성 중심의 사회를 총체적으로 비판하고 일상의 민주주의와 해방적 삶을 지향했다.

29 1968년 8월 21일, 소련군과 바르샤바 조약군 25만 명이 체코슬로바키아의 프라하에 진입해 시민의 평화시위를 무참히 진압했다. 탱크 바퀴 아래 죽은 사람만 137명이었다. 이 사태의 배경에는 체코 공산당의 개혁 정책이 있었다. 당시 체코는 '인간의 얼굴을 한 사회주의'를 표방한 두브체크를 중심으로 민주적, 자유주의적 기반을 확대하고 기존 계획경제에 시장경제 요소를 혼합해 경제난을 해결하려 하고 있었다. 소련 공산당의 브레즈네프 서기장은 체코의 개혁이 동유럽을 흔들어 소련의 영향력이 약해질 것을 우려해, 이를 공산주의에 대한 반동으로 규정하고 군사 작전을 밀어붙였다. 소련은 곧바로 두브체크를 해임하고 체코슬로바키아 공산당 중앙위원회를 해체한 뒤 그동안 추진된 자유화 조치를 무효로 돌렸다. 이 일에 대해 서유럽의 공산당 대부분이 강력하게 비판했고 독자적인 노선을 모색해 소련과 거리를 두려는 움직임이 커졌다. 김인영 (2018.8.20). 〈소련군 탱크에 짓밟힌 '프라하의 봄'〉. 《오피니언뉴스》. http://www.opinionnews.co.kr/news/articleView. html?idxno=10903 (접속 2019.7.18)

30 김용욱·정기동 (1986). 〈유로코뮤니즘의 形成背景과 그 이데올로기上의 特徵〉. 《현대이념연구》, 창간호, 19-34쪽; 이홍구 (1981). 〈유로코뮤니즘과 南歐政治 : 이탈리아 共産黨의 歷史的 妥協의 意義〉. 《사회과학과정책연구》, 3(2), 1-12쪽.

31 정병기 (2008). 〈68혁명운동과 노동운동, 반권위주의적 탈물질주의의 교훈과 노동운동의 전망〉. 《마르크스주의 연구》, 5(2), 32-52쪽; GAZZETTA UFFICIALE della repubblica

italiana. LEGGE 23 dicembre 1978, n. 833. https://www.gazzettaufficiale.it/atto
/serie_generale/caricaDettaglioAtto/originario?atto.dataPubblicazione
Gazzetta=1978-12-28&atto.codiceRedazionale=078U0833&elenco30giorni
=false (접속 2019.1.23); F. De Lorenzo, M. SOSCIA, G. MAN-ZILLO, & G. BALESTRIERI
(1974). Epidemic of cholera EI Tor in Naples, 1973. *The Lancet*, 303(7859), p.669;
PARTITO MARXISTA-LENINISTA ITALIANO. STUDIO SULLA SANITA' IN ITALIA:
Storia, leggi, conquiste e rivendicazioni. http://www.pmli.it/storiasanita.htm (접속
2017.10.18); Senato della Repubblica. (2017, Nov). *COSTITUZIONE, ITALIANA:
TESTO VIGENTE*, Ufficio comunicazione istituzionale del Senato. http://www.
senato.it/application/xmanager/projects/leg18/file/repository/relazioni/
libreria /novita/XVII/costituzione_VIGENTE__rossa_2.pdf (접속 2019.7.21)

32 Legge 23 dicembre 1978, n. 833. Istituzione del servizio sanitario nazionale.

33 홍이진 (2012). 〈사회보장제도 총괄, 역사적 전개과정〉. 《이탈리아편, 주요국의 사회보장
제도》. 한국보건사회연구원. 10-22쪽; A. Donatini (2017, May). The Italian Health Care
System. *International Profiles of Health Care Systems*. New York: The
Commonwealth Fund. pp.95-103; F. Ferré, A. G. de Belvis, L. Valerio, S. Longhi, A.
Lazzari, G. Fattore, W. Ricciardi, & A. Maresso (2014). *Italy: Health System Review*,
Health Systems in Transition, 16(4), European Observatory on Health Systems and
Policies, pp.15-40; Lo Scalzo 외. 앞의 책. pp.17-38; Ministero della Salute (2019).
I princìpi del Servizio sanitario nazionale (SSN). http://www.salute.gov.it/portale
/lea/dettaglioContenutiLea.jsp?lingua=italiano&id=5073&area=Lea&menu=
vuoto (접속 2019.7.21)

34 박영신 (2004.7.3). 〈'바티스티'에게 미래는 없는가〉. 《오마이뉴스》. http://www.oh
mynews.com; 차명제 (1992). 〈서유럽 공산당의 새로운 변모: 사회 구조적 변화에 따른 이탈리
아 공산당의 변화과정〉. 《현상과인식》, 56, 50-78쪽; M. Fuccillo. Enrico Berlinguer, sul
palco lo Stato per l'ultimo omaggio. *la Repubblica*. https://www.repubblica.it; A.
Negri (1998, September). Reviewing the experience of Italy in the 1970s. *Le Monde
diplomatique*. https://mondediplo.com; R. Schirru & L. Egan (2017, March 1). The
life and death of influential communist, Enrico Berlinguer. *IL GLOBO*.
https://ilglobo.com.au; Wikipedia. Aldo Moro. https://en.wikipedia.org/wiki/
Aldo_Moro (접속 2017.5.29); Wikipedia. Christian Democracy (Italy).
https://en.wikipedia.org/wiki/ChristianDemocracy_(Italy)#Historic_
Compromise (접속 2017.4.29); Wikipedia. Enrico Berlinguer. https://en.wikipedia.
org/wiki/Enrico_Berlinguer (접속 2017.6.17); Wikipedia, Italian Communist Party.
https://en.wikipedia.org/wiki/Italian_Communist_Party (접속 2017.6.17.)

35 OECD 건강 통계에 따르면 2015년 우리나라의 65세 이상 노인 인구가 전체의 12.8%이었으므로 이탈리아의 노인 인구의 비율이 우리의 1.7배로 높은 셈이다.

36 Eurostat. Your key to European statistics, Gross domestic product (GDP) at current market prices by NUTS 2 regions (PPS_HAB_EU). https://ec.europa.eu/eurostat/cache/RCI/#?vis=nuts2.economy&lang=en (접속 2018.8.17)

37 1985년에 우리나라의 1인당 GDP는 겨우 2천4백 불로 낮았다. 물론, 30년이 지난 2015년에는 2만7천 불이 되어 피에몬테주 GDP의 80%에 도달했다(〈국가통계포털〉).

38 Istituto Nazionale della Previdenza Sociale. Indennità di malattia per lavoratori dipendenti. https://www.inps.it/NuovoportaleINPS/default.aspx?itemdir=50159&lang=IT (접속 2019. 3.2)

39 우리나라에도 유일하게 산재보험에는 상병수당과 비슷한 휴업 급여가 있지만, 이 급여는 '업무상 사유로 부상을 당하거나 질병에 걸린' 경우에 한정돼, 매우 소수에게만 지급된다.

40 Pensioni & Lavoro. La tutela del lavoratore in caso di malattia: diritti e doveri. https://www.pensionielavoro.it/site/home/wikilavoro/le-tutele-a-sostegno-del-lavoratore/la-tutela-della-malattia.html (접속 2019.3.2)

41 가정의와 달리 전문의는 기록을 만들고 보관하며 가정의에게 보낼 진료 보고서까지 작성해야 한다. 문서를 기록할 의무에 관한 가정의와 전문의의 이런 차이는 환자에 대한 역할의 차이에서 비롯된다. 가정의 역할과 책임, 전문의의 역할과 책임이 다르기 때문이다.

42 Centro Medico Santagonistino. Departments, Cardiology, Performance. https://www.cmsantagostino.it/bologna/en/about-us (접속 2018.8.17)

43 Cristina D' Amico (2015, December 9). Medici di famiglia, doveri (e diritti) di chi ci cura. Tutto quello che dobbiamo sapere. I contatti con il medico - Telefonate al dottore. *Corriere della Sera*. https://www.corriere.it/salute/cards/medici-famiglia-doveri-diritti-chi-ci-cura-tutto-quello-che-dobbiamo-sapere/disponibilita-giorni-orari-ambulatorio_principale.shtml (접속 2018. 8.17)

44 우리나라에서 의약품 공급은 민간 업체의 시장 영역이다. 업체 간 경쟁이 치열해 앞다투어 빠르게 의약품을 공급한다는 장점이 있지만, 업체가 영업 매출을 올리려고 의료기관이나 약국에 뒷돈을 주는 등 잡음도 많다.

45 '차트가 없는 일차의료'의 나라인 이탈리아에서 환자가 약을 처방받을 때, 그 약이 지난번과 같은 것일 때에는 약 곽을 의사에게 보여 준다. 왕진 때뿐 아니라 환자가 의원에 와서 처방을 받을 때도 반드시 갖고 온다. 안나마리아가 사는 피에몬테주에는 이미 온라인 처방 전달 체계가 구비돼 지난번 처방 내용을 컴퓨터 화면에서 확인할 수 있으나, 나이 많은 가정의들은 컴퓨터를 불편하게 여겨 약 곽의 겉면에 적힌 내용을 보며 처방전을 쓴다.

46 요양보호사는 이탈리아에 고령 인구가 많아지면서 새롭게 양성된 인력이다. 간호사의 지도를 받아 중증 환자를 돌본다. 주로 밥 먹기, 몸 씻기, 대소변, 약 먹기 등을 보살피고 일부 주에서는 욕창 관리도 한다.

47 Lo Scalzo 외. 앞의 책. pp.164-167.

48 국영의료에서 일차의료뿐 아니라 병원의 입원진료도 무료다. 입원환자는 수술, 분만, 치료, 검사, 숙식 등을 전부 무료로 받는다. 외래환자가 병원의 검사 시설을 이용할 때는 정해진 부담금을 내지만, 입원환자에게는 부담금이 전혀 없다.

49 이탈리아에서 가정의 그룹에는 느슨한 협력 관계인 '연합체'도 포함한다. 연합체란 '의사들이 진료에 협력 관계를 맺는 것'으로, 진료실이 곳곳에 떨어져 있어도 연합체 관계를 맺으면 낮은 단계의 그룹으로 인정받는다. 물론 공동 건물에 진료실을 합치고 진료 정보를 공유하는 그룹 개원이 가장 높은 단계의 협력이다.

50 가정의는 자영 직업인이지만 계약에 따라 정부로부터 보수를 받는다.

51 Nicolle Green (2012). Italian lessons: exploring general practice in Italy. *British Journal of General Practice*, 62(597), p.204.

52 OECD (2017). *Health at a Glance 2017: OECD Indicators*. OECD Publishing. pp.62-63, pp.104-106.

53 홍이진 외 (2012). 《주요국의 사회보장제도―이탈리아》. 한국보건사회연구원. 277-281쪽.

54 박수지·김보영·김형용·박수잔·박혜미·윤성원·최연혁·홍이진·김가희·이주연 (2014). 《사회서비스정책 비교 연구 ― 사회보장정책 비교연구 5차년 과제》. 한국보건사회연구원. 123-136쪽.

55 Ministero della Salute (2012). *INFORMASALUTE, Access to the National Health Service by Non-Eu nationals*. 8.

56 Regione Emilia-Romagna. Corso di Formazione Specifica in Medicina Generale 2017/2020, Guida per il medico in formazione. https://ambo.ausl.bologna.it/servizi-territoriali/corso-di-formazione-specifica-in-medicina-generale (접속 2019.1.23)

57 Istat/Istituto Nazionale di Statistica (2016). *ITALY IN FIGURES 2016*.

58 위의 같음.

59 Cristina D' Amico (2015, dicembre 9). Medici di famiglia, doveri (e diritti) di chi ci cura. Tutto quello che dobbiamo sapere. I contatti con il medico - Disponibilità - I giorni e gli orari in ambulatorio. *Corriere della Sera*. https://www.corriere.it/salute/cards/medici-famiglia-doveri-diritti-chi-ci-cura-tutto-quello-che-dobbiamo-sapere/i-contatti-il-medico-telefonare-dottore.shtml (접속 2018.8.17)

60 Cristina D' Amico (2015, dicembre 9). Medici di famiglia, doveri (e diritti) di

chi ci cura. Tutto quello che dobbiamo sapere. I contatti con il medico - Telefonate al dottore. *Corriere della Sera.* https://www.corriere.it/salute/cards/medici-famiglia-doveri-diritti-chi-ci-cura-tutto-quello-che-dobbiamo-sapere/dispon ibilita-giorni-orari-ambulatorio_principale.shtml (접속 2018. 8.17)

61 Istat/Istituto Nazionale di Statistica, 앞의 책.

62 Cristina D' Amico (2015, dicembre 9). Medici di famiglia, doveri (e diritti) di chi ci cura. Tutto quello che dobbiamo sapere. I contatti con il medico - Il medico fuori orario: un libero professionista. *Corriere della Sera.* https://www.corriere.it/salute/cards/medicifamiglia-doveri-diritti-chi-ci-cura-tutto-quello-che-dobbi amo-sapere/i-contatti-il-medico-telefonare-dottore.shtml (접속 2018.8.17)

63 A. Donatini (2013, November). The Italian Health Care System, 2013. *INTERNATIONAL PROFILES of Health Care Systems.* The Commonwealth Fund. p.68.

64 OECD (2014). *OECD Reviews of Health Care Quality: Italy 2014: Raising Standards.* OECD Publishing. p.98.

65 Lo Scalzo 외. 앞의 책. pp.62-64.

66 의사들끼리 임상 경험을 공유하고 진료 지침을 개발하며 성과를 평가하는 활동이다.

67 OECD (2014). 앞의 책. p.101.

68 OECD (2017). 앞의 책. pp.104-107.

3. 동네의료

69 퍼트넘. 앞의 책. 93-120쪽, 172-173쪽.

70 위와 같음. 194-217쪽.

71 김종법·임동현. 앞의 책. 158-161쪽; 퍼트넘. 앞의 책. 194-217쪽.

72 Governo italiano Ministro dell'interno. Referendum sulla forma institutionale dello stato. https://elezionistorico.interno.gov.it/index. php?tpel=F&dtel=02/06/1946&tpa=l&tpe=A&lev0=0&levsut0=0&es0=S&ms=S (접속 2020.1.14)

73 Dante Alighieri (1265-1321). 이탈리아 피렌체 태생. 중세의 시인으로《신곡》을 씀.

74 Francesco Petrarca (1304-1374). 이탈리아 아레초 태생. 르네상스 시대를 연 인본주의자이며 시인.

75 Nicolaus Copernicus (1473-1543). 폴란드 토룬 태생. 지동설로 과학 혁명의 초석이 된 천문학자.

76 김종법·임동현. 앞의 책. 92-94쪽.

77 Marcello Malpighi (1628-1694). 이탈리아 볼로냐 태생. 현미경 생물학을 창시.

78 Giovanni Morgagni (1682-1771). 이탈리아 포를리 태생. 근대 해부병리학을 창시.

79 Luigi Galvani (1737-1798). 이탈리아 볼로냐 태생. 생체전기학을 창시.

80 황상익 (2015). 《역사가 의학을 만났을 때》. 푸른역사. 147-178쪽.

81 1978년 국영의료가 출발할 때 지방에 둔 것이 지방 보건의료본부(Unita Sanitario Locale)다. 1992년에 주정부 소속으로 변경하면서 권역 보건의료본부(Azienda Sanitario Locale)로 바꿨다.

82 Lo Scalzo 외. 앞의 책. pp.74-75; Ministero della Salute. Banca dati del Servizio sanitario nazionale, Strutture e attività ASL. http://www.salute.gov.it/portale/documentazione/p6_2_8_1_1.jsp?lingua=italiano&id=6 (접속 2019.3.8)

83 Azienda Unita Sanitaria Locale di Bologna (2012). L'Azienda USL di Bologna. https://www.ausl.bologna.it/asl-bologna (접속 2019.2.13)

84 Legge 23 dicembre 1978, n. 833. Articoli 1-2.

85 환경과 산업에서 비롯되는 건강 문제까지 공중보건에서 다룬다는 점이 우리와 다르다. 우리나라는 환경보건을 환경에 관련된 업무로, 산업보건을 노동에 관련된 업무로 분류해 일반적인 공중보건과 분리하고 있다.

86 우리는 이 두 번째 범주를 조직적인 활동으로 이해하기가 어렵다. 우리나라에 일차의료제도가 없고, 전문의 진료나 노인 요양은 있지만 서로 연결되는 바가 없어 제각기 공급되기 때문이다.

87 서구에서 병원이라는 명칭은 환자를 입원시켜 숙식과 함께 의료서비스를 제공하는 곳을 뜻한다. 그러므로 아슬의 세 번째 사업 범주인 병원의료는 병원에서 입원환자에게 시행하는 의료와, 여기에 응급의료를 더해 부르는 명칭이다. 병원이 시행하는 외래진료는 동네의료로 분류돼 병원의료에 넣지 않는다.

88 세계보건기구나 OECD 같은 국제기구에서도 보건의료에 관련해서는 이 용어를 거의 쓰지 않는다. 다만 사전적으로 territory에는 '지역'의 뜻도 있어, 미국·캐나다·오스트레일리아에서 주state의 지위를 가지지 못한 준주(準州)를 가리킬 때 쓰인다고 한다(다음 영어사전, 2018.3.5).

89 WHO (2004). *A Glossary of Terms for Community Health Care and Services for Older Persons*. p.16.

90 Ferré 외. 앞의 책. pp.59-60.

91 우리나라의 건강보험 진료에는 무상의료가 없다. 의원에서든 병원에서든 외래진료든 입원진료든 어떠한 의료를 받든지 환자가 본인부담금을 내야 하며 특히 대학병원에서 입원진료를 받는 환자는 상당한 금액을 부담해야 한다. 다만, 환자가 기초생활보장 수급자이면 일부 범위에서 무상의료를 받는다.

92 서구에서는 입원 병동이 없이 외래진료만 하는 의료기관은 병원이라 하지 않는다. 그래서 이탈리아의 동네 외래진료센터가 상당한 규모를 갖춘 의료기관이지만, 입원하는 곳이 아니므로 병원이라 부르지 않는다.

93 혈액검사를 위해 채혈한 검체는 병원의 진단의학검사실로 이송된다. 볼로냐 아슬에서는

직영병원인 마조레 종합병원이 모든 동네 외래진료센터에서 보낸 검체를 검사한다.

94 서울특별시 서울정보소통광장. 서울시 보건소 및 보건분소 현황 (2018. 1 기준). http://opengov.seoul.go.kr/public/14471195 (접속 2018.3.5)

95 이탈리아에서 사망 원인 중 제1위가 허혈성 심장질환, 제2위가 뇌졸중이었다(2012년). 두 가지 모두 심혈관계 질환이라는 공통점이 있다.

96 영어는 이와 다르다. 산부인과 의사가 Obstetrician, 조산사가 Midwife로, 의사와 조산사의 명칭이 확연히 달라 이탈리아어에서와 같은 공통점이 없다.

97 이탈리아에서 임신중절은 수술실을 갖춘 병원에서 시행되므로 가족상담실에서 직접 하지 않고 병원으로 의뢰한다.

98 Regione Emilia-Romagna (2017). *Il Servizio sanitario regionale dell' Emilia-Romagna, Le strutture, la spesa, le attivita al 31.12.2015.* pp.29-30.

99 OECD (2017). 앞의 책. pp.48-49.

100 Regione Emilia-Romagna (2009). *Il Servizio sanitario regionale dell' Emilia - Romagna, Le strutture, la spesa, le attivita al 31.12.2007.* pp.59-60.

101 대처는 1979년부터 1990년까지 영국 총리로 있으면서, 시장경제를 강화하고 정부 기능을 줄이려고 수도, 전기 등 주요 국영 기업을 민영화했고 복지 대상자의 심사를 엄격히 해 교육, 주거 등 복지 혜택을 감축했다. 경제 호황의 밑바탕을 마련했다는 인정을 받기도 하나 한편으로 빈부 격차, 지역 격차를 키우고 영국 제조업의 붕괴를 초래했다는 비판을 동시에 받고 있다.

2008년에 일어난 경기 침체로 경제적 타격이 컸어도 이탈리아 국영의료 정책 전반에 큰 변화는 없었다. 가브리엘레는 이와 같은 총괄적 시각을 반영해 답했다. 그러나 20개 주 각각을 보면 민영화 움직임이 전혀 없다고 할 수는 없다. 대표적인 주가 북부의 롬바르디아로, 1990년대 후반부터 민영화를 지속적으로 추진해 주 내 병상의 50%를 사립병원이 공급하기에 이르렀다 (2017년 통계).

102 퍼트넘. 앞의 책. 193-255쪽.

103 서늘한여름밤 (2016.11.25). 〈정신건강, 지역센터 도움이 절실하지만〉. 《한국일보》. http://www.hankookilbo.com/News/Read/201611251068682932 (접속 2018.11. 11)

104 구역 어린이 의사는 에밀리아로마냐주에서만 볼 수 있는 직책이다. 아슬마다, 아슬의 세부 구역마다 이 의사가 있다. 아이들에게 필수 예방접종을 해주고 학교생활을 지원한다. 만성 질환인 다운증후군, 뇌성마비, 당뇨병 등을 앓는 학생이 입학하면 개인별 상황을 고려해 돌봄 계획을 세워 학교생활을 돕고 필요한 보조기를 제공한다. 학생의 일차의료 의사나 병원 의사와도 협력한다.

우리나라에는 이런 의사가 없다. 보건소에 예방접종을 담당하는 의사가 있지만, 접종 전에 아이를 진찰할 뿐이고 학교생활에는 관계하지 않는다. 학교에서 의료인은 보건교사뿐인데 간호사 자격이 있는 보건교사가 혼자서 할 수 있는 일은 매우 제한적이다.

105 내과계 구성에 소화기내과 진료실이 드물고, 그래서 위내시경실도 드물다. 우리나라와 일본에는 위염이나 위암에 환자가 많아 내과에 가장 먼저 설치하는 검사실이 위내시경실이지만, 유럽에는 이 분야에 환자가 많지 않아 소화기내과가 흔치 않다.

106 병원에 소속된 전문의는 이와 다르다. 그 신분이 병원에 고용된 직원이고, 보수도 정해진 월급으로 받는다.

107 Regione Emilia-Romagna (2014). Bologna apre la Casa della salute Borgo-Reno. http://salute.regione.emilia-romagna.it/news/ausl-bo/al-via-la-casa-della-salute-borgo-reno (접속 2017.12.30)

108 건강의집은 에밀리아로마냐주에 가장 많고, 토스카나주가 그 뒤를 잇는다. 이 외에 북부의 베네토주, 중부의 움브리아주, 라치오주에도 건강의집이 몇 군데 있다.

109 Legge 23 dicembre 1978, n.833. Articoli 34-35.

4.병원의료

110 Policlinico S. Orsola-Malpighi. How to book visits or specialized health care services. http://www.aosp.bo.it/content/to-book-visits-or-medical-specialized-performances (접속 2016.4.22)

111 서울대학교병원. 예약 안내. http://www.snuh.org/pub/ihosp/sub01/sub02/ (접속 2016.8.23)

112 이 회사의 누리집에 접속해 조직도를 펼치면 부서별 감독급 직원의 이력서를 보여 준다. 경력, 학력, 외국어 능력까지 나와 있다.

113 볼로냐 아슬이 일찍이 1990년에 쿠프의 예약을 전산화했다. 그러나 이때 예약 대상은 볼로냐에 있는 의료기관에 한정되었다. 대상을 넓히려면 아슬이 직영하는 의료기관 너머, 아슬이 담당하는 지역 경계 너머에 있는 의료기관의 예약 정보에까지 접근해야 하는데 이는 아슬의 권한을 넘어서는 일이기 때문이다.

114 1946년에 설립된 이탈리아 국영 항공사. 2008년에 민영화했으나 여전히 이탈리아를 대표하는 항공사로 여겨진다.

115 전문의가 우리나라 전체 의사의 81%로 8만 명이 넘는다(〈국가통계포털〉. 2018년 1/4분기). 그래서 큰 병원은 진료실마다 전문과를 표시하고 개인 의원도 원장이 무슨 과 전문의인지를 대부분 표시한다. 그러나 표시하는 과와 실제 진료가 꼭 일치하는 것은 아니다. 외과 전문의가 내과 분야의 진료를 하거나 산부인과 전문의가 피부과 분야의 진료를 하기도 한다. 이렇게 진료하는 데 법적 문제는 없다. 의사 자격이 있다면 어떤 진료든 할 수 있게 의료법에서 허용하기 때문이다.

116 의료 이용에 관련해 우리나라에서는 많은 정보가 건강보험 데이터에서 나온다. 의료기관이 보험 진료비를 지급받으려고 작성한 청구서가 그 데이터의 원천이다. 환자의 진단명, 진료

내용, 재료의 단가 등, 수많은 항목이 깨알같이 적혀 있다. 그러나 진료비 계산이 목적인 만큼 청구서의 모든 항목은 비용에 관련될 뿐이다. 진료한 의사의 전문과가 무엇인지, 진료 내용이 그 전문 분야에 일치하는지 등을 기재할 의무는 마취 등 극소수 영역 외에는 없다.

117 우리나라 병원에서는 진단서, 소견서 등을 써준다. 그러나 이는 수신자가 가정의가 아니며, 요구하는 환자에게만 발급되고 비용을 환자가 부담해야 하는 것으로, 이탈리아의 퇴원 보고서와 성격이 다르다.

118 우리나라 의료에서 '정보화'는 병원 단위로 분리되어 있다. 즉, 병원 안에서 환자 접수와 진료비 수납을 전산으로 하고 영상검사에 디지털 기계를 쓰고 처방과 수술 기록을 전자 문서로 서버에 저장하는, 병원 울타리 안에 머무는 정보화다. 기관끼리 연결하는 정보화는 응급의료, 감염병, 예방접종 등 극히 일부 분야에서 보건복지부와 관련된 네트워크에 한정된다.

119 전문의 외래진료나 검사를 받으려면 본인부담금을 내야 하지만, 다음의 환자에게는 면제된다. 65세 이상의 노령이면서 가족의 소득이 일정 기준보다 적은 환자, 실직자, 임신한 여성, 만성질환자나 희귀질환자, 장애인, 산재 환자, HIV 환자, 장기 기증자다. 면제 기준이 단순하지 않으므로 본인이 면제 대상인지를 아슬의 행정 부서에서 확인받아야 한다.

120 병원 등 의료기관이 보관하는 진료기록부에는 그 기관이 환자에게 시행한 의료에 관련된 모든 기록이 담겨 있다. 의사와 간호사의 기록지는 물론이고 검사 결과 등이 빠짐없이 포함된다. 이 기록부는 환자의 의료정보인 동시에 그 기관이 수행한 업무의 과정과 결과를 입증하는 자료다. 따라서 기록부를 관리하는 권한이 병원에 있어, 환자가 열람하려 해도 병원의 허가를 받아야 한다. 그 내용을 변경, 삭제할 권한은 누구에게도 없다.

121 2012년에 제정된 법률 221번이 온라인 건강문서집에 대한 환자의 권한을 보장한다.

122 Regione Emilia-Romagna. Fascicolo sanitario elettronico. (방문해서 받은 자료 2015.10.28)

123 길드는 중세에 유럽 도시의 장인과 상인이 직업별로 결성한 조합이다. 업종의 경제 활동을 보호해 조합원의 공존·공영을 도모했으며 병들거나 장애가 있는 조합원을 위해 기금을 운용하는 등 상호부조에도 힘을 기울였다. 자치 행정을 맡은 시의회를 보조하는 방식으로 도시 행정에도 참여했다.

124 로젠. 앞의 책. 34-41쪽, 52-60쪽.

125 Legge 12 febbraio 1968, n. 132. Enti ospedalieri e assistenza ospedaliera.

126 가톨릭 사제가 병원에 소속되어 미사 등 종교의식을 진행한다.

127 Ministero della Salute (2016). *Annuario Statistico del Servizio Sanitario Nazionale, assetto organizzativo, attivita e fattori produttivi del SSN, Anno 2013*. pp.44-45. http://www.salute.gov.it/imgs/C_17_pubblicazioni_ 2536 _allegato.pdf

128 Ministero della Salute. Assistenza ospedaliera. https://www.salute.gov. it/portale/salute (접속 2018.6.16)

129 Azienda Unita Sanitaria Locale di Bologna (2017, August 31). Regolamento di Organizzazione Aziendale Parte II ORGANIGRAMMI. pp.4-5, pp.24-38. https://www.ausl.bologna.it/asl-bologna/staff/so-form/sopf-trasparenza/organigramma-statico (접속 2018.8.20)

130 Azienda Unita Sanitaria Locale di Bologna (2019). I dipartimenti di produzione ospedaliera. https://www. ausl.bologna.it/asl-bologna/Dip (접속 2019.8.20)

131 Azienda Unita Sanitaria Locale di Bologna (2016). Dipartimento Chirurgico. https://www.ausl.bologna.it/asl-bologna/Dip/DC/index_html (접속 2018.8.20)

132 Azienda Unita Sanitaria Locale di Bologna. (2016). Il dipartimento Medico. https://www.ausl.bologna.it/asl-bologna/Dip/dipartimento-medico/index_html (접속 2018.8.20)

133 Azienda Unita Sanitaria Locale di Bologna (2019). Il dipartimento Servizi. https://www.ausl.bologna.it/asl-bologna/Dip/dipartimento-servizi/index_html (접속 2019.8.20)

134 Azienda Unita Sanitaria Locale di Bologna (2016). Il dipartimento Onco-logico, https://www.ausl.bologna.it/asl-bologna/Dip/dipartimento-onco logico /index_html (접속 2018.8.20)

135 응급부는 특별히 거점과 지점 방식으로 운영한다. 높은 전문성을 보유한 마조레 병원의 전문 의료진이 여러 작은 병원에서 시행되는 구급 의료를 기술적으로 지원하는 방식이다. Azienda Unita Sanitaria Locale di Bologna (2016). Il dipartimento di Emergenza Urgenza. https://www.ausl.bologna.it/asl-bologna/Dip/dipartimento-emergen za/index_html (접속 2018. 8.20)

136 Azienda Unita Sanitaria Locale di Bologna (2017). Il dipartimento Materno Infantile. https://www.ausl.bologna.it/asl-bologna/Dip/dip-materno/index_html (접속 2018.8.20)

137 Ministero della Salute (2016).

138 Azienda Unita Sanitaria Locale di Bologna (2018). L'Azienda USL di Bologna. https://www.ausl.bologna.it/asl-bologna (접속 2019.2.13); Regione Emilia-Romagna (2017). *Il Servizio sanitario regionale dell' Emilia-Romagna, Le strutture, la spesa, le attivita al 31.12.2015*. Assessorato politiche per la salute, 10.

139 Ministero della Salute (2016).

140 Policlinico S. Orsola-Malpighi. About us. https://www.aosp.bo.it/content/who-we-are (접속 2019.2.13)

141 Lo Scalzo 외. 앞의 책. pp.66-69, pp.76-77.

142 포괄수가란 환자를 진단명, 수술명, 연령, 성별, 중증도에 따라 그룹(DRG; Diagnosis Related Groups, 진단명 기준 그룹)으로 나누고 그룹별로 미리 정해둔 진료비를 지급하는 수가 체계다. 입원일수, 약, 주사, 검사의 종류나 횟수가 어떠하든 묶음으로 정해진 금액이 지급된다는 점에서 '포괄'이라 부른다. 환자에게 시행한 검사나 투여한 약이 무엇이든 관계없이, 입원을 얼마나 오래 했든 관계없이, 진단명에 따라 일정한 금액이 지급되므로 병원에게 스스로 비용을 절감할 동기를 부여한다. 우리나라 건강보험에서는 제왕절개, 백내장, 치질 등 7개 질환의 진료비를 이 포괄 수가로 지급한다. 그 외 대부분의 질환에서는 진찰, 검사, 시술 등 의료 행위와 소모되는 재료에 각각 단가를 매겨 진료비를 계산하는 행위별 수가제를 적용한다.

143 Ministero della Salute (2016).

144 Istituto Ortopedico Rizzoli. Who we are. http://www.ior.it/en/il-rizzoli/who -we-are (접속 2019.2.14)

145 Lo Scalzo 외. 앞의 책. pp.77-80.

146 여기에는 새로운 의료 공급자의 진입을 무제한 허용하지 않고 지역에 필요한 만큼만 받아들이려는 의도가 담겨 있다.

147 Ferré 외. 앞의 책, pp.32-33, pp.65-66.

148 Ministero della Salute (2016).

149 Ministero della Salute. Assistenza ospedaliera. http://www.salute.gov.it/ portale/lea/menuContenutoLea.jsp?lingua=italiano&area=Lea&menu= ospedaliera (접속 2020.8.21) ; Regione Emilia-Romagna. Ospedali. https://salute. regione.emilia-romagna.it/assistenza-ospedaliera/ospedali (접속2018.8.21)

150 Lo Scalzo 외. 앞의 책. p.122.

151 Ministero della Salute (2017). *Rapporto annual sull'attività di ricovero ospedaliero, Dati SDO 2016.* http://www.salute.gov.it/imgs/C_17_ pubblicazioni _2651_allegato.pdf (접속 2020.8.21)

152 Azienda Unita Sanitaria Locale di Bologna (2019). Tempi medi di erogazione dei servizi. https://www.ausl.bologna.it/amministrazione-trasparente/servizi-erogati/liste-di-attesa (접속 2019.6.2)

153 병원 퇴원 카드와 퇴원 보고서는 다르다. 퇴원 보고서는 병원 의사가 환자의 일차의료 의사에게 보내는 편지지만, 병원 퇴원 카드는 환자의 정보를 국가가 수집할 수 있도록 코딩용 기호를 써넣은 전산 카드다. 물론 두 가지 모두 환자의 입원 진료를 담당한 의사가 작성한다는 점에서는 같다.

154 Ministero della Salute (2018). La scheda di dimissione ospedaliera (SDO). http://www.salute.gov.it/portale/temi/p2_6.jsp?id=1232&area=ricoveri Ospedalieri&menu=vuot (접속 2019.2.14)

155 우리나라에서는 이탈리아의 병원 퇴원 카드에 해당하는 것이 '퇴원 요약지'인데 이에

관해서 통일된 서식이 없다. 요약지를 작성하도록 병원에 권고하나 이를 국가가 수집하지는 않는다. 대신에 우리나라에서는 건강보험 진료비 청구서를 통해 퇴원 환자에 관한 정보를 간접적으로 수집한다.

156 OECD (2017). *Italy: Country Health Profile 2017.* State of Health in the EU. OECD Publishing. Paris/European Observatory on Health Systems and Policies. Brussels. pp.9-10.

157 이탈리아에서 일차의료 단계에는 반드시 등록된 가정의에게 진료받아야 하지만, 의사가 검사 처방이나 입원 의뢰서를 내준 다음에는 환자가 전국 어느 의료기관이든 이용할 수 있다.

158 Lo Scalzo 외. 앞의 책. pp.118-121.

159 Ministero della Salute (2017). pp.5-7.

160 OECD Stat. Health, Health Care Resources: Hospital beds. https://stats. oecd.org (접속 2018.12.30)

161 Conferenza delle Regioni e delle Province autonome (2014). Health pact 2014-2016. http://www.regioni.it/newsletter/n-2539/del-16-07-2014/patto-della-salute-2014-2016-il-testo-12784 (접속 2019.2.14)

162 유희진 (2009.4.2). 〈미국 큰언니 출산 때 하룻밤 진료비 2000만 원〉. 《경향신문》. http://news.khan.co.kr/kh_news/khan_art_view.html?art_id=200904021756535 (접속 2018.9.10)

163 2015-2017년에 서울에서 출산한 산모 7명의 경험을 종합하면 자연 분만에 60-120만 원, 제왕절개에 100-200만 원을 퇴원비로 냈다. 임신부는 정부의 진료비 이용권(국민행복카드)을 받아 50만 원까지 쓸 수 있지만(2018년 현재), 임신 중 비급여 검사에 상당한 돈이 들어 출산에는 따로 돈을 써야 한다.

164 산모가 병원에 내는 돈 대부분이 비급여 진료비다. 1인 병실이 하루에 25-30만 원, 신생아 청각 선별 검사에 8만 원, 선천성 대사 이상에 관한 추가 검사 60종에 10만 원, 산모의 영양제 주사에 몇만 원이 든다. 여기에 산후조리원을 2주간 이용하면 300만 원 안팎에서 많게는 1,000만 원이 더 든다.

165 G. Corso, P. Veronesi, V. Sacchini, V. Galimberti, & A. Luini (2017, Jun 8). The Veronesi quadrantectomy: an historical overview. *ecancermedical science*, 743.

166 우리나라에서도 2017년부터 하모닉 스칼펠이 건강보험 급여에 포함돼 환자의 부담이 크게 줄었다.

167 이탈리아의 소득세율은 우리보다 높다. 국세청의 〈2014 이탈리아 세무 안내〉에 따르면 연 75,000유로(약 1억 원) 이상의 소득에 대해 최고 43%의 세율이 적용된다. 15,000유로(2천만 원) 이하에는 23%, 15,001-28,000유로(2천만 원-3천6백만 원)에 27%, 28,000-55,000유로(3천6백만 원-7천2백만 원)에 38%, 55,001-75,000유로(7천2백만 원-1억 원)에 41%이다. 서유럽 국가별로 견주면 중간 정도의 세율이다.

168 〈Lab24〉의 실시간 상황판에서 이탈리아의 코로나19 현황을 알 수 있다. 유행이 시작된 때부터 날짜별로 주별, 지역별 환자 수와 사망자 수를 보여 준다. https://lab24.ilsole24ore. com/coronavirus/

169 Annalisa Malara (2020, Mar 25). Diagnosing the first COVID-19 patient in Italy - Codogno, Italy. *ESC(European Society of Cardiology)*. https://www.escardio. org/Education/COVID-19-and-Cardiology/diagnosing-the-first-covid-19-pati ent-in-italy-codogno

170 *Il Post* (2020, February 24). Le cose da sapere sul coronavirus in Lombardia. Milano. https://www.ilpost.it/2020/02/24/coronavirus-lombardia/

171 Redazione (2020, January 31). Effetto Coronavirus, a Bergamo l'interscambio con la Cina vale 1 miliardo di euro. *la Rassegna.it*. Bergamo. https://www. larassegna.it/2020/01/31/coronavirus-limpatto-sulle-imprese-lombarde-a-ber gamo-linterscambio-vale-1-miliardo-di-euro/ (접속 2020.6.10)

172 마크 로웬 (2020.2.26). 〈코로나19: 대규모 격리 조치, 공포에 휩싸인 이탈리아〉. *BBC NEWS 코리아*. https://www.bbc.com/korean/news-51640059 (접속 2020.6.10)

173 *La Stampa* (2020, March 22). Coronavirus, Fontana: "In Lombardia siamo allo stremo." A Milano albergo requisito per la quarantena. Torino. https://www. lastampa.it/milano/2020/03/22/news/coronavirus-fontana-in-lombardia-siam o-allo-stremo-a-milano-albergo-requisito-per-la-quarantena-1.38624173 (접 속 2020.6.10)

174 JTBC News (2020.3.18.). 〈'죽음의 도시'된 이탈리아 베르가모… 하루 평균 55명 사망〉. https://www.youtube.com/watch?v=gC4ChdWdczg (접속 2020.6.10); Gianluca Ferrara (2020, April 17). Coronavirus, da parlamentare e cittadino credo si debba porre fine allo scempio in Lombardia. *Il Fatto Quotidiano*. Roma. https://www.ilfattoquotidiano.it/2020/04/17/coronavirus-da-parlamentare-e-cittadino-credo-si-debba-porre-fine-allo-scempio-in-lombardia/5773918/ (접 속 2020.6.10)

175 전성훈 (2020.4.9). 〈환자 구하다 목숨 잃는 이탈리아 의사들… 감염 사망 100명 넘어〉. 《연합뉴스》; Giampaolo Visetti (2020, March 3). Coronavirus, il primario di Codogno: "Ore decisive, se il contagio si allarga sarà dura". *la Repubblica*. Roma. https://www.repubblica.it/cronaca/2020/03/03/news/_cosi_abbiamo_scovato _il_virus_ora_tre_giorni_per_la_verita_-250165356/ (접속 2020.6.10)

176 Ferré 외. 앞의 책. p. 24, p.31, p.42, p.122.

177 Di Carlo Ruggiero (2020, March 17). Sanità privata? Non per le emergenze. *Colletiva*. Roma. https://www.collettiva.it/copertine/italia/2020/03/17/news/

sanita_privata_non_per_le_emergenze-90806/ (접속 2020.6.10)

178 OECD Stat. Health, Health Care Resources: Hospital beds, Per 1,000 population. https://stats.oecd.org (접속 2020.5.21)

179 SIAARTI (2020.3.6). *Raccomandazioni di etica clinica per l'ammissione a trattamenti intensivi e per la loro sospensione, in condizioni eccezionali di squilibrio tra necessità e risorse disponibili* version 01.

180 손진석 (2020.4.15). 〈치명률 13%··· 코로나에 민낯 드러낸 영국 공공의료〉. 《조선일보》. https://news.chosun.com/site/data/html_dir/2020/04/15/2020041500125.html ; 배재호 (2020.4.17). 〈유럽 코로나19 대응 실패에서 드러난 '무상의료' 찬양은 그만··· 저수가에서 필수 의료진 과로 문제 해결할 때〉. 《메디게이트뉴스》. https://www.medigatenews.com/news/909244341; 김윤종·이윤태. (2020.5.5). 〈英 코로나 사망자, 伊 넘어설듯··· '저비용 국영의료' 허점 드러내〉. 《동아일보》. https://www.donga.com/news/Inter/article/all/20200505/100908609/1

181 Mukul Kesavan (2020.4.4) Fatal exceptionalism and lack of humility to learn from the Asian example. *The Telegraph*. Kolkata. https://www.telegraphindia.com/opinion/fatal-exceptionalism-and-lack-of-humility-to-learn-from-the-asian-example/cid/1762064 (접속 2020.6.10)

182 박대진 (2020.4.20). 〈적폐 비판받던 대한민국 과잉의료 오히려 '효자'〉. 《데일리메디》.

183 의사 숫자가 영국에서 인구 천 명당 2.8명, 독일 4.3명, 이탈리아 4.0명이고 OECD 평균은 3.4명인데 우리나라에서는 2.3명으로 가장 적다. 간호사 숫자도 영국에서 인구 천 명당 7.8명, 독일 12.9명, 이탈리아 5.8명이고 OECD 평균은 9.0명인데 우리나라에서는 6.9명으로 하위권에 머무른다. 반면에 병상은 우리나라에서 인구 천 명당 12.3개로 OECD 평균인 4.7개의 거의 세 배에 달한다(2017년). 한국보건사회연구원 (2019). 《OECD Health Statistics 2019》. 68-73쪽.

26쪽 JPD COMPANY (2018.2.21). 성제환 교수와 함께 떠나는 르네상스 예술여행 7편 - 피렌체 팔라초 베키오(시청사) 피렌체 공화정 탄생의 흔적들. [Video]. YouTube. https://youtu.be/e3nb_4wW65I (한국어)

Comune di Firenze (2020). Feel Florence. http://www.firenzeturismo.it/en (영어, 피렌체 관광청 누리집)

29쪽 Azienda ospedaliero-universitaria Meyer (2019.7.17). M+ | Meyer Children's Hospital. [Video]. YouTube. https://youtu.be/RVOTFyInwJQ (영어 자막, 메이에르 어린이병원 발전 계획)

30쪽 Fondazione Meyer (2018.4.4). Il Meyer per Amico 2018. [Video]. YouTube. https://youtu.be/okeBSQJTf2I (이탈리아어, 2018년 2월 24일 메이에르 어린이병원 무료 개방일 행사)

32쪽 Fondazione Meyer (2016.10.12). Ospedale Pediatrico Meyer. [Video]. YouTube. https://youtu.be/vPEy4_6D9sw?t=60 (이탈리아어, 메이에르 어린이병원 신생아중환자실)

33쪽 Roberta Rezoalli (2014.11.27). Spazio dello Spirito: esperienza del Meyer [PDF]. http://allegati.usl4.toscana.it/dl/20150127085914686/spazio_spirito_Meyer_Rezoalli.pdf (이탈리아어, 메이에르 대학병원 홍보실 발표 자료 '성령의 공간: 메이에르'의 경험).

40쪽 La Passione di Sordevolo (2019.3.11). Promo Passione di Sordevolo 2020(EN). [Video]. YouTube. https://youtu.be/swTugT6ahYk (영어, 2020 〈그리스도 수난극〉 예고편)

43쪽 Nicolò CANEPARO (2009.9.11). MOUNTAINS: Trekking Monte Camino e Monte Mucrone. [Video]. YouTube. https://youtu.be/qyGNTO1A94E (이탈리아어, 카미노산과 무크로네산 등반)

Biella Cronaca (2016.6.28). Le emozioni della Biella Monte Camino. [Video]. YouTube. https://youtu.be/PdA1LtCfe1k (이탈리아어, 비엘라 카미노산 달리기 대회)

45쪽 Comune di Biella (2019). [Website]. http://www.biellacittacreativa.it/en (영

어, 비엘라 유네스코 세계유산 공예과 민속예술 창의도시)

46쪽 전순란 (2015. 8. 30). "좋은 정보 감사합니다." 〈지리산 휴천재 일기〉. [블로그]. http://bitly.kr /sdvlnjtzz4Os http://donbosco. pe.kr/xe1/?mid=jun_diary &search _target=title&search_keyword=%EC%A2%8B%EC%9D%80+%EC%A0%95%EB%B3 %B4& document_srl=285774

56쪽 EBSDocumentary (2014.1.22). 세계테마기행: 이탈리아 문명기행 3부, 지중해의 심 장, 시칠리아_ #004. [Video]. YouTube. https://youtu.be/69d3lL3miY8
https://www.ebs.co.kr/tv/show?prodId=391&lectId=10165929 (전편)

66쪽 AVM/Actv Venezia (2016.10.13). Actv Venezia. [Video]. YouTube. https:// youtu.be/5UmfqNohckg (이탈리아어, 베네치아 대중교통)

76쪽 Artemka (2013.4.29). Maps of Italian Risorgimento. [Gif]. Wikimedia Commons. https://commons.wikimedia.org/wiki/File:Italian-unification.gif (영어, 이탈리아 통일 지도 1829-1871)

83쪽 voglio10storia. Il Biennio Rosso. [Video]. YouTube. https://youtu.be/ 1Ktmw2kUv-E (이탈리아어, '붉은 2년'에 관한 짧은 다큐멘터리)

89쪽 International Gramsci Society (2012.7.21). Gramsci: Everything that Concerns People. [Video]. YouTube. https://youtu.be/51DhvS9abyI (영어, 스코틀랜 드 '채널4' 다큐멘터리 〈그람시〉)

Casa Museo di Antonio Gramsci (2017). https://www.casamuseogramsci.it/en/ (영어, 안토니오 그람시 하우스박물관 누리집)

144쪽 youngatheart chorus (2013.3.28). Young@Heart Chorus "Fix You." [Video]. YouTube. https://youtu.be/G-e8LGMPTtE

185쪽 Bologna Welcome (2015.11.22). A Day in Bologna. [Video]. YouTube. https://youtu.be/cJj57iXlIqw

213쪽 히로인TV HEROINE (2016.9.1). 마이클 무어의 where to invade next 이탈리아. [Video]. YouTube. https://youtu.be/QXaPPXqjsDE [원작] 마이클 무어 (2015). 〈다음 침공은 어디〉(119분. 두카티 본사가 나오는 장면 10:52-13:12)

227쪽 vistadavicino (2014.9.25). Quando c'è La Casa della Salute c'è Tutto. https://youtu.be/7KOMiPnKWR4 (이탈리아어, 건강의집 소개)

256쪽 CUP 2000 ScpA (2018.12.14). E-Care: una rete per comunicare. [Video]. YouTube. https://youtu.be/8JycyCyv Zl0 (이탈리아어, 이케어: 통신망)

258쪽 CUP 2000 ScpA (2018.12.14). Rete SOLE: dalla rete dei Medici alla realizzazione del Fascicolo sanitario personale (2009). [Video]. YouTube. https://youtu.be/iBHCntv_BYw (이탈리아어, SOLE 망).

285쪽 calotteamay (2013.11). NAPOLI E DINTORNI - il complesso degli

INCURABILI. [Video]. YouTube. https://youtu.be/xPhvgoP0nEE (이탈리아어, 나폴리 의료와 약국역사 박물관 소개)

Museo Arti Sanitarie http://www.museoartisanitarie.it (의료와 약국역사 박물관 누리집)

323쪽 JTBC News (2020.3.18). '죽음의 도시' 된 이탈리아 베르가모…하루 평균 55명 사망. [Video]. YouTube. https://youtu.be/gC4ChdWdczg

Ruptly (2020, April 5). Italy: Army collects coffins for cremation from depository in village near Bergamo. [Video]. YouTube. https://youtu.be/6Fgki7jrnrM (이탈리아어, 베라가모 인근 마을에 마련된 임시 안치실에 있는 관을 인근 도시 화장장으로 이송하는 이탈리아 군인들)

332쪽 Ruptly (2020, March 22). Italy: Hospital sets up triage tents as coronavirus strains resources. [Video]. YouTube. https://youtu.be/3u84-JFWKHI (영어, 롬바르디아주 브레시아 종합병원 임시 환자분류소)

335쪽 Globan News (2020.3.14). Coronavirus outbreak: Italian residents join together to sing from balconies during lockdown. [Video]. YouTube. https://youtu.be/x_rLw6SCSmE (이탈리아어, 코로나19 감염을 막기 위해 내려진 봉쇄 조치 기간에 발코니에서 이탈리아 국가를 부르는 주민들)

339쪽 K국토교통부 (2020.7.7). [#국민덕분에] 힘내라~! 대한민국~~!! 드론플래시몹 [Video]. YouTube. https://youtu.be/yW7xtMYojR4

KBS VOD (2020.8.2). 바이러스가 묻다(2회 코로나 200일의 기록 '바이러스와 국가'). [Video]. http://bitly.kr/CbajElYBN38

단행본·논문·신문기사

그람시, 안토니오 (2004). 《남부 문제에 대한 몇 가지 주제들 외》. 김종법 옮김. 책세상. (원서출
　　　판 1919-1926)

_____ (2000). 《감옥에서 보낸 편지》. 양희정 옮김. 민음사. (원서출판 1973)

김경석 (2014). 《메이드 인 이탈리아》. 21세기북스.

김금수 (2009). 〈자본주의 국가들의 경제위기와 파시즘의 대두(2)〉. 《노동사회》, 145, 116 -
　　　129쪽.

김시홍 (2010). 〈이탈리아계 미국이민과 정체성 변화〉. 《이탈리아어문학》, 31, 31-55쪽.

_____ (2011). 〈이탈리아 통일 150년: 민족, 국가 그리고 Fare gli Italiani〉. 《이탈리아어문
　　　학》, 34, 23-47쪽.

김용욱·정기동 (1986). 〈유로코뮤니즘의 形成背景과 그 이데올로기上의 特徵〉. 《현대이념연
　　　구》, 창간호, 19-34.

김윤종·이윤태 (2020.5.5). 〈英 코로나 사망자, 伊 넘어설듯… '저비용 국영의료' 허점 드러내〉.
　　　《동아일보》. https://www.donga.com/news/Inter/article/all/20200505/
　　　100908609/1

김인영 (2018.8.20). 〈소련군 탱크에 짓밟힌 '프라하의 봄'〉. 《오피니언뉴스》. http://www.
　　　opinion news.co.kr/news/articleView. html?idxno=10903 (접속 2019. 7.18)

김종법 (2003). 〈이탈리아 노동운동사 6, 노동운동의 합법화와 68운동〉. 《노동사회》, 77,
　　　90-101쪽.

_____ (2003). 〈이탈리아 시민사회의 전개와 현재〉. 《시민사회와 NGO》, 1(2), 189-213쪽.

_____ (2007). 〈좌우동거의 기묘한 불안정한 양당제 국가 이탈리아〉. 미네르바 정치연구회
　　　편. 《지구촌의 선거와 정당》. 한국외국어대학교출판부. 434-465쪽.

_____ (2007). 〈이탈리아 권력구조 전환가능성과 시도: 연방주의와 대통령제로의 전환모색〉.
　　　《세계지역연구논총》, 25(3), 353-373쪽.

_____ (2012). 《천의 얼굴을 가진 이탈리아》. 학민사.

김종법·임동현 (2018). 《이탈리아역사 다이제스트100》. 가람기획.

김현우 (2005). 《안토니오 그람시, 옥중수고와 혁명의 순교자》. 살림출판사.

김효신 (2007). 〈이탈리아 파시즘과 일본 파시즘 비교 소고〉. 《이탈리아어문학》, 21, 25-64쪽.

로웬, 마크 (2020.2.26) 코로나19: 대규모 격리 조치, 공포에 휩싸인 이탈리아. 〈BBC NEWS 코리아〉. https://www.bbc.com/korean/news-51640059 (접속 2020.6.10)

로젠, 조지 (2009). 《보건과 문명》. 이종찬·김관욱 옮김. 몸과마음. (원서출판 1958)

박광준 (2013). 《사회복지의 사상과 역사》. 양서원.

박대진 (2020.4.20). 적폐 비판 받던 대한민국 과잉의료 오히려 '효자. 〈데일리메디〉.

박수지·김보영·김형용·박수잔·박혜미·윤성원·최연혁·홍이진·김가희·이주연 (2014). 《사회서비스정책 비교 연구 - 사회보장정책 비교연구 5차년 과제》. 한국보건사회연구원.

박영신 (2004.7.3). '바티스티'에게 미래는 없는가. 《오마이뉴스》. http://www.oh mynews.com

배재호 (2020.4.17). 유럽 코로나19 대응 실패에서 드러난 '무상의료' 찬양은 그만...저수가에서 필수 의료진 과로 문제 해결할 때. 〈메디게이트뉴스〉. https://www.medigatenews.com/news/909244341

백재중 (2018). 《자유가 치료다》. 건강미디어협동조합.

서늘한여름밤 (2016.11.25). 〈정신건강, 지역센터 도움이 절실하지만〉. 《한국일보》. http://www.hankookilbo.com/News/Read/201611251068682932 (접속 2018.11.11)

서영지·한소은 (2016.10.31). 〈최순실 씨 저녁 곰탕 식사 거의 다 비워〉. 《한겨레신문》.

서울특별시 서울정보소통광장. 서울시 보건소 및 보건분소 현황 (2018. 1 기준). http://open gov.seoul.go.kr/public/14471195 (접속 2018.3.5)

손진석 (2020.4.15). 〈치명률 13%… 코로나에 민낯 드러낸 영국 공공의료〉. 《조선일보》. https://news.chosun.com/site/data/html_dir/2020/04/15/2020041500125.html

유희진 (2009.4.2). 〈미국 큰언니 출산 때 하룻밤 진료비 2000만 원〉. 《경향신문》. http://news.khan.co.kr/kh_news/khan_art_view.html?art_id=200904021756535 (접속 2018.9.10)

이선필 (2012). 〈밀라노: 이탈리아 정치의 조연에서 주연으로〉. 《통합유럽연구》, 5, 63 -83쪽.

이현지·오승환·장철훈 (2017). 〈진단검사의학의 기원과 역사〉. 《LMO Lab Med Online》, 7(2), 53-58쪽.

이홍구 (1981). 〈유로코뮤니즘과 南歐政治 : 이탈리아 共産黨의 歷史的 妥協의 意義〉. 《사회과학과정책연구》, 3(2), 1-12쪽.

전성훈 (2020.4.9). 〈환자 구하다 목숨 잃는 이탈리아 의사들…감염 사망 100명 넘어〉. 《연합뉴스》. https://www.yna.co.kr/view/AKR20200409198200109

전순란 (2015.8.30). "좋은 정보 감사합니다.", 〈지리산 휴천재 일기〉, http://donbosco.pe.kr/xe1/?mid=jun_diary&search_target=title&search_keyword=%EC%

A2%8B%EC%9D%80+%EC%A0%95%EB%B3%B4&document_srl=285774 (접속 2017.2.28)

정병기 (2007). 〈68혁명을 통해 본 혁명운동의 세대 단절과 연속〉. 《미래공방》, 4, 156-165쪽.

_____ (2008). 〈68혁명운동과 노동운동, 반권위주의적 탈물질주의의 교훈과 노동운동의 전망〉. 《마르크스주의 연구》, 5(2), 32-52쪽.

_____ (2011). 〈이탈리아 정당체제의 변화〉. 《지중해지역연구》, 13(1), 213-246쪽.

차명제 (1992). 〈서유럽 공산당의 새로운 변모: 사회 구조적 변화에 따른 이탈리아 공산당의 변화과정〉. 《현상과인식》, 56, 50-78쪽.

최장집 (1984). 〈그람씨의 헤게모니 概念〉. 《한국정치학회보》, 18, 19-40쪽.

_____ (1989). 〈이탈리아 공산당의 노선 분석 - 사회주의의 한 대안적 모색〉. 《경제와 사회》 2, 12-27쪽.

퍼트넘 (2000). 《사회적 자본과 민주주의》. 안청시·장훈·강원택·김학노·김하영·유석진·백창재 옮김. 박영사. (원서 출판 1994).

한국보건사회연구원 (2019). OECD Health Statistics 2019.

홍이진 외 (2012). 《주요국의 사회보장제도―이탈리아》. 한국보건사회연구원.

_____ (2018). 《이탈리아의 사회보장제도》. 나남.

황상익 (2015). 《역사가 의학을 만났을 때》. 푸른역사.

황진명 (2014.6.1). 〈병리학의 아버지이며 사회의학의 창시자, 루돌프 피르호와 사회개혁〉. http://blog.naver.com/kbs4547/220017095691 (접속 2018.8.29)

JTBC News (2020.3.18). 〈'죽음의 도시' 된 이탈리아 베르가모…하루 평균 55명 사망〉. [Video]. YouTube. https://youtu.be/gC4ChdWdczg (접속 2020.6.10)

Centro Medico Santagonistino. Departments, Cardiology, Performance. https://www.cmsantagostino.it/bologna/en/about-us (접속 2018.8.17)

Conferenza delle Regioni e delle Province autonome (2014). Health pact 2014-2016. http://www.regioni.it/newsletter/n-2539/del-16-07-2014/patto-della-salute-2014-2016-il-testo-12784 (접속 2019.2.14)

Corso, G., P. Veronesi, Sacchini, V., Galimberti, V., & Luini, A. (2017, Jun 8). The Veronesi quadrantectomy: an historical overview. *ecancermedical science*, 743.

D'Amico, Cristina (2015, December 9). Medici di famiglia, doveri (e diritti) di chi ci cura. Tutto quello che dobbiamo sapere. *Corriere della Sera*. https://www.corriere.it/salute/cards/medici-famiglia-doveri-diritti-chi-ci-cura-tutto-quello-che-dobbiamo-sapere/disponibilita-giorni-orari-ambulatorio_principale.shtml (접속 2018. 8.17)

De Lorenzo, F., Manzillo, G., Soscia, M., & Balestrieri, G. G. (1974). Epidemic of cholera EI Tor in Naples, 1973. *The Lancet*, 303(7859), 669.

Donatini, A. (2017, May). The Italian Health Care System. *International Profiles of Health Care Systems*. The Commonwealth Fund. New York. pp.95-103.

_____ (2013, November). The Italian Health Care System, 2013. *International Profiles of Health Care Systems*. The Commonwealth Fund. New York. pp.66-74.

Egidi, R. (2011). Il Servizio Sanitario Nazionale Italiano: Profili Generali. *Dereito*, 20(3), pp.43-63.

Eurostat. Your key to European statistics, Gross domestic product (GDP) at current market prices by NUTS 2 regions (PPS_HAB_EU). https://ec.europa. eu/ eurostat/cache/RCI /#?vis= nuts2.economy&lang=en (접속 2018.8.17)

Ferrara, Gianluca (2020, April 17). Coronavirus, da parlamentare e cittadino credo si debba porre fine allo scempio in Lombardia. *Il Fatto Quotidiano*. Roma. https://www.ilfattoquotidiano.it/2020/04/17/coronavirus-da-parlament are-e-cittadino-credo-si-debba-porre-fine-allo-scempio-in-lombardia /5773918/ (접속 2020.6.10)

Ferré, F., de Belvis, A. G., Valerio, L., Longhi, S., Lazzari, A.,Fattore, G., Ricciardi, W., & Maresso, A. (2014). *Italy: Health System Review, Health Systems in Transition*, 16(4), European Observatory on Health Systems and Policies, pp.15-40.

Fuccillo, M.. Enrico Berlinguer, sul palco lo Stato per l'ultimo omaggio. *la Repubblica*. https://www.repubblica.it

Gazzetta Ufficiale della repubblica italiana. LEGGE 23 dicembre 1978, n. 833. https://www.gazzettaufficiale.it/atto/serie_generale/caricaDettaglio Atto/originario?atto.dataPubblicazioneGazzetta=1978-12-28&atto. codiceRedazionale=078U0833&elenco30giorni=false (접속 2019.1.23)

Giordano, C.,Tonido, G., & Zollino, F. (2017, November). Long-run trends in Italian productivity. *Questioni di Economia e Finanza*, 406. Banca D'Italia. https://www.bancaditalia.it/pubblicazioni/qef/2017-0406/QEF_406.pdf

Governo italiano Ministro dell'interno. Referendum sulla forma institutionale dello stato. https://elezionistorico.interno.gov.it/index.php?tpel=F&dtel=02/ 06/1946&tpa=I&tpe=A&lev0=0&levsut0=0&es0=S&ms=S (접속 2020.1.14)

Green, Nicolle (2012). Italian lessons: exploring general practice in Italy. *British Journal of General Practice*, 62(597), p.204. https://doi.org/10.3399

/bjgp12X636155

Guinnane T. & Streb, J. (2009). Moral hazard in a mutual health-insurance system: German Knappschaften, 1867-1914. *Economics Department Working Paper No. 70, Economic Growth Center Discussion Paper No. 978*, Yale University, Department of Economics.

Il Post (2020, February 24). Le cose da sapere sul coronavirus in Lombardia'. . 〈Il Post〉. Milano. https://www.ilpost.it/2020/02/24/coronavirus-lombardia/

Istat/Istituto Nazionale di Statistica (2016). *ITALY IN FIGURES 2016.*

Istituto Nazionale della Previdenza Sociale. Indennità di malattia per lavoratori dipendenti. https://www.inps.it/NuovoportaleINPS/default.aspx?itemdir =50159 &lang=IT (접속 2019.3.2)

Kesavan, Mukul (2020.4.4) Fatal exceptionalism and lack of humility to learn from the Asian example. *The Telegraph*. Kolkata. https://www.tele graphindia. com/opinion/fatal-exceptionalism-and-lack-of-humility-to-learn-from-the-asian-example/cid/1762064 (접속 2020.6.10)

La Stampa (2020, March 22). Coronavirus, Fontana: "In Lombardia siamo allo stremo". A Milano albergo requisito per la quarantena. *La Stampa*. Torino. https://www.lastampa.it/milano/2020/03/22/news/coronavirus-fontana -in-lombardia-siamo-allo-stremo-a-milano-albergo-requisito-per-la-q uarantena-1.38624173 (접속 2020.6.10)

Lab24. https://lab24.ilsole24ore. com/coronavirus/ (접속 2020.6.10)

Lo Scalzo, A., Donatini, A., Orzella, L.,Cicchetti, A., Profili, S., & Maresso, A. (2009). *Italy: Health system review. Health Systems in Transition*, 11(6), The European Observatory on Health Systems and Policies. https://apps. who.int/iris/handle/10665/330338 (접속 2019.1.23)

Malara, Annalisa (2020, May 25). Diagnosing the first COVID-19 patient in Italy - Codogno, Italy. *ESC (European Society of Cardiology)*. https:// www.escardio.org/Education/COVID-19-and-Cardiology/diagnosing-the-first-covid-19-patient-in-italy-codogno

McArdle, F. B. (1979). Italy's National health Service Plan. *Social Security Bulletin*, 42(4), pp.38-42. https://www.ssa.gov/policy/docs/ssb/v42n4/v42n4p38. pdf (접속 2019.1.23)

Ministero della Salute (2012). *INFORMASALUTE, Access to the National Health Service by Non-Eu nationals.* 8.

_____ (2016). *Annuario Statistico del Servizio Sanitario Nazionale, assetto*

    organizzativo, attivita e fattori produttivi del SSN, Anno 2013.
    http://www.salute.gov.it/imgs/C_17_pubblicazioni_2536_allegato.pdf

_____ (2017). *Rapporto annual sull'attività di ricovero ospedaliero, Dati SDO 2016.* Direzione Generale della Program- mazione sanitaria, 38. Retrieved from http://www.salute.gov.it

_____ (2018). *La scheda di dimissione ospedaliera (SDO).* http://www.salute.gov.it/portale/temi/p2_6.jsp?id=1232&area=ricoveriOspedalieri&menu =vuot (접속 2019.2.14)

Negri, A. (1998, September). Reviewing the experience of Italy in the 1970s. *Le Monde diplomatique.* https://mondediplo.com

OECD (2014). *OECD Reviews of Health Care Quality: Italy 2014: Raising Standards.* OECD Publishing. https://dx.doi.org/10.1787/9789264225428 -en

_____ (2017). *Health at a Glance 2017: OECD Indicators.* OECD Publishing. Paris. https://doi.org/10.1787/health_glance-2017-en

_____ (2017). *Italy: Country Health Profile 2017.* State of Health in the EU. OECD Publishing. Paris/European Observatory on Health Systems and Policies. Brussels. https://doi.org/10.1787/9789264283428-en.

Partito Marxista-Leninista Italiano. Sudio Sulla Sanita' In Italia: Storia, leggi, conquiste e rivendicazioni. http://www.pmli.it/storiasanita.htm (접속 2017.10.18)

Pensioni & Lavoro. La tutela del lavoratore in caso di malattia: diritti e doveri, https://www.pensionielavoro.it/site/home/wikilavoro/le-tutele-a-soste gno- del-lavoratore/la-tutela-della-malattia.html (접속 2019.3.2)

Powell, J. (2012, Feb 22). The Economic Leadership Secrets of Benito Mussolini. *Forbes.*

Power, A. (2016). *Torino City Story, CASEreport 106,* London School of Economics, Centre for Analysis of Social Exclusion.

Redazione (2020, January 31). Effetto Coronavirus, a Bergamo l'interscambio con la Cina vale 1 miliardo di euro. *la Rassegna.it.* Bergamo. https://www.larassegna.it/2020/01/31/coronavirus-limpatto-sulle-impr ese-lombarde-a-bergamo-linterscambio-vale-1-miliardo-di-euro/ (접속 2020.6.10)

Regione Emilia-Romagna (2009). *Il Servizio sanitario regionale dell' Emilia - Romagna, Le strutture, la spesa, le attivita al 31.12.2007.*

_____ (2017). *Il Servizio sanitario regionale dell' Emilia-Romagna, Le strutture, la spesa, le attivita al 31.12.2015.*

_____ (2015) Fascicolo sanitario elettronico. (방문해서 받은 자료 2015.10.28)

Ruggiero, Di Carlo (2020, March 17). 'Sanità privata? Non per le emergenze'. *Colletiva*. Roma. https://www.collettiva.it/copertine/italia/2020/03/17 /news/sanita_privata_non_per_le_emergenze-90806/ (접속 2020.6.10)

Schirru, R. & Egan, L. (2017, March 1). The life and death of influential communist, Enrico Berlinguer. *IL GLOBO*. https://ilglobo.com.au

Senato della Repubblica (2017, Nov). *Costituzione, Italiana: Testo Vigente*, Ufficio comunicazione istituzionale del Senato. http://www.senato.it/ application/xmanager/projects/leg18/file/repository/relazioni/libreria /novita/XVII/costituzione_VIGEN TE__rossa_2.pdf (접속 2019.7.21)

Siaarti (2020, March 6). Raccomandzioni di Etica Clinicaper L'Ammissione a Trattamenti Intensive per la Loro Sospensione, In Condizioni Eccezionalidi Squilibrio Tra Necessitàe Risorse Disponibili. version 01.

The Commonwealth Fund (2013). *INTERNATIONAL PROFILES of Health Care Systems.*

Torzi, T. (2015, June 17). Breve storia delle riforme sanitarie dal 1968 ad oggi, la riforma Mariotti. *Ortona Notizie.*

Virchow, R. C. (2006). Voice from the past, Report on the Typhus Epidemic in Upper Silesia. *American Journal of Public Health*, 96(12). pp.2102-2105. (원서출판 1848)

Visetti, Giampaolo (2020, March 3). Coronavirus, il primario di Codogno: "Ore decisive, se il contagio si allarga sarà dura." *la Repubblica*. Roma. https://www.repubblica.it/cronaca/2020/03/03/news/_cosi_abbiamo_s covato_il_virus_ora_tre_giorni_per_la_verita_-250165356/ (접속 2020.6. 10)

WHO (2004). *A Glossary of Terms for Community Health Care and Services for Older Persons.*

누리집

리졸리 정형외과 연구병원 http://www.ior.it

메이에르 어린이병원 http://www.meyerpiu.it

볼로냐 아슬 https://www.ausl.bologna.it

산오르솔라-말피기 병원 http://www.aosp.bo.it
에밀리아로마냐주 보건국 http://salute.regione.emilia-romagna.it
OECD https://www.oecd.org
위키피디아 http://en.wikipedia.org
이탈리아 관보 http://www.gazzettaufficiale.it
이탈리아 보건부 http://www.salute.gov.it
이탈리아은행 http://www.bancaditalia.it

ㄱ

가 via

가정의 family doctor; medico di
famiglia 또는 medico di medicina
generale (MMG)

가정의 Family doctor; Medico di
Medicina Generale (MMG)

가정의연맹 Federazione Italiana Medici
di Medicina Generale (FIMMG)

갈레리아 Galleria

건강의집 Casa della Salute

공공병원 public hospital; ospedale
pubblico

공산당 Partito Comunista Italiano

공인 accredito

공인 사립병원 private accredited
hospital; ospedale privato
accreditato

공장 평의회 work council; consiglio di
fabbrica

구역 간호사 district nurse; infermiere
per distretto (IPD)

구역 어린이 의사 Pediatria di Comunita

국립사회보장공단 Istituto Nazionale
della Previdenza Sociale (INPS)

국립질병보험기금 National Institute for
Disease Insurance; Istituto
Nazionale per l'Assicurazione contro
le Malattie (INAM)

국영의료 National Health Service
(NHS); Servizio Sanitario Nazionale
(SSN)

그라치에, 페르 벨인포르마치오네 Grazie,
per bell'informazione

그랄리아 Graglia

그룹 개원 group practice; medicina di
gruppo

그리스도 수난극 Passione di Cristo

기금 mutual fund; casse mutue

기금이 계약한 의사 mutual doctor;
medico mutua

기도하는 방 room for prayer,
meditation, and worship; spazio
dello spirito

기독교민주당 Democrazia Cristiana
(DC)

기본 정액 fixed per capita payment

기타 other; altro (AL)

긴급 입원 ricovero urgente

길잡이 장소 punto di riferimento

ㄴ

낮 병원 day hospital; ospedale di giorno
낮 수술 day surgery; chiururgia di
 giorno
놀이방 play room; ludoteca

ㄷ

단일 예약센터 Centro Unico
 Prenotazione (CUP)
당직 전담 의사 Guardia Medica
대도시 병원망 metropolitan hospital
 network; rete ospedaliera
 metropolitana
데이케어센터 semiresidenziali
독립병원 Azienda Ospedaliera (AO)
동네의료 Assistenza Territoriale
디지털 의료부 Digital Health Division
뚱뚱이 la grassa

ㄹ

로마 Roma
리졸리 정형외과 연구병원 Istituto
 Ortopedico Rizzoli

ㅁ

메이에르 어린이병원 Ospedale
 Pediatrico Meyer
모성보호 가족상담실 consultorio
 familiare
물리치료사 physiotherapist;
 fisiokinesiterapista (FKT)

민주당 Partito Democratico
민주적 정신의학 Psichiatria
 Democratica
민중의집 Casa del Popolo

ㅂ

병원 hospital; ospedale
병원의료 assistenza ospedaliera
병원의료국 Dipartimenti di
 Produzione Ospedaliera
병원의료법 Mariotti law
보건의료본부(아슬) Local Health
 Authority; Azienda Sanitaria Locale
 (ASL)
보르고-레노 건강의집 Casa della Salute
 Borgo-Reno
볼로냐 아슬 Azienda Sanitaria Locale di
 Bologna
볼트 Volt
부온 죠르노 Buon giorno
북부 동맹 Lega Nord
붉은 2년 Biennio Rosso
빨강 la rossa

ㅅ

사립 기금 mutual fund; casse mutue
사립병원 private hospital; ospedale
 privato
사무실 studio
사분역 절제술 quadrantectomy
사크로쿠오레 가톨릭대학교 Università
 Cattolica del Sacro Cuore
사회복지사 social worker; assistente

372

sociale (AS)
산도나토-산비탈레 건강의집 Casa della
  Salute San Donato-San Vitale
산오르솔라-말피기 병원 Policlinico
  Sant'Orsola-Malpighi
산타마리아 병원 Ospedale Santa Maria
  del Popolo degli Incurabili
상담심리사 psychologist; psicologo
상병 증명서 certificato malattia
상조회 Societa Operaia di Mutuo
  Soccorso
소르데볼로 Sordevolo
솔레 On Line Healthcare of
  Emilia-Romagna; Sanita On Line
  Emilia-Romagna (SOLE)
숙소 hospes
시가 계약한 의사 municipal doctor;
  medico municipale

ㅇ

아슬 Local Health Authority; Azienda
  Sanitaria Locale (ASL)
아오 Aziende Ospedaliere (AO)
어린이 일차의료 의사 free choice
  pediatrician; pediatra di libera (PLS)
언어치료사 speech therapist;
  logopedist (LG)
에밀리아로마냐 온라인 의료 SOLE
역사적 타협 Compromesso storico
연구병원 Istituti di Ricovero e Cura a
  Carattere Scientifico (IRCCS)
영양사 dietitian; dietista (DI)
예정 입원 scheduled hospitalization;
  ricovero programmato

오스테리코 Ostetrico
오스테트리시아 Ostetricia
오스테트리카 Ostetrica
온라인 건강문서집 Electronic Health
  Record; Fascicolo Sanitario
  Elettronico (FSE)
옴 Ohm
외래진료센터 Poliambulatorio
외래진료소 ambulatorio
요양보호사 socio-sanitary operator;
  operatore socio-sanitario (OSS)
요양원 residenziali
유로코뮤니즘 Eurocommunism
읍장 Sindaco
의료구역 distretto sanitario
의료기금이 계약한 의사 Medical mutual
  doctor
의료와 약국역사 박물관 Museo Sanitarie
  e di Storia della Medicina
이탈리아공화국 Repubblica Italiana
이탈리아왕국 Regno d'Italia
이탈리아은행 Banca d'Italia
이탈리아 통일운동 Risorgimento
인문학 scuole dei artisti
일차의료 primary care; Medicina
  Generale
일차의료 의사 primary care physician;
  medico di medicina generale (MMG)
일차의료 핵 Nuclei di Cure Primarie
  (NCP)
일차의료부 Dipartimenti delle Cure
  Primarie

ㅈ

장기요양시설 Residenze Sanitarie
  Assistenziali (RSA)
접속사업부 Access Division; Divisione
  Accesso
정신건강센터 Centro Salute Mentale
제멜리 대학병원 Policlinico
  Universitario Agostino Gemelli
주 Regione
줄 Joule
직영병원 ospedali a gestione diretta
진료소 infirmitorium

ㅊ

처방 용지 Ricetta Rossa

ㅋ

코무네 comune
코사토 Cossato
쿠프 Single Booking Center; Centro
  Unico Prenotazione (CUP)
크라타에구스 옥시아칸타 Crataegus
  Oxyacantha

ㅌ

테리토리 의료 Assistenza Territoriale
통상 입원 ordinary hospitalization;
  ricovero ordinario
통합가정돌봄 Assistenza Domiciliare
  Integrata (ADI)
퇴원 보고서 hospital discharge letter;
  lettera di dimissione ospedaliera
퇴원 카드 hospital discharge card;
  scheda di dimissione ospedaliera
  (SDO)

ㅍ

판다 Panda
포르차 이탈리아 Forza Italia
피아트 Fabbrica Italiana Automobile
  Torinese (FIAT)

ㅎ

학자 la dotta
현 province

374

| 찾아보기 |

ㄱ

가브리엘레 179-180, 189-211, 252, 255, 280
가산 정액 172-173
가정간호 99
가정돌봄 173, 195: ㅡ 처방전 231; ㅡ 간호사 230
가정방문 130, 154, 162, 230: '왕진'도 볼 것
가정의 42, 48, 52, 99-100, 115, 203-209, 272, 344, 348-349: ㅡ의 사적 의료 171; ㅡ 의원 107; ㅡ당 등록 인원 170
가정의연맹 170: 에밀리아로마냐주 ㅡ 204-205
가정의학과 49-51
가톨릭교회 84, 95, 98
간호사 228-231: ㅡ 진료실 228-229; 통합가정돌봄 ㅡ 207
감염병 관리 152
강제 입원 239
개인 정보 보호 276
건강관리 134
건강권 99: '기본권'도 볼 것
건강문서집 276
건강보험 316: 한국 ㅡ 337
건강의집 208-210, 353: 보르고-레노 ㅡ 212-246, 262, 270; 산도나토-산비탈레

ㅡ 227, 252: 치과 진료실 224; (가정의) 그룹 진료실 232; 간호사 진료실 228; 다분야 전문가팀 231; 산부인과 진료실 222; 안과 진료실 221; ㅡ은 네트워크 210, 233
검사 보고서 306
검은 셔츠단 84
경제위기 198
고령 인구 203
골든타임 11, 334
공공 통합 예약망, 쿠프 260
공공병원 211, 290, 292, 295, 317
공공의료 5, 342-343: 유럽 코로나19 대유행과 ㅡ 334-336
공산당 95-97, 101, 184, 346
공장평의회 운동 90
공적 서비스 251
공중보건 86-87, 100, 194
공화정 184
공화제 66, 91
과학위원회 259
교황령 62, 67, 77, 91, 183
구빈법(영국) 86: ㅡ위원회 85-86
구역 어린이 의사 217-218, 352
국립사회보장공단 113-114
국립질병보험기금 92
국립통일박물관 79
국민투표 91, 184

국민해방위원회 90

국영의료 8, 43, 75-103, 194-195, 318
　-319: 외국인 125

〈국영의료법〉 8, 98-99, 102

국영의료계획 191

국제병원학회 47

군주제 91

그람시 83-84, 88-90, 95, 102

그룹 가정의 155

그룹 진료 154-156, 158, 173, 204-205,
　348: ―소 155-156

〈그리스도 수난극〉 40

금연 캠페인 242

금융위기 9, 211

급성기 병원 100

기독교민주당 91: '기민당'도 볼 것

기민당 91-92, 95-97, 101-102

기본 정액 172

기본권 8, 98-99, 194, 198, 255

기여금 92-93

길드 287-288, 354

꽃의 여신 242

ㄴ

나치스 184

나토 101

나폴리 59-61, 97, 284

남부 환자의 이동 68

낮 병원 293

〈널 위로할게 Fix you〉 145

노동운동과 그람시 82-83

니콜레타 251-252, 255-256

ㄷ

다분야 전문가팀 232

단골 의사 272

단기 처방 340

단일 예약센터 252-253, 261

닫힌 예약 249

당뇨병 자가관리 교육 229

당뇨병 환자의 입원율 비교 175

당일에 이용할 수 있는 서비스 122

대기 기간 226, 228, 267, 299: ―줄이기
　306-307; ― 상한선 266

대기 환자 225: ― 모니터링 266-267

대기자 명단 122

대도시 병원망 293

대중교통(이탈리아): 나폴리 ― 6-61; 베네
　치아 ― 65-67; 볼로냐 ― 67-68; 팔레르
　모 ― 57-58

대처, 마거릿 210-211, 280, 352

대학병원 170, 290, 294, 305: 나폴리 ―
　285; 노바라 ― 116; 제멜리 ― 315-321;
　페라라 ― 257

데이케어센터 201: 정신질환자 ― 237,
　240

독감백신 110, 127, 129, 131, 133, 137,
　139

독립병원 292, 293, 294, 300

독립운동 77

독일 사회주의노동당 80

독일제국 87, 113

동네 외래진료센터 198-200, 216, 352

동네 의사 51, 273: '가정의', '일차의료 의사'
　도 볼 것

동네 장기요양시설 202-203

동네의료 179-245, 258, '테리토리 의료'도

볼 것
동반자 수당 162
두레방 39
두카티 212-213
디프테리아 85

ㄹ

라틴계 루스벨트 84; '무솔리니'도 볼 것
로마' 127
로마시 62
로마제국 61-62
〈로큰롤 인생 Young@Heart〉 144
롬바르디아(주) 11, 280, 301, 323-334,
  351: 밀라노 323, 327; 베르가모 323-
  324, 326-328; 브레시아 327, 329; 코도
  뇨 326-327
롱고, 마리아 285-286
루카 214-246, 270
리졸리 정형외과 연구병원 295
리치아 260-283, 306: ─의 노트북 270
링겔주사 114, 127

ㅁ

마르크스 95
마셜 플랜 92
마조레 종합병원 229, 293, 355
마피아 55-56, 62-63
만성 폐쇄성 폐질환(COPD) 환자 및 천식
  (Asthma) 환자의 입원율 비교 175
만성질환(자) 93, 131, 140, 154, 159, 173,
  204, 208, 231, 259, 278
메이에르, 조반니 28
메이에르 어린이병원 22-23, 28-36

모데나 의과대학 166
모로, 알도 96, 101-102
모루치 259
모성보호 가족상담실 200-202, 223-224
모스카티, 주세페 286
몸살감기 138
무료 160, 225, 230, 272, 310, 349, '무상
  (의료)'도 볼 것: ─검진 223; ─ 치과 진료
  225; 필수 치료약 136
무상(의료) 197-198, 290, 351, '무료'도 볼
  것: ─기관 289 -290
무솔리니 83, 84, 88, 182: '라틴계 루스벨
  트'도 볼 것; 가톨릭교회와 ─ 84
무인' 진료소 155
미국 91, 101: ─ 의료보험료 312
미니 병동 239
민영화 211, 352: 롬바르디아주의 ─ 331-
  333
민주당 185
민주적 정신의학 235-238
민주주의 87, 103
민중의집 210
밀라노 64, 84, 324: ─ 국립암센터 301,
  315-316; ─ 그룹 313

ㅂ

바살리아, 프랑코 235-237
바포레토 65-67
반공 이데올로기 95
반파시스트: ─ 무장 조직 88; ─ 항쟁 91,
  102
발렌티나 257-258, 270, 279
발진티푸스 86, 87
방문간호 140

베로네시, 움베르토 315-317
베르가모의 비극 328
베를루스코니 330
베를링구에르, 엔리코 96
베키오 궁전 25-28
병상: ─ 감축 정책 333-334; ─ 수 333; ─ 줄이기 302
병원의 역사 284-290
병원의료 194, 196, 290-291, 351: ─국 291-292; ─법 288-289
병원학교 31
보건의료본부 '아슬'을 볼 것: 권역 ─ 172; 시 ─ 129, 160; 지역 ─ 100
보건의료사업 191
보고서 275: 검사/치료 결과 ─ 115; 외래진료센터 ─ 117-118; 전문의 ─ 119, 121
보르고-레노 건강의집 262, 270; '건강의집'을 볼 것
보상금 173
보편적 의료보험 152
복지국가 101
본인부담금 197-198, 230, 269, 275, 290: ─을 면제받는 사람 198
볼로냐(시) 36-37, 67-68, 72, 185-189: ─국영의료 179-246; 국제어린이도서전 305; 마조레 광장 186-187; 똥똥이 188; 빨강 186; 시의회 보건의료위원장 27; 의료구역 196; 학자 186-187
볼로냐 대학 186, 259: 공개 해부 시연 186; ─병원 249, 257, 264, 294, 298, 306
볼로냐 아슬 174, 189, 191-193, 196, 215, 238, 257, 352, 353: 구역병원 293; 정신건강센터 240; 쿠프 263
부모 교육 219
북경 어린이병원 방문단 282-283

북부동맹 329-330, 335
북부와 남부 사이의 격차 68
분권 체제: ─와 이탈리아 국영의료 280
붉은 2년 77, 81-83, 102
붉은 여단 101
비스마르크 80, 113
비엘라 아슬 129
비엘라 종합병원 117
비엘라(시) 42, 44, 107
비토리오 에마누엘레 2세 79
비토리오 에마누엘레 3세 91
빨간 처방전' 121

ㅅ

사르데냐 83, 102
사립 기금 92
사립 외래진료기관 122
사립 외래진료센터 227
사립병원 115, 122, 211, 227, 269, 290, 296-297, 300, 317: 롬바르디아주 ─ 331-332; 한국 ─ 338
사적 의료 121-123, 227, 269, 319-320: 사크로 쿠오레 가톨릭대학교 의과대학 부속병원 317
4P 95
사회당 83, 102
사회보장공단 114
사회보험 80-81
사회적 자본과 민주주의》 182
사회적 재활 240
사후피임약 201
산도나토-산비탈레 건강의집 '건강의집'을 볼 것
산업재해보험법 81

산업혁명 80, 85
산오르솔라-말피기 병원 249, 294, '볼로
  냐 대학병원'도 볼 것
산타마리아 병원 285
산타마리아 생명의 병원 293
상공업 길드 287
상병수당 113-114
상병 증명서 113-114
상조회(시민) 79-80, 87, 92;─보험 113
서구 병원 288
서구 예외주의 336: '치명적인 예외주의'도
  볼 것
서브프라임 모기지 사태 9
서울대학교병원 249-250, 294
선별검사소 337
선별진료소 338
설사 85
《성냥팔이 소녀》 113
성염(B) 13, 46
세계보건기구 195, 351
소르데볼로 40
소아청소년과 170: ─ 전문의 126, 219
솔레 270-273
수도원 287
수동 혈압계 111
수술 보고서 304
수술실: 이탈리아 ─ 314-320; ─의 창의적
  인 의사들 314
순례자 287
슐레지엔 86
시간제 진료 227
시모나 256-258, 260, 270, 273
시모넬리 22-24, 29, 34-36, 47
시민 공동체' 183
시민운동 236-238

시민투표 67
《시설을 거부하다》 236
시장형 (의료) 환경 52, 263
시장형 의료제도 153
시칠리아 54-59
신생아중환자실 31-33
심장박동기 116
십자군 전쟁 287
쌍방향 정보망 271

ㅇ

〈아동권리협약〉 22
아란치니 55, 343
아무 차별 없는 수술 319-320
아슬 129, 161, 168, 170, 172, 189-196,
  '보건의료본부'도 볼 것: 비엘라 ─ 129,
  139; ─의 사업 범주 194; 1992년의 개혁
  192; ─의 병원의료국 290; ─의 쿠프 창
  구 262
아오 292
안나마리아 42-49, 107, 199, 234: ─ 의
  원 110, 128, 148; ─ 진료실 271
안데르센 113
알레산드라 148-149, 163, 166
알리탈리아 265
알바 179-180
암 진단센터 85
약국: ─ (24시간) 자판기 145-146
약초(원) 286-287
양당 지도자의 죽음 101-103
어린이 일차의료 의사 126-127, 170
어린이병원 21-24, 342: '메이에르 어린이
  병원'도 볼 것
어린이의 권리 22

에밀리아로마냐주 102, 180-185, 198: ─
　가정의연맹 204; 에밀리아로마냐주 온라
　인 의료(SOLE) 258, '솔레'도 볼 것; ─
　〈1999-2001 지역보건의료계획〉 204
에코, 움베르토 187
엑스선촬영실 128
'여성을 위한' 병원 285
역사적 타협 101-103
연구병원 295
열린 예약 249
영국: ─ 가정의 157; ─ 국영의료 156, 211
영리적 원격의료 259
예방사업실 130
예방접종 127, 135, 217-219, 352
예수병원 50, 165, 344: ─ 고산분원 111;
　─ 지역보건사업팀 111; 농촌 지역보건사
　업 50, 344; 마을건강원 51, 344
예약 모니터링 307: '대기 기간', '대기 환자'
　도 볼 것
예약접수처 261
오스테트리카 200
오스테트리코 200
OECD: ─ 통계 300, 302, 333, 359; ─ 회
　원국 202, 302, 338; 2017년 ─ 자료 159
오일쇼크 96
《옥중수고》 89-90
온라인 건강문서집 273-280, 354
온라인 예약 260
온라인 의료 네트워크, 솔레 270
온라인 의료정보체계 234
완주군 195
왕진 47-48, 51, 124, 130-142, 164,
　287-288: '가정방문'도 볼 것
외과 전문의 J 313-321
외래진료 298, 351, 352: ─ 보고서 273;

─ 시간 225: ─ 전문의 226; 정신과 ─
　235;
외래진료센터 115, 129, 198-200, 215-
　216: ─ 보고서 117-118; 사립 ─ 227
외래진료소 284
외상센터 293
요양보호사 140, 349
요양 서비스 201
요양원 202: 정신질환자 ─ 240; 코로나19
　와 ─ 328
우한 323
운동부하검사 123
원격의료 254-255
원스톱 서비스 207
유럽암연구소 316
유로코뮤니즘 95-96
유방암 139
유방절제술: 근치 ─ 313
유행성 열병 85
68혁명 94-97, 238, 346
음악요법 27
응급실 116-117
응급의료 122, 155, 293: ─센터 292-293
의료 불평등: 차별적 보험제도와 ─ 92-94
의료 시장 53
의료 정보 보호 276
의료구역 196
의료기금 98-99
의료보장 93, 98, 288
의료보험(제도) 51, 93, 97, 98, 100, 288:
　미국 ─ 312; 한국 ─ 113
의료서비스 273, 280, 296: 미국 ─ 312
의료서비스계획 269
의료와 사회복지 258
의료와 약국역사 박물관 284

의료정보 275
의료제도: 서유럽 국가의 — 7
의사-환자의 관계 157: 한국 — 159-160
의원 풍경 127
의회 민주주의 89-90
이동 제한령 323
이주민 117, 124-127, 200
이케어 쿠프2000 257
이탈리아: 공산당 83, 101, 184; 국립암센터 315; 마르크스주의 89; 소득세율 358; 의회 190; 중환자치료협회 334; 코로나19 대유행 11, 323-341; 통일 75-79; 통일운동 62, 67, 79; 헌법 98, 182; 헌법 정신 194; 공화국 88-92; 반도 61; 왕국 62, 79, 182; 진료실 114
인간적이다 306
인두제 보수 172, 174: — 가산 정액 172-173
인삼(차) 136-137
일상의 민주주의 94
일차의료(제도) 42, 47, 52-53, 99-100, 107-175, 197, 200, 203, 209, 258, 270, 340-341: — 공간 228; — 그룹 건물 206-210, '건강의집'도 볼 것; — 그룹 진료 155; —의 성과 174-175; — 현장 48; 이주민과 — 125; — 핵 204-206; 진료실을 여는 요일과 시간 171; 차트가 없는 — 348; 환자의 전화 124
일차의료 의사 52, 344: '가정의'를 볼 것
일차의료-지역사회의학 강의록 166
임신중절 수술 352
임신 중단 201
임신 출산과 의료제도 310-313
입원 의뢰서 297
입원: 긴급 — 297; 낮 병원 — 298; 낮 수술 — 299; 예정 — 297; — 대기 기간 302 '대기 기간'도 볼 것; 통상적 — 298

ㅈ

자매애 287
자선병원 183
자치 분권 281
장기요양시설 202
재활병원 100
저항군 추모 기념 전시물: 볼로냐시 — 186-187
전문의 115, 198-200, 225, 347, 353: 소아청소년과 — 170; — (외래)진료 197-199, 220, 353
전순란(S) 13, 38-46, 344
전염병 86
정부 개입 최소화 325
정신건강센터 215, 216, 240
정신과 병상 239
정신병원 235-239
정신보건법 236, 238
정신질환자 240-241
제1세계 336
제1차 세계대전 82, 87
〈제2차 국가 보건의료 계획〉 100
제2차 세계대전 88, 90, 182, 184
제멜리 대학병원 315-321
조기 진단 196
조기 치료 196, 231
조산사 200
존슨 총리 335
종합병원 115, 170, 239-240, 293: 마조레 — 222; 정신과 240
좌우 (정당의 역사적) 타협 96-103

좌우 협력의 위태로움 101
주 국영의료계획 269
주별 분권 체제가 과연 국영의료 발전 280
주별 자치 180
주사 229
주영 국영의료 190
주정부 100, 169, 172, 264, 289, 296, 301, 328-335
'준 연방제' 국가 329
중국 323-324, 327
중앙정부 98, 100, 170, 172, 190, 198, 280, 329
중앙집권제 182
중절 수술 201
중증 환자 161
지방자치 182
지역계획 100, 190-191
지역사회: — 정신의학 235, 241; —에 기반을 둔 보건의료 195
지역평의회 83
직영병원 292
진단검사: 코로나19 — 326-327
진료 보고서 306
진료 예약 249-250
진료 의뢰서 261
진료기록(부) 277, 299, 354
진료실 120, 128
질병 예방 85, 196, 231: — 캠페인 84
질병보험: 독일 — 80, 113

ㅊ

채드윅 86
처방전 109, 121, 123-134, 135, 138, 261, 275; 한국 — 134

처칠 84
첨단 수술 318
첨단 의료 323
체사례 257-258, 270
체코슬로바키아 침공 95
초고령: — 국가 302; — 사회 111, 221; — 인구 202
치과 서비스 225
치명적인 예외주의 333-337
친자본주의 95
침술 치료 171

ㅋ

카사 델라 살루테 212, 214, '건강의집'도 볼 것
코도뇨 326-327
코로나19 대유행 11, 323-341, 358-359: 동아시아 — 334-336; —과 공공의료 334
코무네 40, 108, 116
코사토 108: — 그룹 진료소 155-156, 206; — 분소 129, 199
코프 188-189, '협동조합'도 볼 것
콘돔 147
콜레라 97
콤뮨 183
쿠프 250, 252-253
쿠프2000 249, 255-256, 264, 307, '이케어 쿠프2000'도 볼 것
크라타에구스 옥시아칸타 136

ㅌ

탈시설 정신의학 238

테리토리 의료 194-195

토리노 65, 75, 79, 81-83, 102

토스카나주 102, 353

톨리아티, 팔미로 102

통일이탈리아왕국 79-81

통합(가정)돌봄 139-144, 160-167, 205, 208, 232, 278: ─ 기록부 140; ─ 법률 165

퇴원 보고서 272-273, 306, 354, 356

퇴원 카드 299, 301, 356

트럼프 대통령 336

트리에스테 시립정신병원 236

티켓 197, 223, 230

ㅍ

파시스트 84, 91, 184

파시즘 83-89, 96

판다 81

팔레르모 55-57

퍼트넘 182-183, 191, 212

페라라 257

페레로 81

평의회 운동 82-83

폐결핵 85

포괄 수가 294, 356

포르차 이탈리아 330

폴리암불라토리오 214

프란체스카 24-25, 29, 35

프러시아 87

피렌체 24-25, 64: '메이에르 어린이병원' 도 볼 것

피르호 86, 87

피아트 81: ─ 공장평의회 82

피에몬테 75: ─ 왕국 62, 79; ─주 271

필요와 자원 간 예외적인 불균형 상태에서 임상 윤리 제언〉 334

ㅎ

하모닉 스칼펠 318-319

한국: 의료제도 6, 151-154; 간호사 수 359; 건강보험 312, 320, 337, 350; 공공병원 337; 공공보건의료지원단 37; 국민건강보험 153; 대학병원 199-200; 독박육아 218; 메르스 사태 152; 병상 수 358; 보건교사 351; 보건복지부 336; 보건진료소 51, 344; 사립병원 332, 338; 산재보험 348; 야간진료 159; 외래진료 351; 요양병원 142; 원격의료 253-255, 279; 의료법 120; 의약품 공급 347; 의사 수 359; 전문의 351, 353; 정신건강복지센터 215; 종합병원 199; 지역보건사업 195; 지역보건의료계획 269; 질병관리본부 330, 337; 출산비용 356; 퇴원요약지 356

항생제 85

행위별 수가 173, 174

혈압약 112

협동조합 67, 80, 87, 188-189, 237

홍이진(I) 11: 325-332

환경위생 85-86, 100

환영하는 천사 217

환자의 감성에 접근하기' 27

환자의 대기 기간 252-253, 263: 일차의료 ─ 252

환자의 이동 301

환자의 인권 33

회복할 수 있었을 질병의 사망률 300-301

후두암 143

히틀러 88

뚜벅뚜벅
이탈리아 공공의료
피에몬테 에밀리아로마냐 일차의료 견문록

초판 1쇄 펴낸날 | 2020년 10월 15일
초판 2쇄 펴낸날 | 2020년 10월 26일
지은이 | 문정주
펴낸이 | 유승희
펴낸곳 | 도서출판 또하나의문화
출판등록 | 제9-129호(1987년 12월 29일)
주소 | 서울 마포구 와우산로 174-5 대재빌라 302호
전화 | 02-324-7486 팩스 | 02-323-2934 전자우편 | tomoonbook@gmail.com
누리집 | tomoon.com 페이스북 | /tomoonbook

ⓒ 문정주, 2020
ISBN 978-89-85635-99-8 03330